21世纪高职高专经管类专业立体化规划教材

旅游心理学

肖晓莺　邓应华　主　编
张　战　方宏常　副主编

清华大学出版社
北　京

内 容 简 介

本书分为入门篇、消费心理篇、交往心理篇、服务职业心理篇和管理心理篇五大篇，共十个学习情境，分别介绍了旅游服务心理的理论基础、旅游者的动机与态度、旅游活动中的心理过程、旅游者的个性与旅游行为、旅游人际交往的心理与行为、导游职业心理养成、酒店职业心理养成、旅游购物服务心理、旅游企业的团队心理、员工职业心理保健等内容。本书根据旅游服务心理学的学科特点加强了实训教学内容，增加了案例和阅读材料，通过心理游戏、角色扮演、小组分享等多种实践训练形式，拓展学生视野和巩固知识，有助于提高旅游专业学生的职业心理素质。

本书可作为高职高专院校旅游类专业的教材，也可作为旅游从业人员和研究人员的参考用书。

本书封面贴有清华大学出版社防伪标签，无标签者不得销售。
版权所有，侵权必究。举报：010-62782989，beiqinquan@tup.tsinghua.edu.cn。

图书在版编目(CIP)数据

旅游心理学/肖晓莺，邓应华主编. —北京：清华大学出版社，2015（2023.7重印）
（21世纪高职高专经管类专业立体化规划教材）
ISBN 978-7-302-37381-0

Ⅰ. ①旅… Ⅱ. ①肖…②邓… Ⅲ. ①旅游心理学—高等职业教育—教材 Ⅳ. ①F590

中国版本图书馆 CIP 数据核字(2014)第 162991 号

责任编辑：孟 攀
封面设计：杨玉兰
责任校对：周剑云
责任印制：曹婉颖

出版发行：清华大学出版社
网　　址：http://www.tup.com.cn, http://www.wqbook.com
地　　址：北京清华大学学研大厦A座　　邮　编：100084
社 总 机：010-83470000　　邮　购：010-62786544
投稿与读者服务：010-62776969, c-service@tup.tsinghua.edu.cn
质量反馈：010-62772015, zhiliang@tup.tsinghua.edu.cn
课件下载：http://www.tup.com.cn, 010-62791865

印 装 者：三河市龙大印装有限公司
经　　销：全国新华书店
开　　本：185mm×260mm　　印　张：14.25　　字　数：345千字
版　　次：2015年1月第1版　　印　次：2023年7月第9次印刷
定　　价：38.00元

产品编号：047256-02

前　言

中国旅游业的蓬勃发展和结构转型对旅游从业人员的服务质量及其经营管理素质提出了更多更高的要求。如何提高旅游从业人员的服务质量和管理水平是当前旅游心理学研究的主要课题和关注热点。

近年来，凭借着中国旅游事业腾飞的翅膀，旅游心理学的建设与发展取得了喜人的成果。本书在编写过程中，不论是在知识结构的模块上，还是在内容的编排上，均广泛吸收了国内外已有的相关研究成果，强调基础理论的简明性及实践操作训练的基础性和具体性，体现教、学、做、用一体化，每个学习情境、任务都是一项具体的行动化学习任务。本书充分立足于我国旅游消费市场对高级旅游人才职业素质的需求，根据当前旅游专业人才培养要求和目标，结合高职院校旅游管理类专业学生的特点和现状，以旅游服务职业心理为中心，让学生在具备专业基础理论知识的基础上，重点掌握解决旅游服务各岗位实际问题的应用能力，养成良好的职业道德和敬业精神，以及加速提高旅游从业人员的职业适应性和职业成熟度。

本书在内容和体例的安排上，既注重理论知识的分析，又重视设计案例的分析；既注重旅游服务心理的分析和探讨，又重视旅游岗位实践的操作和指导；既注重教材内容的丰富完整，又重视表述形式的生动适用。

本书以高职高专教育旅游类专业学生毕业后就业的第一任职岗位为近期目标，兼顾远期发展目标。通过旅游者消费心理的学习，使学生从心理学和社会心理学的角度，了解旅游服务的工作对象，因此在此部分，我们以应用为目的、够用为度，对心理学科上一些难度较大的理论进行了筛选，力求做到通俗阐述、深入浅出。在此基础上，进一步探讨旅游服务职业心理，让学生在具备基础理论和专门知识的基础上，重点掌握从事各旅游服务岗位所需的基本能力、现场解决问题的应用能力，养成良好的职业道德和敬业精神。管理心理部分是为高职高专学生从业后的可持续发展而设计，旨在帮助他们为自己的职业生涯储备实用的理论知识，提高职业素养。

本书适用于高等职业院校、高等专科学校、成人高等教育旅游类专业的教学，也可供五年制高职以及中等职业学校学生使用，亦可作为社会旅游从业人员的培训教材或业务参考用书。

本书由长沙商贸旅游职业技术学院、湖南网络工程职业技术学院、湖南艺术职业学院的老师合作完成，是集体智慧的结晶。本书由长沙商贸旅游职业技术学院肖晓莺完成大纲的编写工作，经过专家审议和集体讨论后分头执笔，最后由肖晓莺统稿、校稿及修改部分章节。本书具体编写分工如下：学习情境一、学习情境二、学习情境九由长沙商贸旅游职业技术学院肖晓莺撰写；学习情境三由湖南网络工程职业技术学院张战撰写；学习情境四、学习情境五由湖南网络工程职业技术学院方宏常撰写；学习情境六、学习情境八由长沙商贸旅游职业技术学院邓应华撰写；学习情境七由湖南网络工程职业技术学院刘上梅撰写；学习情境十由湖南艺术职业学院袁绍成撰写。

本书在编写过程中参阅大量有关心理学、旅游学、管理学等方面的专业文献，并引用部分相关资料，除书后所列的参考文献之外，其他文献由于篇幅所限无法一一列出。在此，谨向这些文献与资料的作者致以诚挚的歉意与谢意。

由于编者水平有限,时间仓促,书中错漏和其他不妥之处在所难免,敬请广大读者批评指正,以便今后进一步修订完善。

编　者

目 录

入 门 篇

学习情境一 心理学与旅游 3

　任务一　旅游心理学的发展渊源 3
　　一、心理学的产生与发展 3
　　二、旅游心理学的形成与发展 5
　任务二　从精神分析角度研究旅游心理 6
　　一、弗洛伊德的精神分析理论 7
　　二、精神分析理论与旅游心理分析 11
　任务三　从行为主义心理学角度研究旅游行为 13
　　一、行为主义心理学理论 14
　　二、行为主义心理学与旅游行为探讨 16
　任务四　从需要层次理论角度研究旅游需要满足 17
　　一、需要层次理论 18
　　二、需要层次理论与旅游需要满足 20
　思考与讨论 21
　实训题 21

消费心理篇

学习情境二 旅游者的动机与态度 25

　任务一　旅游者动机概述 25
　　一、旅游动机的产生 25
　　二、旅游动机的基本类型 31
　任务二　旅游动机与服务策略 34
　　一、旅游动机的影响因素 34
　　二、旅游动机的激发 35
　任务三　旅游者态度概述 36
　　一、旅游态度及其特性 37
　　二、旅游态度的功能 40
　任务四　旅游者态度与服务策略 41
　　一、旅游态度的影响因素 42
　　二、旅游态度的改变策略 43
　思考与讨论 46
　实训题 47

学习情境三 旅游活动中的心理过程 48

　任务一　旅游者的知觉过程 48
　　一、旅游者的知觉概述 48
　　二、旅游中的错觉 53
　　三、旅游者知觉与服务策略 54
　任务二　旅游者的学习过程 57
　　一、经验 57
　　二、信息 57
　　三、信息的寻觅 58
　任务三　旅游者的情绪、情感过程 59
　　一、情绪、情感概述 60
　　二、旅游者的情绪、情感与旅游心理及行为 61
　　三、影响旅游者情绪、情感的因素 63

四、旅游者情绪、情感的调控与
　　　　激发 64
任务四　旅游者的意志过程 65
　　一、意志概述 66
　　二、旅游者心理活动的一般过程 67
任务五　旅游者的审美心理过程 68
　　一、审美心理学的回顾 68
　　二、科学的审美观 69
　　三、"距离说"与旅游审美 70
思考与讨论 71
实训题 71

学习情境四　旅游者的个性心理特征 72

任务一　旅游者的气质 72

　　一、气质及其特点 73
　　二、气质类型 74
　　三、针对不同气质旅游者的心理
　　　　服务 75
任务二　旅游者的性格 77
　　一、性格及其特征 78
　　二、性格类型与旅游行为 80
　　三、鉴别旅游者性格特征的方法 83
任务三　旅游者的能力 84
　　一、心理学中能力及其分类 84
　　二、能力的差异 85
　　三、能力与旅游行为 87
思考与讨论 88
实训题 88

交往心理篇

学习情境五　旅游人际交往 93

任务一　旅游人际交往的心理基础 93
　　一、人际交往的含义与特征 94
　　二、人际交往的重要性 96
任务二　旅游人际交往的心理特征 98
　　一、影响人际交往的因素 98
　　二、人际交往中的心理效应 100

　　三、人际交往的心理障碍 106
任务三　旅游人际交往的技巧策略 107
　　一、旅游人际交往的原则 108
　　二、旅游人际交往的技巧 110
　　三、旅游人际交往策略 112
思考与讨论 114
实训题 114

服务职业心理篇

学习情境六　导游职业心理养成 117

任务一　导游人员的服务意识与心理
　　　　素质 117
　　一、导游人员的服务意识 118
　　二、导游人员的心理素质 120
任务二　树立良好的导游形象 124
　　一、高度重视第一印象 125
　　二、维护良好的个人形象 127
　　三、留下美好的最后印象 127
任务三　旅游过程的服务心理 127

　　一、旅游初期的旅游者心理与
　　　　导游服务策略 128
　　二、旅游中期的旅游者心理与
　　　　导游服务策略 129
　　三、旅游后期的旅游者心理与
　　　　导游服务策略 130
　　四、正确处理好服务中的缺陷与
　　　　是非 132
思考与讨论 135
实训题 136

学习情境七 酒店职业心理养成 137

任务一 酒店从业人员的基本心理要求 137
一、酒店从业人员的职业意识 138
二、酒店从业人员的心理素质 139

任务二 酒店主要环节心理服务技巧 145
一、前厅服务心理 146
二、客房服务心理 149
三、餐厅服务心理 154

思考与讨论 158
实训题 158

学习情境八 旅游购物心理 159

任务一 旅游购物心理概述 159
一、旅游购物心理的含义 160
二、旅游购物心理特征 161
三、旅游购物心理个体差异 163

任务二 旅游购物心理的影响因素与对策 168
一、旅游购物心理的影响因素 169
二、旅游购物服务的心理对策 173

思考与讨论 177

管理心理篇

学习情境九 旅游企业的团队心理 181

任务一 团队概述 182
一、团队与团队精神 182
二、团队的构成要素 183
三、团队的类型 184
四、团队的发展阶段 185
五、高效团队的特征 186

任务二 团队建设的心理机制 189
一、共生效应 189
二、情绪认同 190
三、心理相容 190
四、共同信仰或观念 191
五、参与心理 191

任务三 团队的人际协调 192
一、人际关系理论 193
二、团队人际协调 197

思考与讨论 201
实训题 201

学习情境十 员工职业心理保健 203

任务一 员工的从业诉求与满足渠道 203
一、员工的从业诉求 203
二、企业的满足渠道 205

任务二 员工的心理焦虑与缓解途径 208
一、心理焦虑产生的原因及影响 209
二、心理焦虑的缓解途径 210

任务三 员工的健康标准与心理保健 212
一、心理健康的含义和标准 213
二、导游人员常见的心理问题 215
三、导游人员心理保健的方法 217

思考与讨论 219
实训题 219

参考文献 220

入门篇

学习情境一 心理学与旅游

学习目标：
- 了解现代心理学的概念及其产生和发展的历史。
- 熟悉现代西方心理学的三大流派及其主要观点。
- 了解旅游心理学的学科性质、历史沿革，并掌握学科的研究对象。
- 掌握如何运用心理学的有关理论知识来分析现实的旅游心理和行为。

技能目标：
- 能熟练运用西方心理学三大流派的心理学观点来合理分析现实的旅游心理和行为。
- 具有运用旅游心理学的研究方法来分析和预测旅游者消费行为的能力。

任务一 旅游心理学的发展渊源

导入案例

> **老太太买房子**
>
> 有一个故事很流行，故事中的主角有两个：一个中国老太太和一个美国老太太。
>
> 中国老太太一辈子都在攒钱中度过，目标就是搬出自己破旧的房子。经过数十年奋斗，最终她买下了一套属于自己的新房子。然而，还没来得及搬进去她就不行了，临死时她幸福地说："终于有了自己的新房子了……"中国老太太无牵无挂地走了。
>
> 美国老太太则贷款买了一套房子，一辈子拼命奋斗还贷，也住了一辈子的好房子，在临死时也幸福地说："终于还清了房贷……"同样也是无牵无挂地走了。
>
> 问题：这种现象反映了美国老太太和中国老太太什么不同的消费文化心理？

两个老太太，代表着中美两种不同的文化价值观和消费观，以及不同的市场经济环境和政策制度下消费者的不同消费心理。

研究旅游心理学的产生与发展，就不能离开心理学的起源、产生与发展。心理学是研究人类心理活动与行为表现的一门学科，也是一门与其他许多专门知识联系紧密的学科。

一、心理学的产生与发展

(一)心理学是什么

1. 心理学认识的误区

"心理学"一词常被人误解，其原因在于：在历史演变中，多次都是以"旧瓶装新酒"

的方式，只换内容，不改名称，因而使人望文生义，不能确知"心理"二字的真正含义。

心理学是什么？可能的回答有很多，其中不乏一些偏见和误解，譬如：

(1) 学了心理学能看穿他人在想什么。大多数心理学学习者都有过这样的经历：当周围人得知你的专业时，他们马上会好奇地问："你是学心理学的，你能说出我现在正在想什么吗？"人们易于以为学习心理学能透视眼前人的内心活动，和算命先生差不多。研究心理就是揣摩他人的所思所想。

其实，心理活动并不只是人在某种情境下的所思所想，它具有广泛的含义，包括人的感觉、知觉、记忆、思维、想象、意志和情绪等。心理学研究就是通过人的外显行为和情绪表现等来探索、研究人的心理活动规律，即它们如何产生、发展，受哪些因素影响以及相互之间的联系等，也许通过心理学的学习，我们可以根据他人的外在特征或测验结果来推测其内心世界，但是，再高明的心理学家也不可能具有所谓的"通心术"，一眼就能看穿人的内心，除非他有超感知能力(ESP)。

(2) 心理学就是心理咨询。在当今社会，心理咨询作为一个新兴行业日渐火热，各种所谓的心理咨询中心、心理门诊、心理咨询热线等不断涌现，通过不同的渠道冲击着人们的视听。很多人听到的第一个与心理学有关的名词就是心理咨询，并把它当作心理学的代名词。此外，人们关注一门学科，更容易从实际应用的角度来认识它。心理学最为广泛的应用就是心理咨询或心理治疗，所以更为大家所熟知，因此很多人会把心理咨询与心理学等同起来。

其实，心理咨询只是心理学的一个应用分支。咨询心理学家的工作对象可以是一个人，也可以是一个家庭或一个团体。心理咨询的目的是为了帮助人们应对生活中的困扰，更好地发展，增加生活的幸福感。一般来说，心理咨询是面对正常人的，来访者有心理困扰，但没有出现严重的心理疾病。如果是严重的精神疾病，就要由临床心理学家或精神病学家来处理。

目前，国内的心理咨询机构多分布在高校、医院，也有一些专门成立的咨询中心。心理咨询的宗旨是助人们解决心理困扰，帮助人们更好地生活。从事这项工作的人除了要有专业的知识背景外，还要有足够的实际技能培训和良好的职业道德操守。这是一个专业性很强、责任重大的职业。

(3) 心理学只研究变态的人。很多人都说他们走进心理咨询室是需要很大勇气的，可能还有很激烈的思想斗争："去还是不去？人家会不会认为我是精神病？朋友知道了会怎么看我……"这在一定程度上反映了很多人对心理学的看法：去寻求心理咨询的人都是"心理有问题"的人，心理有问题就是变态，心理学家只研究变态的人，所以与心理学有关系的非专业人士都不正常。

事实上，大多数心理学研究都是针对正常人的。不少人把心理学家和精神病学家混淆起来了。精神病学是医学的一个分支，精神病学家主要从事精神疾病和心理问题的治疗，他们的工作对象是所谓的"变态"的人，即心理失常的人。精神科医生和其他医生一样，在治疗精神疾病的时候可以使用药物。

(4) 心理学家会催眠术。在很多人眼中，催眠术是一种很玄妙的技术，让人感兴趣，而知道催眠术的人，又往往把它和心理学家的工作联系起来。

催眠术只是精神分析心理学家在心理治疗过程中使用的一种方法，并非心理学家的"招牌本领"，而且大多数心理学家的工作并不涉及催眠术，他们更喜欢严谨的科学研究方法，如实验法、观察法、调查法等。

(5) 心理学就是梦的解析。很多人认为，弗洛伊德的理论中，最吸引人的内容就是释梦。人们总是对自己和别人内心深处的秘密有一种顽固的探知欲望，而梦似乎是透视内心风景的一扇窗户。许多人因此把弗洛伊德的理论等同于梦的解析，又因为弗洛伊德的"代表性"而进一步使之成为心理学的代名词。

梦的解析只是精神分析流派所使用的治疗技术之一，是心理学工具箱里的一个工具。它不是心理学家研究的全部内容，更不是心理学的代名词。

我们已经澄清了一些有关心理学的错误看法，心理学是什么，需要我们作进一步探讨。

2. 心理学的定义

"心"，即思想、情感；"理"，即条理、准则、规律。心理是指产生"情绪、观点、期待、感受"的心理活动，即关于人的思想、情感活动的规律，是意识和潜意识共同作用的结果。心理学(Psychology)是研究人的心理现象的发生、发展和活动规律的一门学科，它既是理论学科，又是应用学科，包括理论心理学和应用心理学。心理学既研究人的心理也研究动物的心理(研究动物心理主要是为了深层次地了解、预测人的心理的发生、发展的规律)，而以人的心理现象为主要研究对象。总而言之，心理学是研究心理现象和心理规律的一门学科，此门学科的发展对人类社会具有深远意义。

(二)心理学的产生与发展

心理学的产生源于西方哲学，西方哲学源于两千多年前的古希腊。从苏格拉底、柏拉图、亚里士多德开始，都把"心"的探讨，视为哲学上的主要问题之一。到19世纪末，受生物科学的影响，心理学才开始脱离哲学，逐渐成为一门独立的学科。"心理学"这一名称最早来源于希腊文，它是由希腊文中的 Psyche 演变而成，意思是关于灵魂的科学。灵魂在希腊文中也有气体或呼吸的意思，因为古代人们认为生命依赖于呼吸，呼吸停止，生命就完结了。随着科学的发展，心理学的对象由灵魂变为心灵。直到19世纪初，德国哲学家、教育学家赫尔巴特才首次提出心理学是一门科学。在1879年，德国著名心理学家冯特在德国莱比锡大学创建了世界上第一个心理学实验室，开始对心理现象进行系统的实验研究。在心理学史上，人们把这一事件看作是心理学脱离哲学的怀抱、走上独立发展道路的标志。科学的心理学不仅对心理现象进行描述，更重要的是对心理现象进行解释，以揭示其发生、发展的规律。

科学心理学成立100多年来，不断扩大其研究领域，并与其他学科相互渗透，已成为一棵枝繁叶茂的科学大树，不仅发展成为一门理论探讨深入的理论科学，而且发展成为一门应用范围广泛的应用科学，其分支学科研究范围涉及五个子领域，即：神经科学(Neuroscience)、发展心理学(Developmental Psychology)、认知心理学(Cognitive Psychology)、社会心理学(Social Psychology)及临床心理学(Clinical Psychology)。

二、旅游心理学的形成与发展

旅游心理学属于旅游心理学的分支学科，是一门应用心理学，是心理学的基本理论和研究成果在旅游领域的应用与发展，旅游心理学形成的条件，一方面是心理科学的发展为旅游心理学的形成和发展提供了理论和方法；另一方面是商品经济的发展，尤其是旅游业自身的发展，对旅游心理学的形成和发展提出了客观要求。

1841年，英国的木材商人托马斯·库克开办了世界上最早的近代旅游业务。他包租了一列火车，运载了540人去参加一次禁酒大会。库克在旅游业务方面还有许多创新，比如，他组织了最早的团体旅游，设置了最早的导游员，编印了《旅游手册》。他不仅组织以娱乐、宗教为目的的旅游，还组织以参观博览会为目的的旅游，试图发挥旅游的文化和教育功能。正因为如此，托马斯·库克被公认为是第一个真正的专职旅游代理商和近代旅游业的创始者。

1879年，德国著名心理学家冯特创造了世界上第一所心理实验室，标志着心理学正式成为一门有自己独立的研究对象和独特的研究方法的学科，从此，心理科学开始突飞猛进地发展起来。

这两件相隔38年而又似乎毫无联系的事情，却在一个世纪后一起形成一门新的心理学分支学科——旅游心理学。

探讨旅游活动中的心理现象，几乎在旅游业形成之初就开始了。旅游业本身的发展也迫切要求系统而深入地研究旅游活动中各种复杂的心理现象，为旅游业提高旅游服务质量和效率、培养优秀的旅游从业人员提供心理学依据。在这种情况下，旅游心理学应运而生。

旅游心理学是研究旅游活动中人们的消费心理、服务心理、旅游人际交往心理及旅游企业员工管理心理等心理现象的产生、发展及规律的一门学科。国外学者对这一领域的研究开始于20世纪70年代，研究的思路有两条：一条是以美国学者小爱德华·J.梅奥和兰斯·P.贾维斯的著作《休闲旅游心理学》为代表的对旅游消费行为的研究，该书第一次从行为科学的角度考察旅游和旅游业，从心理学角度分析和研究旅游者消费行为的一般规律，揭开了旅游心理学研究的序幕，标志着旅游心理学的诞生。另一条是以美国旅游专家伦德伯格的《旅游接待中的人际关系》为代表的对旅游工作者和旅游者之间的互动关系的研究。随后，日本等国也相继开展旅游心理学的研究。

在我国，旅游心理学的研究，自20世纪80年代早期开始，一系列著作纷纷问世，随着研究的深入，其广度和深度都在不断加强，虽然它产生的时间并不长，在很多方面还不成熟，但是我们坚信，随着旅游业的飞速发展，旅游心理学必然会发挥日益重要的作用，它的未来必将是充满生机活力而且具有广阔发展前景的。

任务二　从精神分析角度研究旅游心理

导入案例

俄狄浦斯情结

俄狄浦斯是国王拉伊奥斯和王后约卡斯塔的儿子，一生命运多舛，从小因为父亲听信先知预言而遭到遗弃。然而奉命执行此任务的牧人心生怜悯，偷偷将婴儿转送给科林斯的国王波吕波斯，由他们当作亲生儿子般抚养长大。俄狄浦斯长大后，因为德尔菲神殿的神谕说，他会弑父娶母，不知道科林斯国王与王后并非自己亲生父母的俄狄浦斯，为避免神谕成真，便离开科林斯，前往忒拜城。他在漂流途中，与一个老头争路发生了冲突，把这老头打死了。这个不相识的老头，就是俄狄浦斯的生父拉伊奥斯。俄狄浦斯来到忒拜时，又遇到了长有翅膀的人面狮身的女妖斯芬克斯要他猜谜语（斯芬克斯常拦着人们猜谜语，谁猜不着就被吃掉，是当地的一害），他一下子就猜中了，斯芬克斯跳崖自杀了。忒拜城国王克瑞翁曾告示全国，谁能除掉斯芬克斯，便可获得王位并娶国王的遗孀约卡斯塔为妻。为了感谢俄狄浦斯为民除害，克瑞翁就立俄狄浦斯为忒拜城国王，并将他的姐姐嫁给俄狄浦斯为妻。克瑞翁的姐姐就是前国王拉伊奥斯的妻子、俄狄浦斯的生母约卡斯塔。

后来，受俄狄浦斯统治的国家不断有灾祸与瘟疫，国王因此向神祇请示，想要知道为何会降下灾祸。最后在先知提瑞西阿斯的揭示下，俄狄浦斯才知道他是拉伊奥斯的儿子，终究应验了他之前弑父娶母的不幸命运。震惊不已的约卡斯塔羞愧地上吊自杀，而同样悲愤不已的俄狄浦斯，则刺瞎了自己的双眼。

评析： 俄狄浦斯情结又称恋母情结，是精神分析学的术语。精神分析学的创始人弗洛伊德认为，儿童在性发展的对象选择时期，开始向外界寻求性对象。对于幼儿，这个对象首先是双亲，男孩以母亲为选择对象，而女孩则常以父亲为选择对象。小孩作出如此的选择，一方面是由于自身的"性本能"；另一方面也是由于双亲的刺激加强了这种倾向，也即是由于母亲偏爱儿子和父亲偏爱女儿促成的。

精神分析学派被称为现代西方心理学的第一种势力，其创始人是奥地利精神科、神经科医生、心理学家弗洛伊德·西格蒙德(Sigmund Freud，1856—1939)，精神分析学说是弗洛伊德在毕生精神医疗实践中，对人的病态心理经过无数次的总结、多年的累积而逐渐形成的，主要着重于精神分析和治疗，并由此提出了人的心理和人格的新的独特的解释。弗洛伊德精神分析学说的最大特点就是强调人的本能的、情欲的、自然性的一面，它首次阐述了无意识的作用，肯定了非理性因素在行为中的作用，开辟了潜意识研究的新领域；它重视人格的研究，重视心理应用。弗洛伊德终生从事著作和临床治疗，他思考敏锐、分析精细，推断循回递进，构思步步趋入，问题探讨中往往引述历代文学、历史、医学、哲学、宗教等材料，深入揭示出人们心灵的底层，这就是精神分析的内容极其丰富的根源。作为人类20世纪最主要的社会思潮和学术流派之一，弗洛伊德的精神分析学说对心理学、教育学、哲学、人类学、伦理学、文学艺术、宗教等领域都产生了重大而深远的影响，留下了不可磨灭的痕迹。

一、弗洛伊德的精神分析理论

(一)弗洛伊德癔病理论——早期潜意识理论

弗洛伊德的理论一般以1913年左右为界，分为早期和晚期两个阶段。早期的弗洛伊德致力于神经症的心理分析和治疗，以发现人的无意识而名声大噪，创立了一套精神分析的独特方法。晚期随着研究范围的拓展，他要求用精神分析理论说明人类社会生活和文化历史发展的各个领域中的问题，从而使他的理论上升到了哲学和人类学的高度。

他早年从事神经学的研究，应用催眠治疗精神疾病。1893年与布罗伊尔合作发表《癔病的研究》，提出一个假设，认为病人把曾经有的情绪经验排除到意识之外，由此阻碍了许多心理能力，通过催眠回忆后，情绪发泄了，病就痊愈了。由此逐渐发展了精神分析技术。

在弗洛伊德看来，意识包括三个不同层次，即意识、前意识和潜意识。其中，能够被自己感知的清晰思想叫作意识。一个人意识到的观念常常转瞬即逝，随后隐匿在无意识领域，一旦意识需要，这些观念可以再次被召唤、复现和回忆，浮现在意识中，这些暂时退出意识的心理部分，叫作前意识。前意识介于意识与潜意识两个层次之间。一些原始冲动、欲望和本能，因不符合社会道德风俗，无法进入意识被个体所觉察，这种潜藏的心理活动被称为潜意识，主要是指生存本能和性本能。潜意识代表着人类更深层、更原始、更根本的心理能量，无意识具有原初的本原性、动物性、野蛮性、非理性和非逻辑性，它被压抑在意识阈之下，但并未被彻底清除和消灭，最终成为人类精神装置中一切动机、冲动、意图和行为的内在驱动力。

弗洛伊德从万花筒般的人类精神现象中找到了它背后最隐秘的东西——人类的潜意识。弗洛伊德自称："在我之前的诗人和哲学家们已发现了无意识，我发现的是研究无意识的科学方法。"潜意识以梦幻、精神病、遗忘、失误、白日梦和文学艺术等形态表现。

在弗洛伊德看来，人的行为既要受到意识的调控，也要受到潜意识的影响。很多行为刚开始由意识调控，但重复的次数多了、时间久了，就慢慢变成人的行为习惯，主要由潜意识来调控和支配。人的许多习惯性、本能的行为主要不是受意识的控制，而是受潜意识的调控。潜意识不会辨别想法是对是错、是好是坏，只会根据指示或者暗示，一律遵照执行。即使给它的指示信息是错误的，潜意识也会当作正确的一如既往地去执行。

(二)弗洛伊德人格三结构理论

弗洛伊德认为，人格由本我、自我、超我三部分组成。

"本我"是指无意识欲望的深部，是人格中最原始、最神秘而不可及的部分，由先天的本能和欲望组成。弗洛伊德称它为"一个充满沸腾的兴奋之大釜"。本我无道德性，它受快乐原则支配，盲目地追求基本欲望的满足，故称为"动物的我"；婴儿是纯粹本我的代表，人出生时神经系统与其他动物并无多大差别，人格结构中的唯一成分就是"本我"，它是个体在获得外界经验之前就已存在的内部世界。

"自我"是指个体的意识部分，是现实化了的本能，代表着理性和常识。它连接着本我与外部世界，遵循着现实原则，趋利避害地追求个体欲望的满足，对本我的非理性冲动进行延缓性的控制和压抑，故称为"现实的我"。弗洛伊德用骑手和马的关系来类比自我与本我的关系。马提供前进的动力，骑手则策马而行。同样，自我驾驭本我，但本我这匹马也许并不听话，使得骑手不是被马甩掉就是常常不得不将马引向它想去的地方。因此，自我对本我的调节实际上是为本我服务的。

"超我"是指人格中最文明、最道德的部分，是从自我内部分化出来的道德化了的自我，处于人格的最高层，依据理想原则活动，故称为"道德的我"。人在幼儿期与父母比较时，感到自己软弱无能，于是就以这些大人为榜样产生了自居作用，即男孩子以父亲自居，女孩子以母亲自居，并且各依父亲或母亲的样子行事，渴望成为父亲或母亲的代替物，建立自己所希望的一种理想的"自我"。但自我又达不到理想的要求，于是产生谦卑的感情，自我因而分裂为两个部分：一部分是自我本身；另一部分是超我。超我又包括"自我典范"和"良心"。它一方面通过自我典范来确定道德行为的标准；另一方面通过良心对违反道德标准的行为进行惩罚，产生有罪感或内疚感。

超我是心理的内部世界和本我的代表，而自我则是外部世界和现实的代表。超我控制和压抑本我的自然要求，控制自我的运行方向，它真正站在了本我的对立面。

弗洛伊德指出，本我是与生俱来的，是潜意识的主要部分，自我和超我是后天形成的，三者构成了经验中的潜意识、前意识和意识状态。本我依次派生出自我和超我，并能把心理通过特定的途径输入自我和超我。自我通过自居作用，把自己作为本我的爱的对象去控制本我，同时服从超我的强制规则。它是外部世界、超我、本我这三个"暴君"的仆人，处于最尴尬的境地。三者的密切配合使人满足基本需要，实现人的理想和目标；若三者失调乃至被破坏，则会产生神经症等失常状态。

(三)弗洛伊德的梦理论

弗洛伊德发现，许多精神病患者被他们光怪陆离、不可索解的梦境困扰着，陷入极度焦虑和不安。他认为，解读患者梦境会有助于弄清病因，为此，他与患者多次交谈，尽可能多地了解患者的生活经历、感情世界等，然后从种种蛛丝马迹中找出线索，从而分析出梦的真实含义，而一旦患者了解并接受了梦的含义，他们的焦虑也就相应地得到缓解。

通过对病人及自己的梦的观察和分析，弗洛伊德发现并确认了潜意识心理现象。1900年出版《梦的解析》一书，这是用前所未有的思路，别出心裁地开创一种研究心灵和精神病理现象的新领域。弗洛伊德认为，梦是可以解析的，"无论如何，每个梦均有一种含义，尽管这是一种隐匿的含义；做梦用来代替思想的某种其他过程，我们只有正确地揭示出代替物，才能发现梦的潜藏含义"。他通过对一系列梦的科学解析，发现所有梦都是完全有效的精神现象——欲望的满足。他认为："每个人的梦是由两种精神力量或可描述为倾向或系统支配的。其中一种力量构成欲望并通过梦表现出来；而另一种力量则对梦中的欲望实行稽查作用，迫使欲望不得不通过伪装的形式表现出来。"因此要解析这类化装的梦，就必须透过梦的表象，揭示出隐藏在梦背后的思想来。为此他提出了两个概念——"显意"和"隐意"。所谓显意，类似于面具，是"梦所叙述的东西"、"梦的外显的内容"；所谓隐意，是面具所掩盖的欲望，是"那种隐匿的我们只有通过观念分析才能达到的东西"，是"内隐的梦的思想"。梦的解析过程就是从外显的梦到内隐的梦的工作过程，而"每个特殊的梦经过分析后，必定可以重新证明梦确实具有代表欲望满足的一种神秘意义"。弗洛伊德认为受压抑的欲望总是以曲折的方式进入意识领域，梦就是满足这些欲望的曲折方式之一，梦是以想象的作用代替现实作用，在幻想中求得满足。

(四)弗洛伊德心理防御机制理论

弗洛伊德认为，人格的发展是一个潜意识、前意识、意识之间，本我、自我与超我之间的对抗与压抑，三者保持平衡，人格正常发展，三者长期冲突是心理异常的主要原因。本我与超我之间存在冲突，需要自我来进行协调，找到一个平衡点，既要感受并满足本我的需要，又要接受超我的限制和监督，还要时刻应对外部现实的干扰和诱惑，因此自我成了各种冲突和矛盾聚集的焦点。当自我受到来自各方矛盾冲突的夹攻时，个体会感到痛苦和焦虑。这时，自我可以通过采取某种手段调节冲突双方关系的方式，使超我的限制和监督可以接受，本我的欲望又可以得到某种形式的满足，从而缓解焦虑、消除痛苦、保护自我，这就是心理防御机制。人类无论在正常情况下，还是在心理病态的情况下，都可能会自觉不自觉地运用心理防御机制来降低焦虑，减轻痛苦，渡过心理难关，防止精神崩溃。

弗洛伊德认为，心理防御机制是一种自我心理防卫功能，它主要包括压抑、转移、否认、投射、隔离、代偿、合理化、升华等各种形式。

压抑——自我把不能被超我接受的某种观念、情感或冲动驱逐到无意识层中去，使个体不再为之产生焦虑或痛苦，这是一种不自觉的主动遗忘和压抑。压抑是一种最基本、最常用的心理防御机制，它并不能给人带来内心的安宁与舒坦。

转移——个体对某个人的情感、欲念、态度，以为对方或社会接受困难而被自己的理智所控制，并把它转移到其他人或物体身上，以减轻心理负荷，缓解内心的焦虑和痛苦，维持内心的安宁。比如我们往往会发现，当一个人正在气头上的时候，谁和他说话他都会怒气冲冲的，好像他吃了枪药似的。其实他并非真的要向别人发火，只是不由自主地将自己心中的怒气转移到了别人身上。

否认——以随心所欲的方式对不愉快或不希望的现实加以否定。

退行——人在受到挫折无法应付时，即放弃已经学会的成熟态度和行为模式，使用以往较幼稚的方式来满足自己的欲望，这叫退行。如一个人因为外在事件而导致价值观破碎时，可能暂时退回到童年期的心理特征中。

投射——自我将所不能容忍的本我冲动、欲望转移到他人身上，将自己的欲望投射到别人身上，从而得到一种解脱的心理机制。例如，一个自己邪恶的人说别人是邪恶的，这就是一种"投射"，或一个男孩很爱一个女孩，但因为害怕表白，就说是自己同室的室友喜欢那个女孩。

隔离——当一些不愉快的记忆或情感已经进入意识中时，自我强烈地将它们驱除出去，而不让意识去接触，以免引起精神上的不愉快，这种机制叫隔离。两件事情，如果将之联系在一起，会得出令当事人感到不好的结论。为了不让自己感到不舒服，人有意隔离这两件事情，使自己内心有一个平衡、安静。这是内容与内容的隔离。如：一个小孩，她父母吵架了，母亲在一旁哭，父母在给一个陌生女人打电话，言语充满暧昧。如果将这两件事情联系起来，则是父亲有外遇了，家可能被毁。小女孩不愿意这种情况发生，于是将这两件事不做联结。或者：自己所讲述的内容会让自己不愉快的，于是，将外显的表情与内容不相符，以维护自己内心的平衡。如：笑着说一件伤心的事。这是内容与情绪的隔离。

补偿——个体利用某种方法来弥补其生理或心理上的缺陷，从而掩盖自己的自卑感和不安全感，所谓"失之东隅，收之桑榆"就是这种作用。这在残疾人身上看得很明显，比如盲人的听力特别好。

合理化——自我在遭受挫折时，用利于自己的理由来为自我辩解，将面临窘境时的本我冲动加以掩饰，以隐瞒自己的真实动机，从而帮助自己进行解脱的一种心理防御机制。例如：吃不到葡萄就说葡萄酸。

升华——个体把那些不为社会或他人所接受的行为所导致的消极情绪转化为符合社会标准、高尚追求的行为，即"化悲痛为力量"。例如，失恋后不是一蹶不振，也不是愤世嫉俗，而是通过奋发向上，写诗写小说来发泄被压抑的情绪，以消除焦虑情绪，重新找回自信，保持内心的平衡。

二、精神分析理论与旅游心理分析

先哲墨子说过："食必常饱，然后求美；衣必常暖，然后求丽；居必常安，然后求乐。"随着我国国民经济的迅速发展和人民生活水平的不断提高，旅游日益成为大众越来越乐意选择的休闲娱乐方式。今天，越来越多的人走出家门，外出旅游。除了闲暇时间增加、收入水平提高及交通更加便捷等因素之外，人们选择旅游作为休闲娱乐方式还跟其心理变化密切相关。根据弗洛伊德的精神分析理论，我们可以把旅游者外出旅游的心理分为以下两种类型。

(一)有意识的旅游心理与行为

有意识的旅游心理主要是指人们希望通过旅游活动得到什么样的满足，即人们外出旅游的心理动因。

1. 好奇感与旅游行为

好奇之心，人皆有之。人们对自己不熟悉的事物，总是会有或多或少的新鲜感和好奇心，而对司空见惯的环境、日复一日的相同生活难免会产生厌倦情绪和感觉单调乏味。由于单调乏味的日常生活，喜新厌旧的人类天性促使人们走出因熟悉而缺乏新鲜感的家园，来到一个陌生的地方旅游，看一看别人的生活，过一过别人的生活，在一个从来没有生活过的环境中满足新鲜感和好奇心，以此来纠正日常生活中的失衡。在迷人的山水中体会生命力、创造力的迸发，体会人与人、人与自然的真、善、美，让疲惫的身心得以放松，眼界得以开阔，见闻得以增长，人生得以丰富。某境外旅游团正在一餐厅就餐，服务员小姐端来一盘清香四溢的酿豆腐，已有饱意的客人无一动筷，服务员小姐笑眯眯地说：这道菜是明朝开国皇帝朱元璋最爱吃的御膳宫食。一听说皇帝吃的御膳，几位外国朋友顿时雀跃，筷勺齐上，一盘酿豆腐一扫而光。人们外出旅游正是因为旅游能给人一种新鲜感的生活体验。

2. 压力感与旅游行为

现代社会的快节奏、高强度让生活在都市的人们苦不堪言，很多都市白领真正达到了"老牛亦解韶光贵，不待扬鞭自奋蹄"的境界，幸福指数不断下降。为了给自己减压，有人通过娱乐，有人理性宣泄，有人冥想发呆，而越来越多的人却选择旅游。人们需要通过旅游来暂时摆脱繁重的日常事务和复杂的人际关系，在陌生的地方过上一段短暂、相对轻松、没有复杂人际网络的生活来缓解日积月累的紧张和压力。外出旅游正是为了寻找一方"世外桃源"以求得到暂时解脱，消除由于种种原因而造成的精神紧张，恢复脑力与体力的平衡。随着生活竞争的日趋激烈和生活节奏的日益加快，为了寻求放松与解脱而外出旅游的人会越来越多，旅游正日益由以前的"奢侈品"逐渐变为生活中不可或缺的"必需品"。

3. 开阔视野

培根说过："旅行，对年少者来说，是一种教育；对年长者来说，是一种经验。"旅游，并不只是逃离。除了坐在热带海滩上品尝凤椰汁，享受服务全面的海滩胜地和五星级酒店服务外，旅游其实可以大大丰富旅游者的个人阅历，旅游者直接与当地人交往是最好的旅游经历之一。比如，尽管美国政府自1963年开始就有禁止美国公民到古巴旅游的旅游禁令，但还是有很多人到过古巴旅游，其中有一些人是借助官方的特殊许可，或偶尔用其他间接办法。这些旅游者将一部分旅程安排在了家庭旅馆——这是普通古巴人家租给游客的房间，这些房间干净、安全而且舒适。房东会给旅游者做家常菜肴，旅游者能与这家人交流并借此了解普通古巴人的真实生活。旅游者与这家人交流所获得的个人感受是宝贵的，任何人都无法通过待在五星级酒店来获得这些经历，更不用说享受家庭配餐的花费还不到度假胜地和酒店的一半。

4．梳理情感

日趋复杂的人际关系让现代人焦头烂额，疲于应付。理智与情感、道德与法律、利益与友情、理想与现实等这些复杂的关系无时无刻不在困扰和纠缠着人们。每一座城市、每一条山谷、每一汪湖泊都有自己的特色，犹如千千万万的人一样。你可以走近它，了解它，阅读它，它有自己的性格、爱好、历史，也有自己的喜怒哀乐。你可以观赏、可以享用、可以倾诉、可以阅读、可以依偎……通过与城市、山谷、湖泊、江河的对话与凝视，你心底积聚的苦闷、悲伤、哀怨与愤怒都会被荡涤一空，你的心境也将变得明亮而平静。

当你在琐碎的生活中积聚了无限的苦闷，不妨暂时摆脱错综复杂的关系网络，走进青藏高原的群山和雪峰，感受那无与伦比的雄伟与孤独，在神奇和伟大的自然面前，重新审视自己以往的工作和生活、关系与情感，认真思索人生的真谛和未来的发展，我们是多么的渺小，那些苦闷又是多么的微不足道。

5．陶冶情操

旅游是一种享受，是身体的放松，是精神的洗礼，是情操的陶冶，是心灵的升华，是思绪的腾飞。旅游不应该有更多的功利意识，应该带着一颗平常心上路，睁开眼睛，视野所及是大好河山，闭上眼睛，鼻下所闻是鸟语花香。登上泰山山顶，一种"一览众山小"的高阔情怀油然而生；走到长江岸边，一种"浪花淘尽英雄"的豪迈气概不由滋长……通过旅游，人们徜徉在山水松石之间，流连于亭台楼阁之际。山水之间，是盛衰荣枯，是流转无常；亭台之外，是千年烟云，是百朝纷争。在旅游中，游客很容易产生对大好河山的热爱之情，很容易产生对生命如此美好的体验和感慨，人的精神面貌往往会焕然一新，人的心理状态很容易积极转变，人的心胸气度很容易变得开阔。

(二)潜意识的旅游心理与行为

旅游一方面是人们自发、主动地追求消遣休闲；另一方面也是对现实的一种必要逃避。不管是承认也好，否认也罢，这种逃避很多时候是人们的一种无意识行为。人们也许根本就没有意识到或者思考过纯粹出于内心深处冲动和本能的真实欲望，但是城市化进程所带来的快节奏、高强度的生活工作模式使得人们渴求放松。

1．逃避现实

在世界发达地区和我国城市化程度较高的城市，人们已经厌倦都市生活的喧嚣，高强度、快节奏的工作方式使得人们需要逃避、需要放松、需要寻求和都市生活不一样的放松方式。人们空前地渴求返璞归真，亲近泥土。这是一种现代人追求的生存质量，又是一种生活时尚。旅游正是想通过寻找一方"世外桃源"来安顿人们困苦不堪的内心，来消除种种原因造成的精神紧张，恢复脑力与体力的平衡，逃避枯燥乏味的现实。精神分析学派学者荣格把旅游当作是回归人类祖先的自由迁徙状态，重温祖先的梦境，是集体潜意识的一种原型，具有超越解脱的功能，认为旅游是人性回归的途径。

2. 回归自然

有个客观而又人性化的比喻，"人类是从候鸟进化而来，所以渴望迁徙；人类从植物演变而来，最终总是落叶归根"。现代文明的日益发展，在给人类带来经济社会的飞速发展和人们生活水平不断提高的同时，也越来越使人感到人与人、人与自然的距离变得更远，关系变得更为疏离，尤其是生活在城市的人们，长期待在钢筋混凝土垒成的高楼大厦中，会有一种难以抑制的渴望回归自然的天性欲望。人们外出旅游，其实就是一种象征意义的自然回归，过一种接近自然、合乎自然规律的生活，就是人本性的返璞归真。看那连绵的高山、串珠式的平坝、深切的峡谷、高海拔的冰川，每一样都能满足人们对旅行生活的想象。

3. 寻求自尊和尊严

旅游过程也是一种人际交往过程。在竞争激烈的社会环境中，人们容易产生焦虑和压力，而旅游(与人们交往)可以在一定程度上减缓这些焦虑和压力。旅游中可以结交新朋友，得到团体接纳、爱和友情，从而获得爱和归属感，并且感到自信和尊重，"怀旧"、"归土"的旅游则突出表现了归属需要，特别是定居海外的华侨、港澳台同胞来大陆缅怀先辈故土而旧地重游、重温历史、探亲访友等。有的人去旅游是因为在旅游过程中可以获取服务人员和其他人的尊重和关心，满足内心潜藏的寻求尊严的本能冲动，不可否认的是，寻求尊严的本能欲望是他们行为最原始的动力。

在寻求自尊和尊严的欲望驱动下，旅游者会购买一些特别昂贵的旅游产品和服务，比如入住五星级大酒店、享受贴身管家服务、环球旅行等，或者徒步穿越沙漠、攀登珠穆朗玛峰、穿越无人区等，以展示个人的成功或社会地位。同时，旅游者也希望得到旅游目的地居民的友好接待，彼此尊重各自不同的文化。

任务三　从行为主义心理学角度研究旅游行为

导入案例

给客人一个惊喜

酒店1306房的Mattin先生住已住了两天，每天早出晚归，房间的衣服总是扔得到处都是。服务员小袁做卫生时都会不厌其烦地帮他把衣服整理好，放在衣柜内。

小袁发现房间里的茶杯每天都原封不动地放在那里。通过向中班服务员打听后，小袁得知客人每次送茶都不喝，但是他每天都会买一瓶矿泉水。第三天上午，1306房来了一个朋友，小袁想他朋友可能和他一样不喜欢喝袋装茶叶，于是抱着试试看的心理用散装茶叶为他们泡了两杯茶送进房。

过了不久，小袁看见客人和朋友出去了。为了弄个明白，她马上进房去查看，发现两个茶杯都空空如也，原来他们爱喝散装茶。于是，小袁高兴地在常客卡上记录了这一条，又为他泡了一杯茶，用英语给客人留了一张条："It's the tea for you! Wish you like it！"下午，Mattin 和他的朋友大汗淋漓地从电梯里面出来，手里抱着一个篮球，老远就冲小袁"Hello"，小袁连忙跑过去。客人把球放在服务台，小袁接过球一看，黑乎乎的。客人用手比画着指酒店的布草房。"Take it in workroom？""Yes, yes！""这么脏，还是洗一下吧？"小袁自言自语道。于是，小袁便将球拿到消毒间用刷子刷干净。第二天下午，客人又出去打球，当他从小袁手中接过干净如新的篮球时，竖起大拇指，并且在昨天的那张留言下写着"Thank you…"。

问题 1：小袁的服务究竟好在哪里，以至于受到外国友人的赞扬？

问题 2：如何用行为主义心理学的有关原理对客人消费行为进行分析？

酒店给客人提供袋装茶叶，客人不喝，这在很多酒店都是常有的事。但本案例中服务员小袁对此却非常上心，并试着给客人上散装茶，结果赢得了客人的满意。另外，在应客人要求把篮球放在酒店的布草房后，又帮客人洗刷干净，给客人带来意外的惊喜。这两件小事都充分显示了这位服务员良好的服务意识和服务态度。

行为主义心理学认为，人的行为反应是因为受到一定的刺激而产生的，透过人的行为可以窥探人的心理。因此，在旅游服务过程中，服务人员应该时时留心，学会察言观色，通过观察客人的行为举止去揣摩他的内心活动，时刻准备着为客人提供优质服务。

一、行为主义心理学理论

行为主义学派产生于 20 世纪初的美国，是针对冯特学派心理学理论的不足而在美国进行的一场心理学革命。其代表人物是华生和斯金纳，主张研究那种从人的意识中折射出来的看得见、摸得着的客观东西，即人的行为。他们认为，行为就是有机体用以适应环境变化的各种身体反应的组合。这些反应不外乎是肌肉的收缩和腺体的分泌，它们有的表现在身体外部，有的隐藏在身体内部，其强度有大有小。他们认为，具体的行为反应取决于具体的刺激强度，心理学的任务就在于发现刺激与反应之间的规律，这样就能根据刺激而推知反应，反过来又可通过反应推知刺激，从而达到预测和控制行为的目的。行为主义的创始人是美国的华生(J. D. Watson)，后来斯金纳(B. F. Skinner)受到他及巴甫洛夫关于条件反射思想的影响，进一步丰富了行为主义理论。

(一)三个假设

在整个学习论或行为主义的观点上，大致有 3 个方面的假设。

第一个假设认为，复杂的行为也能从建立的简单联系来理解。华生认为，行为可以分析成刺激-反应的单位，称为反射。人的行为是受到有形刺激(外在的可以看见的物理、化学刺激)和无形刺激(内在的如思维、情感、欲望等)后的反应结果。多个刺激的反应表现为人的行为特征改变。斯金纳则强调反应和环境强化的关系。总之，他们认为行为最恰当的单位是特定的反应及其与环境刺激的联结。

第二个假设是，人基本上是寻求获得快乐而逃避痛苦，如果一个行动能在某种情境下得到满足(即得到强化)，这种联结便形成了。当这种情境再一次出现时，此行动就容易再度发生；相反，一个行动在某些情境下造成了不舒服的感觉，这种联结就不易形成或割断。当该情境再度出现时，这种行动就不再产生了，这就意味着人在寻求酬赏、满足，努力逃避痛苦。现在采用的行为治疗，就是在此理论基础上形成的。

第三个假设是，强调环境决定行为的力量。他们认为行为的形成主要是环境强化造成的，如果我们能控制环境，则可形成人类的各种行为。华生曾说过，如果能让他们自由控制环境，他有办法将一个婴儿训练成专家或小偷。

(二)基本理论

1. 经典条件作用

经典条件作用又叫应答条件作用或巴甫洛夫条件作用。它是以无条件反射为基础而形成的。一个中性刺激通过与无条件刺激的配对，最后能引起原来只有无条件刺激才能引起的反应，这就是初级条件反应的形成。

经典条件作用涉及的概念主要有以下几个。

(1) 强化：伴随条件刺激的呈现给予无条件刺激。强化是形成条件反射的基本条件。

(2) 泛化：对一个条件刺激形成的条件反应，可以由类似的刺激引起。反过来说，条件反应可以迁移到类似原条件刺激的刺激上。俗话说的"一朝被蛇咬，十年怕井绳"，就是泛化的表现。临床症状上许多恐怖症都有泛化情形，例如一位妇女可能由一次外出偶然受惊而逐渐演变为害怕一切公共场所(广场恐怖症症状)。

(3) 分化：分化是与泛化相对的过程。在泛化发生后，继续进行条件作用训练，但只对特定条件刺激予以强化，对类似刺激不予强化，会导致有机体抑制泛化反应，只对特定条件刺激发生反应，这就是分化。分化意味着有机体逐渐能够分辨刺激物之间的性质差异。

(4) 消退：已形成的条件反射由于不再受到强化，反应强度趋于减弱乃至该反应不再出现，称为条件反射的消退。消退概念有两个潜在的意义：一是如果一个行为得以维持，个体环境中一定存在使之得以维持的强化条件。因为如果不存在这种条件，该行为应该已经自行消退了。二是可以改变环境变量，使之不再包含强化行为的条件，促使行为消退。

(5) 抗条件作用：如果对一个已形成的条件反应进行这样的操作：一方面，撤除原来的强化物，例如在小白鼠出现后不伴以强噪声，同时设法使一个不能与原来的条件反应共存的反应与原来的条件刺激建立联系。例如，让小白鼠吃它喜欢的食物(一种放松的积极的反应)。结果，原来的条件反应会迅速地被消除。这样一种操作程序称为"抗条件作用"。抗条件作用就是沃尔普所说的"交互抑制"，它是几种重要的治疗技术如厌恶疗法、系统脱敏训练的理论基础。

2. 操作性条件作用

虽然许多与情绪反应相联系的行为和习惯可能是应答性条件作用的结果，但人们普遍认为，人类更大范围的行为类型是通过操作性条件作用过程获得的。操作性条件作用又叫工具性条件作用，它的关键之处是有机体(动物或人)作出一个特定的行为反应，这个行为反应导致环境发生某种变化，即发生了一个由有机体引起的事件。这个事件对有机体可能是积极的，有适应价值的，也可能是消极的，有非适应价值的。不管是哪一种，这个事件都会对有机体继后的反应有影响。如果事件具有积极价值，有机体会更倾向于作出同样的行为;如果具有消极价值,则会抑制该行为。这自然是一种学习,通过这种过程,有机体"知道"了行为与后效的关系,并能根据行为后效来调节行为。

操作性条件作用涉及的概念主要有以下几个。

(1) 强化。强化是操作性条件作用的核心概念。强化是行为得以保持的关键。强化是指某人的某一预期反应出现后,立即给予其奖励或满足其需要的行为。强化有正强化和负强化之分。正强化指的是,当个体作出一个行为后,给予一个积极强化物。这会增加个体作出该行为的频率。负强化指的是,当个体作出一个行为后,消除消极强化物,这也会增加该行为的出现频率。例如,当一只不断受到电击(消极强化物)的老鼠偶然碰到一个杠杆时,电击停止,老鼠以后在遇到类似情形时会增加压杠杆的反应。

(2) 惩罚。惩罚是和强化相反的概念,它涉及的是行为的消除机制。和强化一样,惩罚也分为正惩罚和负惩罚。正惩罚是指,当个体作出一个行为后,出现惩罚物。这以后个体会减少作出该行为的频率。例如,当一个攻击同伴的孩子打人之后,爸爸打他的屁股,这个孩子的打人行为会减少。负性惩罚是指当个体作出一个行为后,他所希望得到的东西就不出现,这也会使其减少作出该行为的频率。例如,工厂规定迟到三次扣除一个月的奖金,就是利用了负性惩罚原理。

3. 行为治疗理论

行为治疗的概念最早由斯金纳等人于 20 世纪 50 年代提出。20 世纪 70 年代,行为治疗被誉为心理治疗领域的第二势力,大大超过了精神分析治疗,占据压倒性的优势地位。

行为治疗理论认为,人的行为不管是功能性的还是非功能性的、正常的还是病态的,都是经学习而获得的,而且也能通过学习而更改、增加或消除。学习的原则是:受奖赏的、获得令人满意结果的行为,容易学会并且能维持下来;相反,受处罚的、令人不悦的行为,就不容易学会或很难维持下来。因此,知道如何操作这些奖赏或处罚的条件,就可以控制行为的增减或改变其方向。行为治疗理论相信只要"行为"改变,所谓的"态度"及"情感"也就会相应改变。

二、行为主义心理学与旅游行为探讨

(1) 行为反应建立在一定的条件刺激下,因此,要想某种行为能够发生,应该施加一定的刺激。人们选择去某一旅游目的地,首先是在有关旅游目的地信息刺激影响下所作出的行为反应。因此,要促使旅游者选择某旅游目的地,应该把有效的信息及时通过各种途径和渠道传达给潜在旅游者。通过这种信息刺激可以形成或强化潜在旅游者对该旅游目的地的认知,使旅游者产生选择此旅游目的地的行为反应。这就要求旅游目的地经营管理者要树立良好的服务形象,提供优质的旅游产品,不断加强旅游目的地的宣传和营销。行为主义心理学还认为,受到强化的行为会重复出现,而没有受到强化的行为则容易消退。因此,旅游目的地经营者要吸引客源,必须持续不断地进行宣传营销,扩大其影响。

(2) 行为主义心理学认为,人的行为反应是由一定的刺激产生的。在不同的刺激下,人的行为会有所变化和不同,通过人的行为可以推知人的心理。因此,在旅游服务过程中,服务人员应该时时留心、处处在意,时刻准备着为旅游者提供服务。学会察言观色,通过观察客人的行为举止去推测揣摩其内心活动,然后积极主动地为客人提供所需的服务。

(3) 行为主义心理学认为，要使得某种行为重复出现，就需要不断地对这种行为进行强化，但这种强化不是无止境的，需要掌握一定的"度"。如果"不及"，就达不到既定目的；如果"过度"，则会产生"超限效应"。马克·吐温听牧师演讲时，最初感觉牧师讲得很好，打算捐款；10 分钟后，牧师还没讲完，他有些不耐烦了，决定只捐些零钱；又过了 10 分钟，牧师还没有讲完，他决定不捐了。在牧师终于结束演讲开始募捐时，过于气愤的马克·吐温不仅分文未捐，还从盘子里偷了 2 元钱。这种由于刺激过多、过强和作用时间过久而引起心里极不耐烦甚至反抗的心理现象，称为"超限效应"。

超限效应，对旅游目的地旨在激发旅游动机的宣传广告也有一样的启示。旅游目的地企业在进行旅游宣传营销时，应当坚持适度原则，注意分寸，掌握火候、适可而止。比如，一个创意很好的旅游营销广告，第一次被人看到的时候，令人赏心悦目；第二次被人看到的时候，会让人用心注意广告所宣传的产品和服务；但如果这样好的广告要在短时间内大密度"轰炸"的时候，就会令人产生厌恶之感。所以，旅游宣传营销需要有一定的密度，需要从多维度刺激旅游消费者的感官，但要适可而止。旅游服务人员在为旅游者服务的时候，同样需要把握适度原则，既不能过于热情，也不能过于冷漠，防止出现过犹不及的现象，应该有所为有所不为，一切以旅游者满意为出发点，提供适当的服务。

(4) 行为主义心理学认为，除极少数的简单反射外，一切复杂行为都取决于环境影响，而这种影响是通过条件反射实现的。针对旅游业，一个景区如果要吸引游客前来，其环境是否能让游客舒适满意就成了必要条件。如果游客来到一个景区，接受的都是一些有悖于自己认知、有违于内心预先期待的刺激，那必然产生抵触情绪，且会延续很久。所以景区规划要做到以人为本，不能盲目开发旅游资源或进行景观复制、建筑复制及节目复制，使景区同质化现象越来越严重，景区规划应参照"4C 旅游营销"模型，即客户需求(consumer's wants and needs)、需求成本(cost to satisfy wants and needs)、沟通(communication)和便利性(convenience)，遵循一切从市场出发，一切从游客需求出发，考虑大多数人的审美情趣和生活便利，为投资者策划，为旅游者策划，给旅游者创造舒服、安全、便利的旅游环境。

任务四　从需要层次理论角度研究旅游需要满足

导入案例

同事们都为小骆担心，换她去那个团的原因是那个团的客人拉帮结派，闹得挺欢，把原来的全陪赶了下来。所以，见到小骆平安回来，同事们就请她谈谈她是怎样带那个团的。

小骆说："根据以往的经验，这种团要处理两个方面的问题。一是服务方面的问题，即客人希望我们多为他们做一点儿事。这个团，那帮闹得最凶的客人，就是希望我能够带他们逛街，多给他们介绍当地好吃的。只要逛了街，玩得开心，吃得高兴，他们就会说你的好话。至于另一帮客人，他们最得意的是全团用餐的时候，我能跟他们谈论饮食文化，可能是想用他们的高谈阔论来显示他们的'文化层次'吧。还有一帮客人是希望在地陪介绍了景观之后，我再给他们讲点儿野史、风土人情什么的，好让其他客人觉得我对他们格外重视。我想，这就好，各有所求，我就有办法摆平了。晚上陪这帮客人逛街，用餐前与那帮客人高谈阔论，游览的时候再给最后那帮客人'加餐'，让他们'各得其所'。"

"二是客人与客人之间的问题,这需要动动脑筋。比如,好饮食文化的那帮客人中有老人,每次分房他们都提出要靠近电梯,但真的把靠近电梯的房间给了他们,又说电梯太吵,闹着换房。跟谁换呢?房间都已经分完了。让其他帮派的把房间换给你,不是'损人利己',找事闹吗?后来我再分房的时候,好坏远近都掺在一起。等他们又提出要换房的时候,就说'你们自己的人'去换吧!本来嘛,分房后再换房,谁都不高兴,但是出现了帮派后,在同一帮派内互换房间反倒变得好通融,显得很团结。我就这样解决了问题。我听领队说客人常为守时争吵,我呢,就在每一次开始自由活动之前,从各个帮派中分别点一两位或两三位客人,问他们清楚不清楚集合时间。他们说清楚,就等于当着大家的面作出了守时的承诺。用了这个办法,就再没有出现过因为一部分客人不守时而发生争吵的事情。

评析:"社会尊重严重不足"是旅游团的重症。虽然"亚群体"形成以后,"亚群体"内的旅游者得到互相尊重,但是,"社会尊重严重不足"并没有消失,它改头换面地表现为群际"社会尊重严重不足"。因此,"亚群体"对服务提出的要求,从"人际交流"层面来看,都是为了获得更多的"社会尊重"。本案例中的小骆晚上陪这帮客人逛街,用餐前与那帮客人高谈阔论,游览的时候再给最后那帮客人"加餐"的工作,表面是满足"各有所求"的"各得其所",实际上都是在满足"亚群体"对"社会尊重"的需要,这在一定程度上实现了旅游团中"社会尊重的平衡"。

(资料来源:www.51test.net/show/479089.html,2010-06-01)

一、需要层次理论

需要层次理论(need hierarchy theory)是人本主义心理学的一种动机理论。人本主义心理学兴起于20世纪50年代的美国,由马斯洛创立,以罗杰斯为代表。它的形成受当时人道主义和存在主义哲学的影响,在批判和继承行为主义心理学、精神分析心理学等学派的基础上形成了自身的理论体系。与其他心理学派不同,它主要研究人的本性(nature)、潜能(potentiality)、经验(experience)、价值(value)、创造力(creativity)和自我实现(self-actualization)。人本心理学的形成,为人类了解自己树立了新的里程碑,为心理学的发展开辟了新的方向,所以又被西方称为除行为学派和精神分析学派以外,心理学领域的"第三大势力"。

(一)需要层次理论的理论根基:人性本善论

人性本善论是人本主义心理学基本的人性观,也是人本主义的动机论与人格论的出发点和理论支柱。它认为人的天性中就有实现自己的潜能和满足人的基本需要的倾向。动物在向人进化的过程中,就显现出人性自然性的一面,即友爱、合作和创造等潜能。

该理论认为,在适当的成长和自我实现的环境中,人性是善良的,至少表现为中性。人性的恶是由于基本需要未被满足,自我实现的环境被破坏而引起的。罗洛·梅还认为人性既善又恶。正是因为善与恶、美与丑、快乐与痛苦等积极与消极的这种两极辩证关系才使人生有了动力和深度。另外,马斯洛还提出爱是人类的本性,是一种健康的感情关系,需要双方相互理解和接受。

(二)需要层次理论概述

马斯洛(Abraham Harold Maslow，1908—1970)在《人类动机理论》一书中提出了需要层次理论。马斯洛认为人的一切行为都是由需要引起的，他把人多种多样的需要归纳为五大类，并按照它们发生的先后次序分为5个层次(见图1-1)。

图1-1 马斯洛需要层次理论图

(1) 生理需要。生理上的需要是人们最原始、最基本的需要，如吃饭、穿衣、居住、医疗等。若不满足这些基本需要，人的生存将无法正常维持。这就是说，它是最强烈的不可避免的最底层需要，也是推动人们行动的强大动力。"衣食足而知荣辱，仓廪实而知礼节"，一个人如果连生理需要也得不到满足，其他诸如社会需要、尊重需要、自我实现需要就统统无从谈起。

(2) 安全需要。安全需要是指人们希望获得劳动安全、职业安全、生活稳定，希望免于灾难，以及希望未来有保障等。安全需要比生理需要高一级，当生理需要得到满足以后就要保障这种需要。每一个在现实中生活的人，都会产生安全感的欲望、自由的欲望、防御的欲望。

(3) 社交需要。社交需要也叫归属与爱的需要，是指个人渴望得到家庭、团体、朋友、同事的关怀、爱护及理解，是对友情、信任、温暖、爱情的需要。社交需要比生理需要和安全需要更细微、更难以捉摸。它与个人性格、经历、生活区域、民族、生活习惯、宗教信仰等都有关系，这种需要是难以察觉、无法度量的。

(4) 尊重需要。尊重需要包括对自尊、自重和被别人尊重的需要，具体表现为希望获得实力、成就、独立和自我，希望得到他人的赏识和高度评价。这些需要的满足可以增强人的自信心和自豪感。倘若受挫则会产生自卑感等。尊重需要很少能够得到完全满足，但只要基本上的满足就可以产生推动力。

(5) 自我实现需要。自我实现需要是最高等级的需要。满足这种需要就要求完成与自己能力相称的工作，最充分地发挥自己的潜能，成为自己所期望的人物。这是一种创造的需要。有自我实现需要的人,似乎在竭尽所能,使自己趋于完美。自我实现意味着充分地、活跃地、忘我地、集中全力地、全神贯注地体验生活。

二、需要层次理论与旅游需要满足

在现实生活中,人们普遍缺少新鲜感、亲切感和自豪感,却多了精神紧张,少了就要补偿,多了就要解脱,就要逃避。因此,很多人选择通过旅游来寻求补偿和解脱,在方便、安全的基础上,充分体现自己的生活品位和个性特征,暂时摆脱日常生活中的束缚和烦恼,充分享受短暂的自由和放松,不断地充实和提高自己。

(一)满足生理、安全的需要

一般来说,人都是在满足生理需要、安全需要等基本需要的基础上再选择出游,在旅途中获取更高需要的满足,但并不意味着人们在旅游时可以全然不顾生理、安全需要等基本需要的满足;相反,吃、喝、住、行等依然是人们旅游消费的重要组成部分和主要目的,而卫生、安全、干净、整洁、舒适的旅游服务和产品也是人们旅游消费的重要组成部分。从某种程度上说,人们外出旅游散心何尝不是为自己的精神和生命增加一道安全阀?旅游可以帮助人们释放压力、缓解紧张,能让旅游者回家后的精神面貌焕然一新。比如,每年的冬季,很多内陆或外国旅游者选择去三亚度假,因为他们想在三亚这个热带海滨旅游城市享受温暖的阳光和旖旎景色。在三亚这个永远的热带天堂,他们可以暂时变换一下自己周围的环境,舒畅身心,调节身体的不良状况,从而满足身心健康发展的需要。

(二)社交和尊重的需要

社交需要即归属和爱的需要,寻求归属、渴望关爱是每个人的渴盼,但现实生活中很多人在这方面的满足感却十分缺乏。通过旅游,人们可以从旅游团队其他成员的相互关心和相互帮助中收获集体的温暖、关爱和友情,得到一种在日常生活中体验不到的归属感和温暖感,从而满足社交和尊重的需要。同时,通过旅游活动,人们可以从旅游服务人员的真诚友好、热情周到的服务中收获受人尊重和关注的感受。

(三)自我实现的需要

追求自我的伸展与超越,寻求自我实现是人的本能,通过自我超越可以达到个性的充分发挥,旅游在某种程度上满足了这种需要。当旅游者从自己的家乡驱车百里千里,或远渡重洋,来到异地他乡,或登高山或潜水底,旅游者现实所占有的时间与空间就通过旅游大大拓展了。通过旅游,人们锻炼了身体,陶冶了情操,增长了见识,开阔了视野,放松了心情,收获了尊重,也许对以往的生活有了新的审视,对人生的真谛有了新的领悟,对未来有了新的期盼等,这一切对人们未来的工作与生活都大有裨益。

从这一点来看,我们就能理解为什么外国人希望到北京看四合院,而不愿意看摩天大楼;城市人到九寨沟希望住一住藏式小楼,而不愿意住美观、舒适的现代化宾馆;在旅游过程中,旅游者往往喜欢买一些旅游纪念品,或者拍照留念,以记录其追求自我实现的旅游体验。

思考与讨论

1. 旅游目的地应该怎样做才能吸引更多的旅游者?
2. 人们选择外出旅游是为了满足哪些需要?

实 训 题

1. 用精神分析理论对周围的朋友最近外出旅游的心理和行为进行分析。
2. 心理小游戏:"潜意识"探测。

游戏规则:将班上同学分组,每组选派 1 人参加。参赛者在黑板上用 1 分钟随机写 3 个成语,然后由主持人解析这 3 个成语分别代表的人生三个阶段——初恋时、热恋时和结婚时,然后看看参赛者对这三个阶段分别用什么成语来形容自己。

消费心理篇

学习情境二　旅游者的动机与态度

学习目标：

- 了解旅游动机、旅游态度的含义及构成。
- 理解旅游动机的产生条件及旅游态度与旅游行为的关系。
- 掌握旅游动机的影响因素及激发旅游者旅游动机的服务策略。
- 掌握影响态度改变的因素和改变旅游者态度的服务策略。

技能目标：

- 能分析不同形式的旅游活动的旅游动机。
- 能分析旅游者不同的态度对其行为的影响。
- 能够运用适当的方法引导和改变旅游者的消费态度和消费行为。

任务一　旅游者动机概述

导入案例

"十一"长假之际，有甲、乙、丙 3 个朋友决定外出旅游。其中，甲决定到一个环境优美的乡村去亲近大自然，体验田园生活；乙决定到沙漠探险，挑战自我极限；丙决定到城市周边的景点悠然地待上几天，放松身心。3 人最终都达成了自己的心愿，度过了一个愉快的假期。

问题： 人们为什么会产生旅游行为，而且是纷繁复杂、各式各样的旅游行为呢？

那些节俭一生的老人为什么会舍得动用自己的积蓄，到人地两生的世界潇洒走一回？每日忙于工作的中年人，为什么会花费大块的时间出游，却不在家里享受难得的轻松呢？金发碧眼的外国游客，为什么偏偏要来中国乡下或偏远地区看一些古迹或是真山真水呢？

在信息发达的现代社会，我们完全可以做到"秀才不出门，全知天下事"。电视里面的旅游节目铺天盖地，透过精致的画面你甚至可以比身临其境看得更清楚。

然而，人们还是一定要亲自踏上那片土地。对于一些人，这可能是为了了却一桩心事，尽到责任，兑现承诺，还有些人或是启动了或是完成了一次社会交换的过程，类似送礼与还礼。旅游有许多显而易见的功能。不过，从心理学角度分析，我们可以得到一些新的解释。那么，旅游的心理动因究竟是什么呢？

一、旅游动机的产生

一个人如果要外出旅游，必须同时具备主观和客观两个方面的条件。主观上，要有外出旅游的动机，客观上要具备一定的经济实力和闲暇时间，而且身体状况允许等。如果一个人主观上没有旅游的动机和愿望，即使具备客观条件，也不可能成为旅游者。因此，有必要对实现旅游活动所必须具备的主观条件即旅游动机进行探讨。

(一)旅游者的旅游动机

1. 动机

何为旅游动机？这首先涉及何为动机这一问题。动机(motivation)是指激励和维持人的行动，并使行动导向某一目标，以满足个体某种需要的内部动因。通俗地讲，动机就是激励人们行动的主观因素。人的各种行动都是由动机引起的，是为了实现某些被满足的需要而进行的。动机驱使人追求某一事物，从事某一活动；或驱使人避开某一事物，停止某一活动。

一般来说，动机具有以下3种功能。

一是激活功能，即动机会促使人产生某种活动。例如，在放松身心、增长见识、专业考察、探险运动等旅游动机的驱使下，越来越多的国内旅游者选择生态旅游产品。

二是指向功能，即在动机的作用下，人的行为将指向某一目标。例如，在旅游动机的作用下，旅游者将会奔向某一特定的旅游目的地，选择心仪的旅游产品。

三是强化功能，即当活动产生以后，动机可以维持和调整活动。当活动指向某一目标时，个体相应的动机便获得强化，因而某种活动得以持续下去，在遇到困难时也能予以克服。例如，在欣赏旅游目的地优美的生态景观环境、体验富有特色的风土人情活动中，旅游者可以克服因水土不服带来的身体不适。

引起动机的条件有两个：一是内在条件，二是外在条件。前者就是"需要"，即因个体对某种东西的缺乏而引起的内部紧张状态和不舒服感。动机就是由这些需要构成的。需要使人产生欲望和驱力，引起活动。后者是个体之外的各种刺激。这些刺激包括各种物质因素，它们也是引起动机的原因之一。

心理学家把凡是能引起个体动机并能满足个体需求的外在刺激称为"诱因"。行为可由需要引起，也可由环境因素引起，但往往是内在条件和外在条件交互影响的结果。在某一时刻最强烈的需要构成最强的动机，而最强的动机决定人的行为。

动机一般分为两类：第一类与身体的生理需要有关。这些动机是与生俱来的，可称之为原始性动机，或生物性动机，或生理性动机，包括饥饿、渴、性、睡眠、温冷、解除痛苦等。第二类与心理和社会需要有关。这些动机是经过学习获得的，可称之为继发性动机、社会性动机或心理性动机，包括友谊、爱情、亲和、归属、认可、独立、成就、赞许等。这种分类只具有相对意义。行为虽然是由动机决定的，但并不是绝对的一对一的关系，类似的动机可能表现为不同的行为。此外，类似的行为有时也可能源自不同的动机。再者，一种行为的背后可能同时隐藏着不同的动机。

2. 旅游动机及其层次

(1) 旅游动机。旅游动机是直接引发、维持个体的旅游行为，并将行为导向旅游目标的心理动力。简单来说，旅游动机是指促发一个人有意去旅游以及确定到何处去、做何种旅游的内在驱动力。

(2) 旅游动机的层次。"旅游"一词是从英文tourism翻译过来的。原意为游览的嗜好，引申为有关游览的学问。就旅游者这一主体而言，旅游动机是维持和推动旅游者进行活动

学习情境二 旅游者的动机与态度

的内部原因和实质动力,若按由低到高排序可以区分为5个层次。第一个层次为放松动机。即:旅游者通过离开自身的定居地到另一个地方短时期逗留,去观赏异地风光,体验异国风情,感受异地特色,使身心得到放松、休息和恢复。第二个层次为刺激动机。即:旅游者通过空间的转移,了解国内外各方面的知识,得到新的经历,身临其境地接触世界各地居民,欣赏变幻奇妙的自然风光,体验异地文化,考察不同的生活制度,以寻求新的感受、新的刺激,形成新的思想。第三个层次为关系动机。即:旅游者通过外出旅游,结交朋友、建立友谊,给予爱、获得爱或逃避社会关系,解除人际烦扰或建立商务伙伴关系等。第四个层次为发展动机。即:旅游者在身处异地的文化氛围中,培养多种兴趣,得到新的知识,掌握新的技能,增加新的阅历,获得异地的奖赏,提高个人声望和魅力,成为旅游鉴赏家,获得他人尊敬,发展自我潜能等。第五个层次为实现动机。即:旅游者借助旅游,充分利用各种旅游资源,发挥客体对主体的能动作用,丰富、改变、创造人的精神素质,主宰自己的人生,获得更高的成就,实现自己的梦想和精神价值。许多生物学家、地理学家、文学家、画家都是从旅游考察中获得丰富的创作素材和灵感的。

(二)旅游动机的产生

旅游动机是一个人外出旅游的主观条件,旅游动机的产生必须具备两个方面的条件:一是个体的内在条件——心理需要;二是外在条件——刺激。

1. 旅游动机产生的内在条件

旅游动机和旅游需要是紧密相联的,无论人的旅游动机如何复杂多样,其实质都是为了满足人的多种多样的旅游需要。促发旅游动机产生的心理需要源自三个方面:探新求异的积极心理,逃避紧张现实的消极心理,以及追求单一性与复杂性平衡的心理。

人本主义心理学认为,动机产生于人的某种需要,这种需要使人的心理产生紧张不安,从而产生内在驱动力,即动机,进而确定行动目标,产生行动,使需要得到满足,紧张解除,然后进入下一个行动。不同的需要产生不同的动机。因此,研究人的动机,必须首先研究人的需要。旅游动机也是如此。在研究人的需要这一领域,具有较大影响的理论是人本主义心理学家马斯洛的需要层次理论(具体内容参见学习情境一任务四)。

马斯洛认为,人的需要是由低层次、基本需要层次向高层次、专项需要层次方向发展的,只有一个人的低层次需要得到满足后,高一层次的需要才会成为人行为的推动力。同时,低层次需要可以通过外部的物质手段得到满足,而高层次需要则是从内部使人得到满足,属于精神需要,并且对人具有更高的激励作用。马斯洛需要层次理论对解释人的行为有着重要而普遍的意义。

旅游动机的产生主要是出于哪些层次的需要呢?我们先从生理需要这一层次谈起。一个人或者家庭要外出旅游,必须首先具备的条件之一就是一定的支付能力。这就意味着有经济能力的外出旅游者,其温饱等基本问题早已经得到了解决,所以不可能是因为生存需要而外出旅游。反之,为了满足生存需要而"希望"外出旅游者也不会有足够的经济条件实现外出旅游。即使离开常住地外出,也只能是出于就业或移民的目的,从而超出了旅游者的范畴。至于安全需要,应该说,一个人在自己熟悉的环境中,如自己家里,会比在其他任何地方都具有心理上的安全感,所以为了安全需要而外出旅游的可能性很小。当然,

· 27 ·

旅游者在外出旅游时同样需要安全，但是这并不是外出旅游的动机，所以安全需要不足以解释旅游者的旅游动机。就社交需要而言，一个人归属和爱的满足，只有在熟悉的社会群体中才能够得到真正的满足。因为只有在长期的共同生活和工作中，人们才能通过熟悉和了解产生真正的感情，并在团体中获得承认，从而获得归属感。虽然，加入一个旅行团成为其中的一员，或者与其他地方的人进行交流可以给人带来一定的归属感和感情的满足，但是，这只是旅游这一社会活动的客观结构或者说影响，并不足以说明人们完全是为了满足社交这一需要而外出旅游的。受尊重的需要，除了包括在他人心目中受到重视、赏识或尊重外，还包括取得成就、提高地位和自信等表现自己的需要。因此，人们一方面要感觉到自己对世界有用；另一方面也需要借助某些外部事物提高自我形象。旅游就是一种很有效的提升自我形象的手段。在欧美，某些形式的旅游，如到外国名胜地区旅游的经历经常被人们羡慕和崇敬，因为这有助于满足个人受尊重的需要。而某些由于社会地位等原因在当地不为人所尊重的人，到某些旅游地区，如经济文化比较落后的地区旅游，则可能会得到在家乡得不到的看重和尊崇。因此，可以说，有人外出旅游是为了满足尚未得到满足的受尊重的需要。自我实现的需要，一般通过各种挑战自我极限的方式表现出来，在旅游活动中就有各种挑战自我极限的方式。通过旅游活动达到自我实现的旅游者，有的攀登珠穆朗玛峰，有的孤身穿越茫茫戈壁，有的骑车周游世界，有的选择世界著名建筑进行攀越，表现形式不一而足。但是，应该看到，包括马斯洛本人也承认，很少有人真正达到了这一层次。

可以认为，出于自我实现需要而外出旅游的人在旅游者的总体中只占很小的比例。总之，马斯洛的需要层次理论虽然并不足以完全解释人的旅游动机，但也可以看出，人们外出旅游，满足的需要多半是较高层次的，属于精神需要。尽管在旅游活动中，旅游者也有满足低层次的生理需要和安全需要的要求，但其本身并不属于一个人外出旅游的目的。当然，这些需要的满足仍然是必要的，这一点不容忽视。

通过以上分析发现促发旅游动机产生的心理需要主要有以下三个方面。

(1) 积极的探新求异的需要，或者说好奇心的需要。早在18世纪，以教育为目的修学旅行即在欧洲流行，人们普遍认为，旅行可以增加一个人对异乡事物的了解并开阔眼界。而在现代，这一需要仍然在旅游中占重要地位。人们渴望到异国他乡体验与其日常居住和生活的环境不同的乡土人情、事物风光及地方文化传统和习俗，这种情况逐渐在社会上形成了一种新的价值观念，即喜欢探索并赞赏探索。尤其是随着教育的发展和信息技术的进步，人们愈加了解世界上的其他地区，这就更加使人们渴望亲自到那些地方旅行游览，以满足自己的好奇心和求知欲，而非单纯地依靠书报图片或他人介绍等间接手段来满足。大众旅游的发展实践也证明，相当大一部分旅游者的动机中都有这种探新求异的需要。

(2) 消极的逃避紧张现实的需要。19世纪的产业革命带来了城市化和工业化，带来了人们生活工作环境和方式的巨大改变，也使得旅游者有了突破性的发展。尤其是在高度城市化和工业化的现代社会，由于人们的生活环境远离自然，喧嚣而沉闷，工作繁忙紧张而又单调重复，公式化而缺乏灵活变化，加上越来越快的生活节奏不断加大人们的精神压力，使人在精神上产生了一种单调的紧张和疲倦。为了摆脱生活带来的这种身心紧张和疲倦，人们常常需要暂时脱离日常环境和生活节奏，逃避现实。旅游就是暂时躲避现实的一种很有效的方式。在外旅游期间，人们摆脱了日常身份的束缚，新奇的环境又带来了新的刺激，舒缓了原来紧绷的神经，从而可以有效地缓解人们的紧张和压力。随着旅游活动的日益普及，越来越多的人把旅游看作从日常喧嚣紧张的生活中解脱出来并消除紧张的一种手段。

(3) 单一性需要与复杂性需要的平衡。

单一性，即人总是寻求平衡、和谐、一致，力求没有冲突并能够预知未来的事情。弗洛伊德认为，人的行为本质上直接有助于缓和由不一致所引起的心理紧张。如果由于不一致的经历而受到威胁时，人们将会采取必要的行动，确保这个威胁不会发生。按照单一性理论，在旅游情境中个体会尽量寻找可提供标准化旅游设施和服务的场所。旅游者认为那些众所周知的名胜古迹、高速公路、饭店、商店能为其提供一致性，会给旅游带来和谐舒适感，使自己几乎不会因为离家外出而遇到意想不到的麻烦。显然，单一性理论可以解释许多在旅游环境中出现的情况。例如，旅游者为了避免可能的不一致，他们做好事先预订或使用旅游代理人，只在预订的饭店投宿，只做有导游陪同的旅游，只乘坐预订的飞机。

复杂性需要。复杂性理论是指人对新奇的、意外的、变化的和未知的事物的向往和追求。因为生活极其复杂，不能完全由单一性理论来解释。单纯依靠单一性需要是无法控制生活、享受生活和理解生活的。人们之所以追求复杂性的东西是因为这些东西本身能给人们带来刺激和挑战，带来满足和愉悦。和其他形式的消遣和娱乐活动相比，旅游能给人们不变的生活带来新奇和刺激，从而使人们解除由于单调而引起的心理紧张。

根据复杂性理论，在旅游环境中，旅游者将游览他以前从未去过的地方，他可能宁可驱车行驶在偏僻的道路上并光顾路边的饮食店，而不去熟知的连锁饭店；他宁可光顾独立经营的旅馆，而不去住一些提供标准化住宿条件和服务的名牌酒店。

适应性良好的人们在自己的生活中需要单一性与复杂性的结合。人的中枢神经系统本身具有处理传入刺激的能力。但是单纯的刺激过多或过久时，这个系统就不能以最佳的状态工作，反而会导致人的许多心理功能受到损害。长期复杂的刺激，会使人产生焦虑和紧张，甚至产生心血管等方面的疾病；长期单一的刺激，又会使人产生厌倦、忧郁偏执、幻觉等。因此，一个适应性良好的人，在生活中应该保持单一性需要和复杂性需要之间的平衡。即一定程度的单一性需要一定程度的复杂性来平衡，一定程度的复杂性需要一定程度的单一性来平衡。例如，一个在流水线上的工人，他的工作环境稳定、工作性质单纯、重复，那么，他就会选择有刺激的环境或活动来休息；一个公司的高级行政管理或从事兴奋性工作的人，就会寻求安静平稳的场所或活动来休闲。所以，需要平衡理论告诉我们，旅游资源的开发者要深谙各种人群的生活工作状态和旅游消费需求，从而做到旅游资源开发得有针对性。

2. 旅游动机产生的外在条件

旅游动机产生的外在条件主要有以下3个。

1) 经济条件

旅游是一种消费行为，需要有一定的经济基础，有支付各种费用的能力。经济发展水平决定旅游消费水平。由于经济发展提高了国民收入水平和人均收入水平，势必激发消费欲望，提高人们旅游消费的支付能力，使旅游消费成为普遍消费。有关统计资料表明，当一个国家或地区国民生产总值达到800~1000美元时，人们将普遍产生国内旅游动机；达到4000~10000美元时，将产生国际旅游动机。旅游已从少数权贵豪富的特权享受，进入寻常百姓的家庭，成为现代生活方式的一个组成部分。旅游活动遍及全球，旅游者的足迹遍及五大洲以至南极洲；旅游的内容和方式日趋多样化，各类旅游产品和项目层出不穷；旅游业已成为许多国家国民经济的重要产业和创汇来源。

2) 生活方式

目前，我国经济正处于经济高速增长期，由温饱型消费向享受型消费发展。现代经济发展逐渐改变着人们的生活方式，突出表现在消费社会化、享受时尚化、追求文化化、家庭小型化等方面。这些方面的改变都对旅游消费产生很大影响。

第一，消费社会化促进旅游消费。所谓消费社会化，即人们的生活消费凭借社会服务，从繁重家务中解脱出来。由此便增加了人们的休闲时间，产生旅游消费的主观愿望。旅游活动的诸要素(包括吃、住、行、游、购、娱等)是人们消费社会化的集中表现形式。实践证明，生活社会化程度越高，旅游就发展得越快越好。

家务劳动社会化使消费者得以解脱。家务劳动是每个消费者日常生活所不可缺少的，它消耗了人们的精力，占用了人们自由支配的时间，使人们的闲暇时间变短。缩短家务劳动时间的途径有两个方面：一方面是家务劳动机械化；另一方面是家务劳动社会化。通常来讲，家务劳动社会化程度的高低反映着人们消费方式的进步与落后及消费水平的高低。家务劳动社会化的内容十分丰富，而且会越来越多。

社会公共消费服务事业为旅游消费创造了条件。社会公共消费服务事业发展与否，是消费社会化程度高与低的一项重要指标。所谓社会公共消费服务，是由社会公共消费机构投资，社会有关开发和管理部门提供的直接以社会服务的形式满足人们物质和文化需要的消费服务。发展旅游业可以扩展消费领域，启动消费市场，不仅是在有形物质商品的市场，而且包括旅游等无形的劳务及文化消费市场。

第二，享受时尚化吸引旅游消费。所谓享受时尚化，其本质是在满足基本物质要求的基础上，使生活用品从"有没有"的状态，上升为"好不好"的状态。这表现为求新颖，赶时尚。旅游消费是一种新兴消费领域，人们从中可以获取多方面全新的享受，旅游消费既是人们持续消费的内容，又容易受消费流行的影响而成为一种潮流。这是因为：一是旅游消费在某些方面是社会时尚在消费经济活动中的反映，是人们在生活消费中一种行为模式的流行现象。旅游消费流行的渠道多、速度快，往往自发地形成一种"消费导向"，为众多消费者所接受或趋从，一旦一部分消费者及时掌握了社会上最新的旅游消费信息，就会很快蔓延开来。二是旅游消费的特点是消费者范围广泛，不仅限于生活富裕的有钱人或生活孤独者，而且包括少年儿童、青年人及老年人。三是旅游消费所引起的对某种商品劳务的需求具有新特征，是在新的条件下人们的审美观念和价值观念的产物。四是旅游消费商品具有新奇性。

目前，中国人的收支预算通常有两种情况：一种是收入预算硬化，即人们的职业工资(包括国家工资及少量奖金)是收入预算的唯一来源，这种硬化的收入预算使人们在消费上必须量入为出，因而在某种程度上限制了消费的时尚性。只有当职业工资收入提高到一定水平时，旅游消费才具有社会经济基础。另一种是收入预算软化，即一些人除了固定职业工资之外，还有其他额外收入作为收入预算的来源。如第二职业收入、非固定的劳务费、高额年终奖金等，使人们可以追求自己向往的商品。这使得旅游消费具有更大的市场和潜力。

第三，追求文化化推动旅游消费。旅游本质上是一种通过物质产品和非物质产品的组合，以服务为中介的精神文化消费。它从交换方面讲是经济活动，从旅游者获取的主观感受方面讲是精神和文化活动，可以满足多层次、多方面的文化追求。旅游消费本身是文化消费现象，旅游者在旅途中会获取综合文化享受，同时这种消费或消耗过程又是精神财富的消化、继承、积蓄再造和创新的过程。旅游又是一种消费文化，是物质消费文化和精神消费文化的综合。它贯穿于消费者物质消费和文化消费的全过程，包括消费品文化、消费服务文化及嗜好文化等，具有消费哲学的意味。因此，旅游既含有消费文化成分，又是文化消费的行为。

第四，家庭小型化便利旅游消费。当家庭小型化、个性化出现以后，单位家庭人口数量下降，就业比例增加，年均收入、可支配收入和消费性支出增加，其中在消费性支出中，各类家庭的交通通信支出和娱乐文化支出都有上升，这是旅游作为享受型和发展型消费活动的最基本条件之一。从而，人们具备了对旅游消费的选择能力和支付能力，参与旅游活动更加便利了。

3) 时间条件

时间条件也直接影响着旅游动机和旅游行为的发生。时间条件是指人们拥有的闲暇时间，即在日常工作、学习、生活及其他必需时间之外，可以自由支配、从事消遣娱乐或自己乐于从事任何其他事情的时间。旅游需要一定的时间保证，一个人没有闲暇时间和属于自己修养的假期，不能摆脱繁重的公务或家务劳动，就不可能实现外出旅游。目前，我国很多单位推行了"带薪旅游假"和各种小长假制度，人们自由支配的时间越来越多了，这对旅游动机的产生起着重要的促进作用。

二、旅游动机的基本类型

旅游动机是推动人进行旅游活动的内部动力，具有激活、指向、维持和调整的功能，能启动旅游活动并使之朝着目标前进。在国内外旅游研究中，旅游动机是研究相对较少的领域之一。有学者曾说："虽然对旅游动机的考察不是新鲜事，但它仍然是一个被忽视的领域。"在已有关于旅游动机的研究中，旅游动机的分类问题是一直以来研究探讨得较多的，但却是众说纷纭，莫衷一是，正所谓"有多少人研究旅游动机就有多少种分类"。

(一)国内外学者对旅游动机的分类

最早对旅游动机进行分类的是德国学者格里克斯曼。国外学者中，麦金托什、田中喜一等人的分类被广泛引用(国外的主要旅游动机分类见表2-1)。此外，约翰·托马斯将旅游动机分成：健康动机，好奇动机，体育动机，寻找乐趣，宗教，公、商务，探亲访友和寻根，以及自我炫耀八类。

表2-1 国外的主要旅游动机分类

研究者	基本动机	具体动机/目的
田中喜一	心理的	思乡心、交友心、信仰心；
	精神的	知识的需要、见闻的需要、欢乐的需要；
	身体的	治疗的需要、休养的需要、运动的需要；
	经济的	购物目的、商务目的；

续表

研究者	基本动机	具体动机/目的
麦金托什	身体健康动机	休息、运动、游戏、治疗等；
	文化动机	了解和欣赏其他国家的文化、音乐、艺术、民间风俗和宗教等；
	交际动机	接触其他民族、探亲访友、结交新朋友、摆脱家庭事务和邻居干扰等；
	地位和声誉动机	事物(会议)旅游、考察旅游、求学旅游，与个人兴趣有关；
今井吾	消除紧张的动机	变换气氛，从繁杂中摆脱，接触自然；
	自我完善的动机	对未来的向往，接触自然；
	社会存在动机	朋友的友好往来，大家一起旅行，家庭团圆；
波乃克	修养动机	异地疗养等；
	文化动机	修行旅行、参观、参加宗教仪式等；
	体育动机	观摩比赛、参加运动会等；
	社会动机	蜜月旅行、探亲访友旅行等；
	政治动机	政治性庆典活动的观瞻等；
	经济动机	参加订货会、展销会等

国内的学者也对旅游动机进行了分类，主要有：屠如骥将其分成求实、求新动机等九大类；刘纯将其分成探险动机及复杂性动机等六大类；吕勤将其分成求补偿动机等三大类；邱扶东将旅游动机分为身心健康动机、怀旧动机、文化动机等六大类；以及娄世娣、郭亚军等人也对旅游动机进行了分类。国内学者对旅游动机的分类主要集中在健康动机、文化动机、交际动机、宗教动机和业务动机。

综观旅游动机的分类，我们可以得出以下结论。

(1) 就目前的分类情况看，国外学者的归纳性强于国内学者，如麦金托什和今井吾的动机分类。

(2) 以上的大多数分类是以旅游需要与旅游目的相结合为标准进行分类的，这往往比单纯按目的(甚至行为)分类简单明了，且更能体现出旅游的本质。

(3) 虽然各个研究者的分类表述不一致，但以下几种说法基本上能达成共识。

① 身心放松的需要：健康动机、体育动机、逃避现实、在单一性和复杂性之间求平衡、放松因子、健康娱乐动机等。

② 求知需要：基本智力的动机、好奇探索的动机等。

③ 求新需要：扩展和更新生活的动机；有些完全不同的经历，看新鲜事物；体验新的生活经历，发现新地方和新鲜事等。

④ 交际需要：社会存在动机、社会交往、与兴趣相投者交往、结交新朋友等。

(二)对旅游动机的重新审视

美国学者查尔斯·R.戈尔德奈等认为，回答与旅行动机相关的问题，可以利用 3 个主要思想来源：一是历史和文学作品对旅行与旅行者有大量的描述；二是心理科学提供了大量可供我们研究旅行动机的资料；三是当前从事旅游业研究的人特别是那些对游客进行调查的研究者们能够给我们提供一些参考。

旅游动机是促使一个人外出旅游以及做何种旅游的内在驱动力，是需要的表现形式。目前，国内外许多学者都将旅游者的旅游动机归结为人的精神需要，并把这种精神需要分成身体、文化、人际交往、地位声望、购物等几种基本类型。事实上，旅游动机不仅属于人的精神需要，而且也可以属于人的物质需要，不管是哪类需要都可以归为"新异"的需要。因此，可以说任何一类旅游者的旅游动机都是追新求异。从旅游的目的归属出发，一般可以将旅游者分为3类，即消遣型旅游者、差旅型旅游者和家庭及个人事务型旅游者。我们分别对这3类旅游者的求新求异动机做如下解释。

(1) 对于消遣型旅游者，他们外出旅游是为了体验和自己居住地不同的环境、事物，从而达到增长见识、放松身心的目的，这本身就是在追求"新异"。因此，这很容易解释，消遣型旅游者初次到某地旅游，其旅游动机一定是求"新异"。而对于那些"故地重游"的旅游者，他们的旅游动机还算不算是追新求异呢？答案是肯定的，重游所追求的也是"异"，只不过是不同于初次的"异"而已。如一位消遣型旅游者第一次来庐山时，其旅游动机就是要观赏庐山秀美的自然风光、品味庐山灿烂的历史文化，发现其"新异"之处；第二次来庐山时，其旅游动机可能变成从另外一个角度去深刻地发现和体验庐山上更多更细的"新异"之处，从而获得新的体验。相比自然旅游资源，人文旅游资源由于其浓厚的文化底蕴更易于使消遣型旅游者多次发现"新异"之处，这正好验证了旅游实践中人文旅游资源一般比自然旅游资源能够吸引更多回头客这一规律。

(2) 对于差旅型旅游者，他们的目的是去从事商务考察、业务洽谈等公务性活动，无所谓"新异"的追求。但是我们结合旅游活动的内涵来看，旅游是旅游者出于移民和就业任职以外的其他任何原因离开自己的常住地短暂前往旅游目的地所做的各项活动的总和。如果纯粹地从事公务活动，则其本身就是一种就业活动，根本不属于旅游活动的范畴。我们之所以称他们为差旅型旅游者，并不是因为他们本身的公务活动，而是因为他们所进行的活动是以公务为媒介的旅游活动，即在某种层面上说，公务是平台，旅游是目的。虽然相比于消遣型旅游者，差旅型旅游者在旅游目的地、旅游方式等方面选择度较小，但他们所做的旅游活动也是对"新异"的追求。试想差旅型旅游者如果可以对商务考察地进行选择，他们一定会选择一个与自己居住环境不同的地方。即使到了一个与自己居住环境相近的地方，他们的旅游活动也会是"近"中求"异"的。

(3) 对于家庭和个人事务型旅游者，他们是因家庭或个人事务原因而外出旅游的人，仅从处理事务的角度来看，似乎没有对"新异"的追求，但各类"事务"仅仅是旅游活动的依托，不是旅游活动的动机所在。之所以称他们为旅游者，不是因为他们有事务在身，而是因为他们有与该事务相伴的旅游活动产生。旅游活动由"旅"和"游"两部分组成，两者相辅相成，缺一不可。如果纯粹地去处理家庭和个人事务，这便是一种"旅"，而不具备"游"的内涵。因此，在"事务"推动下的家庭和个人事务型旅游者的旅游活动也伴有"新异"的追求。如一位旅游者从北京到深圳去看望朋友，在看望朋友的同时，会去一趟世界之窗，逛一下深圳的城区，这其实就具备了"旅"和"游"两大活动，游的内容便是"新异"之物。

任务二 旅游动机与服务策略

一、旅游动机的影响因素

在影响旅游动机的个人因素中，个性心理特征起着重要作用，不同个性心理特征的人有着不同的旅游动机，进而产生不同的旅游行为。在这一领域的研究中，美国心理学家斯坦利·帕洛格的研究较有代表性。帕洛格以数千名美国人为调查样本，对他们的个性心理特征进行了详细的研究，发现可以把人分为5种心理类型，如图2-1所示。这5种心理类型分别被称为自我中心型、近自我中心型、中间型、近多中心型及多中心型。

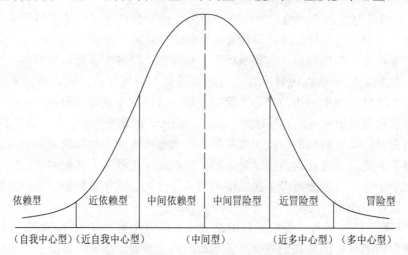

图 2-1　斯坦利·帕洛格的五种心理类型图

自我中心型和多中心型代表处于两端的两种对立的性格。心理类型属于自我中心型的人，其特点是思想谨小慎微，多忧多虑，不爱冒险。他们最强烈的旅游动机是休息与轻松。在行为表现上，他们喜安逸，好轻松，活动量小，喜欢熟悉的气氛和活动，理想的旅游是一切都事先安排好的，比较倾向于团体旅游的方式，旅游的习惯做法是乘车到他所熟悉的旅游地。处于另一端的属多中心型心理类型的人，特点是思想开朗，兴趣广泛多变。行为表现上为喜新奇，好冒险，活动量大，不愿随大流，喜欢与不同文化背景的人相处，喜欢到偏僻的、不为人知的旅游地体验全新的经历，喜欢飞往目的地。这类人虽然也需要旅游企业为他提供某些基本的旅游服务，如交通和住宿，但是更乐于有较大的自主性和灵活性，有些人甚至会尽量不使用或少使用旅游企业的服务和产品。除了这两个极端类型外，中间型属于表现特点不明显的混合型，而近自我中心型则分别属于两个极端类型和中间型之间的过渡类型。帕洛格的这一模型，虽然大体将人按个性心理特征划分为这5种主要类型，但是划分并非绝对。他也肯定了人在心理上存在某种连续性，表现在行为上就是人的行为具有明显的弹性或灵活性。这一模型也显示，属于中间型心理类型的人占大多数，而两个极端心理类型的人在总人口中只占很小的比例，呈两头小中间大的正态分布。

不同的心理类型对人们旅游活动的影响，除了前面提到的那些之外，也可以看出，越靠近多中心型的人，外出旅游的可能性就越大。帕洛格还发现，不同心理类型的旅游者，在旅游活动中扮演的角色也不同。多中心型心理类型的人往往是新旅游者和开拓者，是旅游者大军的先行者和侦察兵。其他心理类型的旅游者随后陆续跟进，而自我中心型的旅游者也会在很长时间后到追求新奇的多中心型的旅游者曾经到过的地方旅游。在这一过程中，该地渐成旅游热点。此时，多中心型的旅游者已逐渐失去对该地的兴趣，而转向其他地区。

但是，个性心理因素只是影响旅游动机的个人因素中的一个。除此以外，还有很多个人因素会影响人们旅游动机的形成。这些个人因素主要有：年龄、性别、个人的文化程度与修养。年龄和性别决定着一个人的生理特点，也影响着一个人在社会与家庭中的角色和地位，在考虑进行旅游时，这些必然会影响到其旅游决策。个人的文化程度与修养显然与一个人的受教育程度有关。受过较高程度教育的人，掌握的知识和关于外界的信息也相对较多，从而更有亲自了解外部世界的兴趣和热情，同时也有助于克服对陌生环境的不安和恐惧。

除了旅游者的个人因素外，某些外部因素，如社会条件、微社会环境条件(即个人所属的社会团体及阶层、周围的人际关系等)、家庭或个人的收入状况等也会对人的旅游动机产生或大或小、或正或负的影响。对于经济收入较低的人，即使他属于多中心型，喜欢到遥远的、新奇而又不常有世人到达的地方旅行，但是受到其支付能力的限制，也只好在比较近的、花费较低的、可能也不会有什么新意的旅游地进行消遣。对于一个自我中心型的人，情况则可能正好相反。如果他所属群体中的大部分人都要去某地进行某种旅游活动，那么，受到相关群体的影响，他也可能到这个他并不熟悉的地方旅行度假。

二、旅游动机的激发

随着旅游业的快速发展，旅游市场的竞争也日趋激烈。旅游企业要想在激烈的竞争中赢得市场，就必须研究旅游者的动机，全面了解旅游者的需求和旅游动机，牢牢掌握和抓住旅游者的心理，开展心理营销，及时推出符合目标市场需求的旅游产品和服务，更好地实施差异化经营战略。

激发旅游动机，就是要通过提高人们的旅游积极性，刺激人们的旅游兴趣，以促使潜在旅游者积极参与旅游活动。因此，旅游企业只有从积极有效的宣传、努力开发有特色的旅游产品、提高服务质量等方面入手，才能吸引更多的旅游者。

(一)努力开发有特色的旅游产品

人们外出旅游的目的之一就是要通过游览名胜古迹了解风土人情等有特色的旅游资源来满足其身心需要，有特色的旅游资源才有吸引力。因此，一个地区要成功地开发旅游，就必须从资源和产品出发，探求其与众不同之处，以此来吸引求新求异的旅游者。在旅游开发时，有两点需要注意：一是尽量保持原貌，突出地域特色，在一定的区域范围内做到"人无我有，人有我优，人优我奇，人奇我变"。以江南三大名楼之一的滕王阁为例，在旅游开发时，应突出其区别于其他两座江南名楼的特色，比如在建筑设计上应修旧如旧，突出其作为唯一一座歌舞戏剧楼阁的特色。二是切忌模仿和抄袭，要有发现力和创造力。近年来，我国各地纷纷模仿建造各式主题公园，造成各地主题公园基本为同一模式、同一风格，因而失败者屡见不鲜。

旅游心理学

(二)在旅游营销时，突出新颖性

旅游营销是旅游经营者为了将旅游产品推荐给旅游者，进而实现交换而做的各种努力。满足需要和引导需求应该是旅游经营者旅游营销的核心。在如今旅游消费观、旅游市场环境不断变化的背景下，为了满足旅游者求新求异的需要，旅游经营者在做旅游营销时要尽量突出新颖性。它包括两层含义。一是观念新，旅游经营者必须不断地更新观念，用科技营销、绿色营销的理念来武装头脑。二是方法新，旅游经营者在利用传统营销方式优势的同时，要不断创新营销方法，克服传统营销方式的不足。例如，旅行社传统营销是以做线路营销为主，由于旅游线路的不可专利性，旅行社之间可以快速互相模仿，使得旅行社营销很难突出新颖性。因此，旅行社新的营销方法可以考虑以做企业营销为主，适当配合线路营销，以此来吸引更多的旅游者。

(三)在旅游服务时，突出个性化

旅游服务一般要强调标准化与个性化，标准化是基础，个性化是保障。所谓标准化强调的是相似性，而个性化强调的是差异性。旅游者求新求异的动机及旅游者个体的差异性决定了旅游经营者提供的旅游服务必须突出个性化，只有靠个性化才能吸引旅游者，并为其提供有质量保障的服务。因此，旅游经营者必须注意两个方面的问题：一是对于不同的旅游者，要提供不同的服务，如对差旅型旅游者所提供的旅游服务应主要强调舒适和方便，而对于消遣型旅游者的旅游服务则应强调简单和经济。二是对于相同的旅游者在不同时间、不同场合要提供不同的服务，如对于一位多次来故宫的旅游者，导游可根据其每次来故宫时的心情和所感兴趣的"新异"事物，考虑从不同的角度去做讲解服务，以此来满足旅游者的需求。

任务三　旅游者态度概述

导入案例

旅行社态度诚恳，投诉者怨气顿消

某年5月，厦门某旅行社接到一封来自河南洛阳游客的投诉信。信中说他们一行15人在厦门的游览过程中，该旅行社导游曾小姐讲解水平极差，带游客走马观花式地游览了鼓浪屿、胡里山炮台等景点，就草草地结束游览。然后，开车拉着游客去事先未列入计划的珍珠商店和茶文化中心，欺骗游客每人买了许多"铁观音""金柳团"（2两的盒包装要200元）等名贵茶叶。曾小姐说"金柳团"生长在岩石夹缝中，是一种产量极低的天然保健药材，还说茶文化中心的茶在市场上买不到等。不明真相的游客相信了这个20多岁的小姑娘，在茶文化中心所有人加起来相继花掉了6000多元，许多人甚至没有索要发票和收据。但是，晚上在厦门市区购物时，游客们发现导游介绍的所谓珍品"金柳团"，其实是极普通的"一夜茶"，而且只需50元一盒。在游客们的责问下，曾导游说是因为等级不同，而且"免费"看茶艺表演的费用要从买茶叶款项中扣除，并且说"你们多花的冤枉钱就当是给我小曾的小费吧！"

> 接到投诉后，旅行社立即对事件进行调查核实，对导游曾小姐进行了严厉批评，并作出停止其带团一个月的处理。同时，旅行社向投诉者作出诚恳的书面道歉，并愿意将购茶款如数退还，还在信中表示："希望你们或你们的同事、亲朋好友，有机会能再来厦门旅游，给我们一个弥补的机会！我们保证能为你们提供满意的服务！"
>
> 由于旅行社的诚恳态度，很快使游客消除了不满情绪，并对旅行社及其导游在其他方面的问题也给予谅解，使这起较为棘手的投诉案件得以圆满解决。
>
> 问题：结合案例，思考人的态度是怎样形成和改变的？

美国心理学家奥尔波特认为，态度是社会心理学中最突出、最不可忽视的概念。态度与人的行为有着密切关联，是个性的重要组成部分。它是联系个体内在、外在世界的桥梁。由态度出发，向内可研究个体的心理状态，向外则可对其行为进行某种预测。

现实生活中，人们往往以态度好或不好来评论某个导游的工作，发生争执时会说："你怎么会是这种态度？"那么，态度究竟是什么？它又是如何形成与变化的呢？

一、旅游态度及其特性

(一)态度与旅游态度

日常生活中，我们经常要对一些事情和对象作出各种表态："我喜欢暑假外出旅游"；"我爱安静，讨厌去喧嚣的环境"；"我喜欢穿暖色调的服装，不喜欢冷色调"。诸如此类的说法，就是人对事或物的态度。从心理学角度来说，态度是个体对待人、事、物和思想观念的一种内在的心理反应，是个体对某一特定对象所持有的赞成或反对、肯定或否定、接近或回避的心理和行为倾向。旅游态度是指旅游者在旅游决策和旅游消费过程中所持有的对景观、服务、交通，以及人、事、物和观念等的评价和行为倾向。它是态度概念的具体化。人的态度可以用言语、文字表达出来，还可以用非言语、非文字的情绪或行动表现出来。

(二)态度的构成

人们在不同的社会条件下生活，对待同一事物，有的人赞成，有的人反对，有的人高兴，有的人悲哀等。毫无疑问，态度在很大程度上决定了人们的工作行为和生活方式，因此，有必要了解构成态度的各种因素。

美国心理学家罗森伯格(M. Rosenberg)认为，态度是一种复杂的心理现象，是由认知、情感和意向3种成分组成的。

1. 认知成分

认知成分是个体对态度对象的性质和意义的认识、理解和评价。换句话说，就是个体对某一类社会事物的真假、好坏等的笼统认知，即通常我们所说的印象。认知成分规定了态度的对象，它是态度形成的基础。旅游者态度的认知成分是旅游者对旅游产品或服务的认识、理解和评价，包括旅游者对旅游产品或服务的所有思想、信念和知识，它给旅游者提供了有关信息的印象。例如，某游客认为海南三亚是个好地方，气候宜人，冬可避寒、夏可消暑，自然风光优美，青山连绵起伏，海湾风平浪静，湛蓝的海水清澈如镜，柔软的沙滩洁白如银。

2. 情感成分

态度的情感成分是态度的关键组成部分,是指个体对人、事物所作出的情感判断或对某一类人、事物好恶的情感反应程度,反映出个体对态度对象的喜欢与不喜欢,其强度决定了态度的强度,与人们的行为紧密相连。比如下厨,一类人独自系着一条围裙在厨房里忙碌时就会心生怨气,仿佛成天与锅碗瓢盆打交道的生活暗无天日。另一类人则把下厨看作是一件其乐无穷的趣事,洗菜时水响口哨也响,炒菜时像庖丁解牛一样,既神乎其技,又怡然自得,好像味精不仅放进了锅里,也放进了生活中。在这类人眼中,生活多姿多彩,生活有滋有味。旅游者态度的情感成分,是旅游者对旅游产品或服务的好恶情绪,也是旅游者对旅游活动是否满足其需要的内心体验和评价。例如,某游客在两天的旅游活动中对导游人员所产生的喜爱、满意、厌恶或失望等情绪。

3. 意向成分

意向成分是指个体对态度对象的行为倾向,反映个体对态度对象的行为意图及准备状态。也就是打算做什么,准备对态度对象采取什么行动。它是内在态度的外在表现。假如某人对某一对象持否定态度,他有可能准备攻击、惩罚或使用其他手段否定该对象及与之相关的东西;如果他的态度是肯定的,他可能乐于帮助、购买或以其他手段接受它。这种行为倾向无论是肯定的还是否定的,都称为意向。例如,一个人对三亚印象好,产生了积极肯定的情绪情感,他在心理上积极地做各种准备,此人便具有去三亚旅游的意向,一旦条件允许就很可能会付诸行动。

4. 三种成分之间的关系

人对于一切事物的态度,都是由认知、情感、意向这3种心理成分构成的。人们一般都试图使所持态度的认知、情感和意向相互协调一致。例如,一个人酷爱清洁,他绝不可能对一家又脏又乱的酒店产生喜欢、愉悦的积极情感,也不可能选择在这家酒店入住。他对清洁的需要和他对这家酒店又脏又乱的看法,使他对这家酒店产生失望、厌恶的消极情感,并对这家酒店产生回避的意向。因此,就同一态度而言,认知、情感和意向成分三者之间是彼此依赖、协调一致并相互影响的。

当然,很多情况下,态度的3种成分也会出现不一致的情况,这时就会造成所谓矛盾的态度。当态度内部出现矛盾时,往往是情感成分起支配作用。例如,旅游者在和导游接触中形成对导游的好感以后,对导游在工作中出现的小差错很容易给予谅解。但在有些情况下,认知成分也会起主要作用。例如,有的人对某些食物在情感上是不喜欢的,但认识到这些食物是有营养的,并可能对自己身体的疾病有治疗作用,于是对这些食物持肯定、赞成的态度。态度的意向成分取决于认知成分和情感成分的力量对比,哪一种成分占支配地位,意向成分一般就与之保持一致,进而表现出与之相适应的行为。

态度是人们的一种内在心理体验,不能被直接观察到,只能通过人们的语言、表情、行为动作等进行判断。例如,游客对某位导游的服务感到满意,常常表现为对导游温和、友好、礼貌,服从导游的安排计划;如果对导游的服务感到不满意,就可能表现出烦躁、易怒、制造事端来对抗导游。因此,旅游服务中出现的游客投诉或矛盾、冲突,往往是游客不满意态度的一种表现而已。

学习情境二　旅游者的动机与态度

典型案例

> 导游小王带领旅游团到西安、苏州和桂林旅游。客人没到西安时就说，一定要尝尝"羊肉泡馍"这道风味小吃。到了西安，小王却把这件事给忘了。等到了桂林，没想到客人又提起了这件事，这可把小王吓了一跳，他赶紧向客人道歉，并表示要在桂林加歌舞，以此作为补偿。没想到，客人不仅没有提什么意见，反而把小王安慰一番。这是为什么呢？原来，前不久，小王做了两件让客人非常感动和佩服的事情。第一件事，大家目睹在西安时小王帮两位游客抓小偷。第二件事，是在苏州寒山寺，有几个"老外"在运河边拍照，突然，其中一位老先生一不小心掉进河里。小王正好在场，立刻就跳到河里去救人。
>
> 评析：案例中的导游小王通过抓小偷和救人，突出表现了他见义勇为的高尚品质。这种高尚人格使游客对他产生喜欢、敬佩的积极情感。于是，他在西安漏订羊肉泡馍的失误自然很容易就得到了游客的谅解。

(三)旅游态度的特性

人们的态度一旦形成，通常具有以下几个特点。

1. 态度的对象性

态度必须指向特定的对象。这种对象可以是人、物、事件、团体或组织，也可以是一种现象、状态或观点。态度所反映的是主体和客体之间的相互关系。人们做任何事情，都会形成某种态度，在谈到某一态度时，就提出了态度的对象。例如，对某个景点的印象如何，对酒店产品价格的反应，对导游的看法等，没有对象的态度是不存在的。

2. 态度的社会性

态度不是先天遗传而获得的，而是个体在社会生活中，通过与他人相互交流、相互作用而逐步形成的，并且是不断发展与变化的。例如，旅游者对某个旅游景点的态度，无外乎有两种形成情况：一种是他自己在接受服务过程中通过亲身观察、体验得来的；另一种则是通过广告宣传、他人评价等间接影响而形成的。因此，态度带有明显的社会性。在态度形成过程中，家庭、学校、组织、群体、舆论以及文化传统等都会对态度的性质与发展趋向发生潜移默化的影响。

3. 态度的相对稳定性

态度的相对稳定性是指态度形成后在相当长的时间内保持相对不变。由于态度的形成需要相当长的时间，所以一个人一旦形成了某种态度，将会持续一段时间而难以改变，并成为个性的一部分。例如，我们平常所讲的"品牌忠诚度"，就是顾客对某种品牌、某家企业有了偏爱和信任。如果消费者对某一品牌的忠诚度高，对该品牌偶尔出现的产品质量问题会以宽容和同情的态度来对待，相信品牌会很快加以妥善处理。"品牌忠诚度"现象既反映了某家企业产品或服务质量的高低，也反映了顾客态度的稳定与否。

态度是在社会环境影响下形成的，因此态度的稳定性是相对的，不是一成不变的。随着情境的变化，个体的态度是可以改变的，当然态度的稳定性也存在着个体差异。态度的可变性有助于人们更好地适应环境，保持一致性。例如，客人对某家酒店一直持肯定态度，但是后来受到某个服务员不礼貌的接待,或发现饭菜质量已经不如从前,他就会产生不满的情绪,改变原来的态度。

4. 态度的内隐性

态度是一种内在心理体验,其本身是不能被直接观察到的。它虽然具有行为倾向,但并不等于行为本身,而是行为的准备状态。一个人具有什么样的态度,只能通过其外显的行为加以推测,通过对人们的言行、表情、行为活动等的观察来分析其态度。例如,某个导游对每位游客都热情友好,对每件工作都一丝不苟,工作之余积极收集一些关于本地或著名旅游目的地的传奇故事等。我们从他的行为表现,就可以推测出此人有上进心,爱岗敬业,对旅游事业发展前景抱有积极的态度。

5. 态度的协调性

态度是由认知、情感和行为 3 个要素构成的。一个正常的人,对某人或某事所持有的态度常常是三种因素协调一致。在认知的基础上产生相应的情感,而在情感的激励下产生相应的行为倾向,它们之间在彼此相对稳定的条件下不会发生矛盾。例如,一位旅游者认为他的旅游选择是对的,他就会对景点产生愉悦的情感,表现出积极的行为倾向,一旦条件成熟就会付诸行动。如果态度的 3 种因素不一致时,个体能够对其中的因素进行调整,以保持协调一致。某游客准备到某一旅游胜地度假,当他看到游客在此地受到不公正对待的报道后,他就很可能改变原来的态度,取消此次旅游计划或到别的地方去度假。

二、旅游态度的功能

态度对一个人的心理与行为具有多方面的影响与作用。为什么人们产生某种态度而不产生另一种态度,这是一个态度功能的问题。某种态度的产生往往是符合某种特殊心理需要,为一定的心理功能服务的。丹尼尔·卡茨和奥斯卡姆普等人认为,态度有 4 种基本功能。

(一)适应功能,或工具性功能

一个人的社会态度能促使他把活动指向有助于达到自己目标的事物上去,以保持与环境的平衡关系。在人际关系中表现为人们有意识地协调、调节人际关系,重视对交往者动机目的的分析,依据交往对象来选择交往对策,使群体中各成员感到心情愉快,彼此受益。例如,适当的态度将使我们从重要人物(双亲、老师、雇主及朋友等)或群体那里获得认可、赞同、奖赏或与其打成一片。许多大学生发现,如果他们以对待父母的态度去跟朋友打交道往往就不适应,反之亦然。所以习得的态度是适应社会生活的一种功能。在旅游活动中最常见的就是,旅游者根据他人或社会的奖惩来调整或改变其对某一旅游产品或服务的态度。

(二)自我防御功能

人们常说:"怀有偏见的人往往是心理不健康的。"态度有时也反映出一个人未澄清的人格问题,如不明说的侵犯和生怕丧失身份等。态度作为一种自卫机制,能让人在受到贬抑时用来保护他们自己。比如,一个知识分子看到商人赚很多钱并在生活中拥有许多物质享受，为了恢复被伤害的自尊，他常会显示出自命清高和鄙视"为富不仁"者的态度，以保持心理平衡。

(三) 价值表现功能

在很多情况下，特有的态度常表现出一个人的主要价值观和自我概念。自我概念，即一个人对自身存在的体验，包括一个人通过经验、反省和他人的反馈，逐步加深对自身的了解。比如，一个人参与某种群众性运动，手持某一政治人物的标语牌，这表明他赞同这一运动主题，并拥有这方面的价值观，以及拥有与某些人物相同的自我概念。

(四) 认识或理解功能

态度能给个体待人接物的行为方式提供必要的信念，以利于自己保持清醒的意识状态，从而正确地定向行为。定向行为具有能动性，它是从经验中获得的，随情境的变化而变化，根据态度的变化可以判断其行为。一般人容易根据现成的态度去评判他人，这显然是态度认识功能的反映，会影响对他人的喜欢与吸引程度。在人际关系中表现为人际相容或人际排斥，人际选择时的自觉性、主动性和积极性，以及人际交往时的目的性、针对性和协调性。态度的认识功能并不仅仅意味着人有追求真理和知识的强烈愿望才去提高自己的认识，更重要的是在于由于周围的世界与自己的生活有关才去认识世界。

上述 4 种功能的前两种是为实际的需要服务的，它们能帮助我们调整或纠正自己的行为，以使我们受到奖赏而不是受到惩罚。后两种功能与和追求自我实现相联的高层次需要有关，因为我们要从表达的价值观，即表达自己所赞同的观点中获得满足。此外，我们有了解周围世界及我们在这个世界中所处地位的需要。

小贴士

态度决定美丽

最近，管理学界流传着一本好书《改变态度，改变人生》(Change Your Attitude)，许多 CEO 在公司管理阶层干部例会上都将这本书列为必读书籍之一。作者汤姆·贝和大卫·麦克弗森在书里传递了一个重要的理念："态度比你的过去、教育、金钱、环境、外表、天赋或技能更重要，态度是决定胜负的关键。"被《华尔街日报》誉为"态度之星"的凯斯·哈维尔(Keith Harrell)在他的新书《态度万岁》里也强调："心若改变，态度就会改变；态度改变，习惯就会改变；习惯改变，人生就会改变。"

任务四 旅游者态度与服务策略

导入案例

上海曾有两家旅行社一同接一条日本大型游船，一家是当地名牌大社，另一家是无名小社。在送团那天，大社按常规服务，将客人送进码头海关安检处后就离去了。而那家小社为了带好团，详尽地研究了旅游服务过程的每一个环节，并且在送团时安排了欢送仪式，那天雨下得很大，在船甲板上的日本游客被这突如其来的大雨赶进了船舱。但这个社的工作人员硬是冒着倾盆大雨站立不动。当日本游客看到这支欢送的队伍，站在雨中浑身湿透，却纹丝不动，纷纷又来到大雨倾盆的甲板上，挥手道别。结果同一条船 200 多人的团队，其中由小社接待的有 100 多人，三四天的接待中双方产生了感情，离去时彩旗飘扬，上下呼应气氛非常热烈。日本游客纷纷将这感人的欢送场面拍摄下来，回日本后在当地放映，在日本反响很大，很多人把这小社作为他们信得过的旅行社。此后就是三四百人的团队，也全部交给这个小社接待。

一、旅游态度的影响因素

旅游态度和一般行为态度一样，不是与生俱来的，它是人在活动中和后天环境相互作用过程中习得的。旅游态度的形成是个体社会化的一个重要方面，受着多方面因素的制约。归纳起来影响旅游者态度形成的因素主要有以下 3 个方面。

(一)经验和信息

旅游者态度的形成首先受到旅游者在日常生活中和社会生活中获得的信息或知识的影响，这些影响来源于父母、同伴以及生活环境中的各种因素。家庭是影响个体社会化最早、最重要的因素。父母待人接物及对子女提出的教育要求，促进或制约着儿童各种态度的形成。随着个体社会化的深入，学校教育如教师、教材、班集体，个体的社会地位如阶层、身份，社会文化如政治、经济、风俗、传统、舆论等对个体态度的形成都会产生重要影响。

例如，当一个旅行社宣传说"你选择了一个最受欢迎的旅游胜地"时，也可能旅游者想到这样一个信息，这里是一个熙熙攘攘、拥挤不堪的旅游地。

其次，旅游者获得商品信息的方式和内容也影响着旅游者的旅游决策，包括信息传递者的声誉、传播信息的媒介选择、表述信息的方法和技巧，以及宣传的次数等，都是改变旅游者态度的重要因素。例如，一位外国旅游者多次乘坐中国民航的班机，每次他都体验到了机组人员热情周到的服务，他可能会由此断定中国民航所有的班机都会提供第一流的服务。而且，他还可能根据乘坐中国民航班机的经验，推测出中国的旅游饭店，以及旅游汽车服务公司也将会提供令人满意的食宿和交通服务。许多旅游宣传广告的致命缺点就是过分夸大，言过其实，反而引起受众的不信任感。相反，某旅游线路广告不仅说商品的优点，也谈缺点，其与众不同的做法使受众觉得这个广告实事求是，因而相信其优点是真，游客与日俱增。

(二)个性特点

个人态度的形成与其个性有关，包括需要、动机、兴趣、认知、习惯、信念、气质、能力和性格等。

1. 个人需要的满足

需要是态度形成和改变的一个重要心理动力。一般来说，个体对于能满足自己需要的或能够让自己达到目的的对象，会采取欢迎或形成喜爱的积极态度；而对于阻碍自己需要和达到目的的对象，则大多是回避或形成厌恶的态度。另外，需要还制约着一个人的价值观，而价值观是态度形成的基础。越能引起主体价值的事物越能带来积极的肯定态度。比如，同样是国际游客，不同的旅游需求决定了他们对中国游的态度不同。欧美一些素质较高的游客对北京、西安的历史古迹赞叹不已；而日本的旅游团队往往利用短暂假日到中国旅游，因此对于他们安排华东线更有吸引力。美国学者威廉·马丁所做的一项调查显示，在一些公司失去的顾客中，有68%的人是因为这些公司对顾客的需要漠不关心。需要得不到满足，导致顾客改变态度，转向购买其他公司的产品。

2. 气质特点

气质主要以其灵活性和可塑性影响着旅游者态度的改变和形成。例如，灵活性及可塑性较大的多血质气质者较易改变旅游态度；灵活性及可塑性较差的黏液质和抑郁质气质者较难改变旅游态度。

3. 性格表现

从性格上看，外向型及顺从型者较易相信权威，崇拜他人，因而容易改变态度；内向型及独立型者较难被他人说服，因而不易改变态度；理智型者善于通过认知因素改变和形成态度；意志型者易于通过目的的明确而改变和形成态度；情绪型者易受情感因素的影响而改变态度。

4. 能力因素

能力主要通过感知和思维方式影响着态度的形成和改变。一般而言，认知能力强的人，具有较强的判断能力，能准确分析各种信息，不容易被他人左右，不会轻易改变态度；反之，认知能力低的人，难以判断是非，常常人云亦云，容易改变态度。

其他如自尊心、兴趣、习惯等也影响着旅游者态度的形成和改变。

(三)群体的期望与规范

人在社会生活中，总是与周围人有这样或那样的交往，从而形成了一定的群体。一定的群体对所属成员都有一定的期望与要求，个体的态度总要与他所属群体的期望或要求相符合，如同属一个班级、学校或社会群体的人，他们的态度较类似。其原因是他们接受相同的知识和要求，共同遵守群体所规定的社会规范。群体的规范常常无形中造成一种压力，即群体压力，从而影响群体成员的态度。如果一个人参加了群体活动或同属某几个群体，对这些群体的认同感是不相同的，对认同感较强的群体，归属感也较强，其态度与这一群体也更相似。如学生旅游团队对景区的环保、公共财产、管理人员等的态度，在很大程度上取决于他们与学校的关系。

总而言之，旅游者态度的形成和改变是上述各种主客观因素相互作用的结果。其中，客观因素是外因，以社会环境的影响为主；主观因素是内因，以旅游者需要、兴趣为主。外因通过内因起作用，使态度得以形成和改变，已形成的态度反过来会作用于主客观因素。

二、旅游态度的改变策略

(一)态度改变的含义

对原来既没有认识也没有感情的事物，有了认识和感情，这属于态度的形成。而已有的认识和感情发生了变化，那就是态度的改变了。态度形成的实质就是一种改变，所以，态度的改变也包括态度的形成。

一般来说,态度的改变离不开态度内部3种成分的改变。例如,一个学生对学习英语态度不端正,听课不认真,作业不按时完成,要改变他学习英语的态度,首先要改变他态度的认知成分,使他认识到学习好英语的意义;其次,要改变他态度的情绪成分,培养他对学习英语的兴趣,使他真正体验到学好英语的快乐;最后,还要培养他学习英语的动机,使他产生想学好英语的愿望。如果这个学生在认知、情感和动机上都改变了,那么他学习英语的态度就会得到改变。

(二)态度改变的方式

态度的形成是各种主客观因素不断作用的结果,形成后具有相对的稳定性,但并不意味着它一成不变。态度的改变主要包括以下两个方面。

(1) 态度强度的改变,即改变原有态度的强度,而方向并不改变。这种情况实质上是态度的强化。这又可分为两种:一是正强化,增强原有的积极态度或消极态度,变为更加强烈的积极态度或消极态度,如从稍微赞成变为非常赞成,从稍微反对变成强烈反对。二是负强化,即减弱原有的态度,使原来强烈的积极态度或消极态度改变为比较微弱的积极态度或消极态度,如从非常赞成到稍微赞成,从强烈反对到稍微反对。态度的改变首先表现在强度的改变上,即原有态度增强或减弱。例如,有人原来只愿意短途旅游,但随着交通条件的改善,旅途时间大大缩短,于是长途旅游也列入他的考虑之中。又如旅游者对某一旅游产品的态度从犹豫不决到坚定不移,这是态度强度的变化。

(2) 态度方向的改变,即一种新的态度取代旧的态度,改变了态度的性质和方向。态度方向的改变实质上就是另一种态度的形成过程。这又包括两种形式:一是积极态度转变为消极态度;二是消极态度转变为积极态度。比如,一个游客原来喜欢乘坐飞机旅行,在有了一次惊险的飞行经历后改乘火车出行,这是旅游者态度方向上的改变。

在实际活动中,上述两种方式的改变并不是完全分开的。在方向的改变中包含着强度或量的改变;在强度的改变中,当量的改变积累到一定程度,就会引起质的变化,使态度方向发生改变。

(三)旅游者态度改变的途径

1. 改良旅游产品,树立产品和服务的良好形象

改良旅游产品本身,是改变旅游者对某一旅游产品态度的最简便的方法,并以某种方式确保旅游者能发现该产品的有关变化。经营者应不断发现旅游者需要的变化和自身产品的缺陷,以便不断地去改良自己的产品。旅游产品或服务销售的实践表明,旅游产品上的微小变化,会比广告或其他形式的宣传更为有效。

丹尼尔·卡兹等人认为,人的态度都是为了符合某种特殊心理需要而建立的。换句话说,态度都具有一定的功能,要改变某种态度,就必须形成新的动机,使态度能够具有相应功能(符合某种特殊心理需要)。改良旅游产品的形象,可以突出产品的实用性,满足态度的工具性功能;突出产品的安全性、可靠性,满足态度的自我防御功能;突出产品的品牌或高性能,满足态度的价值表现功能(身份、地位的象征);突出产品的技术性能,满足态度的认识功能。要针对旅游者不同的个性、年龄和性别特点,突出旅游产品的特征,积极推出个性化的旅游产品和服务,以满足不同态度功能旅游者的需要。

另外，旅游经营者应该足够重视旅游产品和服务良好形象的塑造。旅游产品的形象实际上是旅游者和潜在旅游者对旅游产品的总体评价，是旅游产品的特征和服务在旅游者和潜在旅游者心中的反映。旅游产品不同于普通产品，既有有形产品的特征，又有无形服务的特征。所以，旅游产品的形象改良和传递应该从多方面入手，特别是对无形服务的有形展示。例如，希尔顿饭店誉满全球，首先是因为它的微笑服务，然后才是饭店规模。1930年是美国经济萧条最严重的一年，全美饭店倒闭达80%。希尔顿饭店负债50万美元，但他们上下一致，不把心里的愁云摆在脸上，始终恪守"饭店服务员脸上微笑永远属于顾客的阳光"这一信条。经济萧条一过，希尔顿饭店保持先进入经营的黄金时代，同时增加了一批又一批现代化设备，使希尔顿饭店在全球饭店业名声显赫，始终保持世界大规模饭店集团之一的地位。

旅游从业人员的仪表是旅游者产生"第一印象"的基础。因为人对客观事物始终是从感知其外部形态开始的，旅游者对旅游企业经营管理和服务质量的判断和评价，以及对旅游产品和服务态度的形成，往往就是从感知旅游企业从业人员的仪表开始的。尽管在不同历史条件下和不同社会中，人们对仪表的认识有差异，但总可以找出大体一致的标准。例如，精神饱满、整齐清洁可以给旅游者安全、明朗的感觉，从而乐于与其交往和接触；反之，旅游从业人员精神萎靡不振、蓬头垢面，则难以给旅游者留下良好的印象。

总之，良好的产品形象是使旅游者产生肯定态度的关键。

2．发挥媒体宣传的作用

信息是态度形成的一个重要因素，也是态度改变的重要依据，向游客宣传新的旅游信息会产生改变态度的效果。旅游市场不断变化，新信息不断产生，旅游者掌握的新信息越多，旅游态度改变的可能性就越大。目前，比较流行的方法主要有以下几种。

(1) 在交通要道通过展示大型旅游广告画进行旅游景点或旅游产品宣传。

(2) 在主要媒体上开辟专栏，对旅游区的发展作专题报道。

(3) 请旅游专家通过媒体或在公共场所作旅游专题讲座，使游客增加对人与自然、人与旅游等关系的了解。

(4) 用风光电影、电视专题片进行宣传，传播旅游最新消息。

(5) 发行精美的旅游宣传手册，并配备地图、文字、照片等进行说明。

(6) 请名人做宣传广告，提高旅游产品的可信度，增加吸引力。明星、专家、球星等做广告的效应比一般人的效果好。很多名人被邀请做某旅游风景区、星级宾馆宣传的形象大使，达到了较好的宣传效果。

(7) 邀请国外旅游经营者和信息联络人来考察业务，邀请各种新闻媒体的有关人员和摄影记者到该地访问并回去宣传。这些人的工作背景决定了他们对旅游产品与信息宣传能起到特殊作用。

(8) 组织旅游代表团进行考察宣传。

(9) 加入国际旅游组织，并配合宣传。

研究表明，不同的宣传渠道在旅游者态度形成的各个阶段作用是不同的。一般来说，广告、媒体传播渠道给旅游者提供了最初的信息，但旅游者相互之间的口头传播等则在旅游者行动前起决定性作用。

3. 积极诱发旅游者的情感

情感是人对客观事物是否满足自己需要而产生的态度体验，是人反映客观现实的一种形式，也是态度构成中很重要的部分，影响并主导着一个人的态度走向。因此，可以通过创造一种意境激发旅游者或潜在旅游者的某种情感，从而引起旅游者的心理共鸣，产生旅游经营者想要的行为。"共情"往往是改变一个人态度的好方法。例如，旅游活动中，一段动情的广告词、导游人员一句关切的问候，都能引起旅游者的心理共鸣。客人从踏进酒店的第一步开始，这座城市的特质已经无声无息地在蔓延，从装修到植物，从大堂吧到接待处，空间里律动的是城市脉搏：紧促、缓慢、年轻、古老。在这一刻，酒店不再是供人休憩的空间，而是变成了一种真实的生活方式。特别是宾馆中庭的设计，以假山、瀑布、金瓦亭、水池、曲桥、游鱼、绿化和假山上的石刻"故乡水"为元素，组成了一组名为"故乡水"的主景。不难想象，当远道而来的海外赤子跨入中庭，看到这组饱含游子思乡之情意境的"山水画卷"，必然会受到强烈的感染和震撼。

4. 引导人们积极参加旅游活动

游客的旅游态度形成虽然受到众多因素的影响，但最终要通过实际活动体现出来。积极参加实际活动，既可以促使某种态度的形成，也可以促使某种态度发生改变。因为实践活动能够增进相互了解、认识新事物，吸收有利于某种态度形成或导致原有态度改变的新信息，特别是当游客离开原来的工作生活环境，融入新的旅游环境中，新的环境、新的生活、新的朋友、新的感受使游客对旅游有了全新的认识和理解，使原有的消极旅游态度发生改变，新的积极旅游态度形成，正所谓"百闻不如一见"。引导游客积极参加旅游活动，创造机会十分必要。例如，组织一次旅游活动，邀请特定人群来参加，让其亲身体验一下旅游活动所带来的乐趣，就有可能从此改变其对旅游活动的态度，从而使其成为旅游活动的积极分子。

思考与讨论

1. 课堂讨论：人们利用"双休日"进行短期旅游的动机是什么？
2. 为了有针对性地给旅游者提供服务，旅游从业人员应该从哪些方面了解和满足旅游者的心理需要？
3. 结合旅游者旅游需要的层次性和多样性特征，联系实际，谈谈旅游企业应该推出什么样的旅游产品来满足旅游者的需要？

实 训 题

1. 选择一个旅游目的地，研究一下你应该怎样去改变一个对该目的地评价不高的人的态度？

2. 某年某月某日，中国中部投资贸易博览会在长沙举行，来自全国各地的商业精英云集长沙，参加一年一度的商业盛会。湖南华天国际旅行社接待了一批会议客商，拟在全陪王萍带领下前往湖南著名景点进行为期 4 天的湖南人文风景游。假设你是湖南华天国际旅行社计调员杨华，请按照《旅游线路设计的原则》要求，设计一条湖南会展游的旅游线路。

学习情境三　旅游活动中的心理过程

学习目标：

- 了解旅游者一般心理活动的全过程。
- 熟悉旅游者的社会知觉，知觉、情感和意志的特征，审美的4种心理因素。
- 掌握旅游者的共性心理和一般心理规律。

技能目标：

- 能够运用适当的方法引导和调节旅游者的心理活动过程。
- 能够提升旅游产品在旅游者心目中的认知形象。

任务一　旅游者的知觉过程

导入案例

> 好不容易盼来了假期，和家人商量后决定在这个冬天去海南岛旅游。不管怎样，去海南三亚还是得去天涯海角看看。到此一游，这是必需的啊。从小看课本、看钞票就知道了天涯海角，在我心里，这地位和长城有得一比啊。今天，我终于来了，在祖国的最南端，这里不但空气好，景色也很迷人。唯一的遗憾就是导游差了点儿，沿途绝大部分时间都在调侃一些美女！到了讲景区景点的时候就说这是天涯海角了，就是两块大石头。然后就随便说一两分钟不着边际的传说，走了这么久，我们感觉失望远远大于收获！最可气的是导游直接说天涯海角主要包括什么什么等几个重要景区，天涯海角景区的内容就是这些，大家一会儿就亲自领略这些风光吧。现在朋友们可以自行游览拍照，接着导游就不见踪影了！真是无奈。

一、旅游者的知觉概述

(一)旅游知觉的概念

旅游者通过感官得到了旅游活动中的大量信息，这些信息经过头脑的综合与解释产生了对整个旅游活动的整体认识。换句话说，旅游知觉是指直接作用于旅游者感觉器官的旅游刺激的整体属性在人脑中的反映。

旅游者的心理过程是从感觉开始的。感觉虽然很简单，但却很重要，它对于旅游者的知觉过程有重要意义。首先，感觉提供了旅游者自身和旅游过程中的环境信息；其次，感觉保证了旅游者自身与旅行环境之间的信息平衡；最后，感觉是旅游者知觉过程的基础。制订旅行计划前，几乎所有旅游者都会考虑旅游过程中的旅游路线选择、整体费用以及酒店住宿、餐饮等问题，这当中的每一个细节都可能对旅游者的感觉产生一定影响。

旅游者的知觉以感觉作为基础，但它不是个别感觉信息的简单总和。旅游者的知觉过程包含了发现、分辨、确认几个相互联系的阶段。例如我们到达一个景点，穿过古色古香的游廊画壁，看到景点的古迹对联，听到导游富有文化气息的讲解，认识到这是一个传统文化古迹的游览区。

(二)旅游知觉的分类

根据不同标准，可以对知觉进行不同的分类。根据知觉是否正确，可以分为正确知觉和错误知觉；根据参与知觉的感觉器官的不同，可以分为视知觉、听知觉、触知觉、嗅知觉、味知觉等。区分各种知觉往往只是以同时参与知觉的不同感觉器官中某一种占优势的器官为基础的。在两个或若干个感觉器官以同等程度参与知觉的情况下，就产生了复杂的综合的知觉。比如，旅游者对少数民族景区歌舞表演的视—听知觉就是这样。根据旅游者知觉对象的不同，可以将较复杂的综合的知觉分为物的知觉和社会知觉。

1. 物的知觉

(1) 旅游者的空间知觉。

空间知觉包括旅游者对旅游景区中物体的大小、形状、方位和远近等的知觉。空间知觉一般是通过多种感觉器官的协同活动实现的。只有在跟对象不断接触的过程中，才能形成对事物的形状、大小和远近等的知觉。这些是靠旅游者的视知觉、听知觉、触知觉等共同完成的。

(2) 旅游者的时间知觉。

时间知觉是旅游者对客观事物运动和变化的延续性和顺序性的反映。人总是通过某种衡量时间的标准来反映时间的。这些标准可能是自然界的周期性现象，如太阳的升落、昼夜的交替、月亮的盈亏、季节的变化等；也可能是机体内部的一些有节奏的生理活动，如心跳的节律、有节奏的呼吸等。旅游者的时间知觉与活动的内容及知觉者的情绪、态度有关系。有的旅游者形容景区"风景极好，四周安静得出奇，湖面又平静得好似时间停滞了一般，我想世外桃源大概也不过如此吧"。这正是旅游者时间知觉的表达。

(3) 旅游者的运动知觉。

运动知觉是旅游者对物体的空间位移和移动速度的知觉。旅游者可以通过运动知觉来分辨物体的静止和运动以及运动速度的快慢。我们周围的世界是不断运动和变化着的，如景区的飞鸟、游鱼、潺潺的小溪和奔流的瀑布等。

2. 社会知觉

社会知觉就是个体在生活实践过程中，对别人、对群体以及对自己的知觉。社会知觉是影响人际关系的建立和活动效果的重要因素。旅游活动中的社会知觉，主要包括对人的知觉、人际知觉和自我知觉。

(三)旅游知觉的特征

旅游知觉是指直接作用于旅游者感觉器官的旅游刺激情境的整体属性在人脑中的反映。因而，旅游知觉总是表现为选择性、理解性、整体性和恒常性等特点。

1. 旅游知觉的选择性

所谓选择性，就是指从众多的事物中选择一定的对象，而对其他对象则不留意，就是说旅游者往往对注意或知觉到的对象概念是清晰的、有意识的，而对其背景是模糊的甚至是无意识的。对象与背景之间又往往是可以相互转换的，依据一定的主客观条件，这种相互转换可以经常进行。把知觉的对象从背景中分化出来，客观上受到许多条件影响，这些条件主要有对象和背景的差别度、对象的运动度和对象的组合度。根据旅游知觉的选择性特征，在旅游景点、设施、广告及导游等的设计方面具有重要的指导意义。

2. 旅游知觉的理解性

人的知觉总是能主动地对刺激物进行加工处理，并用概念形式标出来，只有这样，对事物的理解才会更快、更深刻、更精确。旅游者的知觉并不是像照相机那样详细而精确地反映出旅游刺激物的全部细节这样一个被动的过程，而是一个非常主动的过程。它要根据旅游者的知识经验，对感知的旅游刺激物进行加工处理，并用概念形式把它们标出来。旅游知觉的理解性受诸多因素的影响，如导游员言语的作用、不同的任务和旅游者情绪状态等。

3. 旅游知觉的整体性

旅游知觉的对象是由旅游刺激物的部分特征或部分属性组成的，但旅游者并不把它知觉为个别的孤立的部分，而总是把它知觉为一个统一的旅游刺激情境。甚至当旅游刺激物的个别属性或个别部分直接作用于旅游者时，也会产生对这一旅游刺激物的整体印象。

旅游知觉之所以具有整体性，是因为旅游刺激物的各个部分和各种属性总是作为一个整体对旅游者发生作用，而且在这个过程中，过去的知识经验常常能发挥补充信息的作用。

4. 旅游知觉的恒常性

当旅游知觉的条件在一定范围内发生改变的时候，旅游知觉的映像仍然保持相对不变，这就是旅游知觉的恒常性。知觉的恒常性主要是受习惯和经验的影响。知觉的恒常性是通过后天学习形成的。

(四)旅游知觉的影响因素

1. 客观因素

一般说来，在旅游活动中，旅游刺激物的强度是影响旅游者知觉的客观因素，具有较强特性并反复出现、运动变化，而新奇独特的信息更容易引起人们的知觉。

1) 游览对象与背景的差别

旅游者不可能对其周围全部客观事物都清楚地感知到，也不可能对所有事物都作出反应，而总是有选择地以少数事物作为感知的对象，对它们感知得格外清晰，而对周围的事物则感知得比较模糊，这些模糊的事物就成了背景。知觉对象与背景的差别越大越容易被感知到，如在颜色、形状、亮度等强烈对比的情况下，对象更为醒目。例如黑与白、红与绿、橙与蓝、大与小、高与低、强与弱等的对比。反之，差别越小，则越难以区分。此原理对旅游营销工作有十分重要的启示作用。在进行宣传活动时，无论旅游企业促销什么产品，一般都需要有相应的旅游宣传品、出版物，我们必须以知觉对象的颜色、形状、特性等与背景的关系为出发点，给旅游消费者强烈的知觉对象与背景的感知冲击，进而留下深刻的印象，增强旅游宣传的效果。

在张家界国家森林公园内，黄狮寨游览线一带，穿过南天门，有一石峰从深不可测的沟谷中冲天而立，上下一般粗细，犹如镇山之卫士。它便是闻名中外的"南天一柱"，精悍潇洒，超凡脱俗。武陵源怪石繁多，此为其中一个典型代表。因风化作用使岩石化解、碎裂，以及水蚀作用使其沿裂面因负荷而崩塌，故而形成拔地而起的孤立石柱。正是知觉对象与背景的反差，给游客带来强烈的视觉冲击。2010年1月，由于好莱坞大片《阿凡达》在全球的热映，"南天一柱"引起了全世界的瞩目。就在1月25日上午，张家界"南天一柱"(又名"乾坤柱"，)正式更名为《阿凡达》中所谓的"哈利路亚山"。

张家界"南天一柱"

2) 运动变化的游览对象

一般来说，在固定不变的背景上，运动的物体比不动的物体更容易成为知觉的对象。这也就是为什么夜间闪烁的星光、跳跃的灯火更容易引起人们的注意。当刺激物出现在我们的感觉接受神经范围内时，通常个体面对的仅仅是被展露的刺激物中的很少一部分。展现在个人面前的刺激物大多数是个体自主选择的结果。因此，在对旅游产品进行营销的过程中，运用宣传媒体时，新奇程度适中而且容易引起人们注意的运动的广告图片和标语，能更好地被更多的消费者所知觉，减少消费者对广告的有意避开。电视广告可以运用镜头运动或画面剪辑所组成的连续变动，广播广告可以利用声音和音响的变化来达到吸引观众和听众的知觉的目的。

3) 游览对象的组合

在进行旅游营销宣传的过程中，我们还必须利用知觉对象的组合原理，增强旅游宣传广告的效用。组合包括两种：接近组合和相似组合。接近组合是指彼此接近的事物比相隔较远的事物容易组成对象。相似组合是指相似或相同的事物也容易被人们组合在一起，成为知觉的对象。知觉对象的组合原理是指人们趋向于将所选择的刺激组织起来并将其知觉为一个整体。这样，个别刺激的特点便被看成是某个整体的功能，从而起到事半功倍的作用。如张家界国家森林公园中的著名景点"金鞭岩"，这不仅是"金鞭岩"本身，还有它身后的那只护着"金鞭"的神鹰，和对面一直想偷"金鞭"的歪嘴和尚。这个景点深深地吸引着旅游者，就在于应用了知觉中的接近组合原理。

张家界"金鞭岩"

    4) 新奇独特的事物

    具有较强独特性的对象，容易引起人们的知觉。当今旅游市场上存在着大量具有相似性和可替代性的旅游产品，旅游企业已逐渐认识到必须为自己找到一个差异化的卖点，为自己塑造一个独特的形象。在旅游活动中，如果旅游刺激物是旅游者闻所未闻、见所未见的，就容易引起旅游者的新奇感，如少数民族的民俗风情、万里长城等往往被旅游者最先知觉到。

    5) 反复出现的对象

    旅游者若能多次看到关于某个旅游地的旅游广告或宣传资料，或者经常听说某个旅游地的情况，就容易把它作为知觉对象。相关旅游信息的反复出现，不断地带来刺激和作用，使旅游者容易对它产生深刻的知觉印象。

    6) 他人的提示

    他人的提示是知觉者迅速区分旅游知觉对象的重要方式。在旅游过程中，有导游讲解的旅游者往往比没有导游讲解的旅游者对景点的知觉更鲜明生动。比如张家界国家森林公园的"天书宝匣"景点，若没导游的指点，旅游者是很难发现的。导游如此讲解：大家看，搁在峰顶的那块长方形石块，像不像一个盒子？再请大家看仔细，"盒子"上有一块薄石片呈半抽出状，特别像神话中那个珍藏天书而失盗后的宝匣。民间传说向王天子起义前，曾得张良仙师"天书"一部，可惜向王天子只读了几页，就被龟精盗走，只留下一个空匣子。"天书"被盗，"天机"泄露，就注定向王天子难成气候，怎不令人扼腕叹息！这样一来，知觉对象在旅游者眼里变得鲜活起来。

2. 影响旅游者知觉的主观因素

    知觉是在客观事物直接作用于人的感觉器官时，人脑产生的对刺激物的整体反映。但是，即使是作为感性认识的知觉，对客观事物的反映也不是消极的、被动的，而是一种积极的、能动的认识过程。人的知觉的能动性主要表现在它的选择性。在旅游刺激物所传达的信息中，只有极小的一部分得到关注并传递到大脑进行处理。刺激物被赋予的意思不仅由刺激物本身决定，而且还因个体差异而有所不同。所以，影响知觉的因素既有客观的，又有主观的。众多旅游者同时处于一个旅游目的地，面对的是同样的景观，然而对这个旅游目的地的印象很可能大不相同，这主要是受知觉的主观因素影响。因此，充分利用影响旅游知觉的主观因素，对于旅游营销活动也是非常有利的。

    1) 兴趣

    人们的兴趣各不相同，兴趣的个别差异往往决定着知觉的选择性。也就是说，人们的兴趣往往会使他们把不感兴趣的事物排除到知觉的背景中去，而集中关注感兴趣的事。例如，对名胜古迹感兴趣的旅游者，对这一类景观的感受必然来得更敏锐、更牢固，同时又能使中枢神经处于较强的兴奋状态，产生满意和愉悦等情感体验。即使在这些名胜古迹的周围是风光绮丽的山水，旅游者也会把它们排除在知觉之外。

2) 需要和动机

心理学理论表明：需要是人类活动的基本动力与源泉，动机是需要的体现或内在动力体系。凡是能够满足人的需要或符合人的动机的事物，往往就会成为其知觉的对象；反之，与人的需要和动机无关的事物往往不被人注意。

3) 个性

个性代表个体所具有的一定的意识倾向，也体现个体与个体之间在气质、性格、能力等方面存在的个别差异。人们的个性特征也同样影响着知觉的选择性。例如，不同神经类型的人，知觉的广度和深度就有较明显的个别差异。多血质、胆汁质的人知觉速度快、范围广，但不细致、不持久；而黏液质、抑郁质的人则不同，他们知觉速度慢、范围较窄，但比较深入细致。

4) 情绪

情绪是人们对那些与自己的需要有关的事物和情境的一种特殊的反应，对人的知觉有强烈的影响。所谓的"感时花溅泪，恨别鸟惊心"，就是指情绪对人知觉的影响。现在，云南旅游景点在全国有较高的知名度，这是近年来云南大力采用情理交融营销宣传手段的结果。在利用情感因素做旅游营销宣传时，就要非常注意与生理需要相联系的情绪，因为情绪有较大的情境性、暂时性及冲动性，某种情境一旦消失，与之有关的情绪就会立即消失或减弱。

5) 经验

人们不同的经验，也对知觉的选择性有很大影响。建构主义理论认为旅游者并不是空着脑袋来面对众多旅游产品的，在以往的旅游经历中，他们已经形成了丰富的旅游经验。即使有些旅游目的地他们还没有接触过，但当某一旅游产品一旦呈现在面前时，他们往往也可以基于经验、依靠他们的知觉，形成对这一旅游产品的某种表面的、笼统的解释。所以，给予旅游者适当的讲解和介绍，并能为旅游者提供以往旅游者对这一旅游产品的反馈信息，使其能够吸收更多别人的经验，从而增强自己的知觉。

通过上文的分析，我们可以清楚地看到知觉对旅游者决策的影响。在旅游营销活动中，如果科学地利用旅游知觉规律，旅游刺激物所传达的信息就会更加引起人们的注意，相应地，旅游产品在旅游者脑海中的印象就会更生动、更牢固。从旅游者的知觉心理因素出发，努力提高营销水平，不断进行营销创新，才能取得营销中的优势。

二、旅游中的错觉

(一)错觉的本质和特性

1. 直接感受性

错觉是对认识对象的直接反应。凡是脱离眼前的认识对象，由判断、推理而得出的一切关于对象的认识都不在错觉之列。错觉的直接感受性，是划分错觉和幻觉的一个界限。

幻觉是在没有客体直接作用于感觉器官的情况下产生的一种虚幻的知觉。幻觉就是通常所说的"白日做梦"。如安徒生在《卖火柴的小女孩》中，描述这个小女孩在又冷又饿的境况下眼前出现了幻觉。

2. 主观性

错觉是客观对象在人脑中的一种反映，既具有客观性，又具有主观性。错觉的主观性是其区别于假象的一个重要特征。假象是客观的，是从事物本身发展中产生出来的，是事物固有的，是客观世界的组成部分。假象不具有主观性。

3. 表面性

错觉是对客观事物表面现象或外部联系的反映。

4. 不正确性

错觉，顾名思义，是对认识对象不正确的知觉，错觉具有不正确性、歪曲性。

综上所述，错觉的实质就是主体对于客体的表面现象或外部联系的直接的、歪曲的知觉。

(二)错觉产生的原因

首先，错觉的产生与认识对象的客观环境有关，在异常的外部条件下来认识客体时往往容易引起错觉。特别表现在感知对象所处的环境发生了新的变化这种情况下。

其次，错觉的产生也与事物本身有关。例如活动的内容就与时间长短的知觉有关。颜色错觉也是这样，浅颜色给人以宽大的感觉，深颜色使人感到窄小。

错觉的产生不仅有客观方面的原因，更重要的是主观方面的原因。因为客观条件只提供了产生错觉的可能，只有通过人的主观因素才能起作用。

(三)错觉现象及在旅游工作中的运用

错觉现象包括几何图形错觉、形重错觉、大小错觉、方位错觉和运动错觉等。

在旅游资源开发和建设中也常常利用错觉，以增强旅游审美效果。特别是中国的园林艺术，常常利用人的错觉，产生渲染风光、突出景致的作用。比如，园林中的高山、流水，都是通过缩短视觉距离的办法，将旅游者的视线限制在很近的距离之内，使其没有后退的余地，而眼前只有假山、流水，没有其他参照物，这样，山就显得高了，水就显得长了。许多现代化游乐设施也常常利用人的错觉组织丰富有趣的娱乐项目。比如，美国航天展览馆就是通过多感官刺激来产生错觉，从而给游客带来惊心动魄的乐趣。

三、旅游者知觉与服务策略

(一)旅游者的社会知觉

社会知觉就是个体在生活实践过程中，对别人、对群体以及对自己的知觉。社会知觉是影响人际关系建立和活动效果的重要因素。旅游者在旅游活动中的社会知觉，主要包括对人的知觉、人际知觉和自我知觉。

1. 对人的知觉

对人的知觉主要是指对别人的外表、言语、动机、性格等的知觉。对人的知觉主要包括对他人表情的知觉、对他人性格的知觉和角色知觉等。对人的正确知觉，是建立正常人际关系的依据，是有效开展活动的首要条件。

对人的知觉依赖于多种因素，如认知主体、认知客体以及环境等。从认知主体心理方面看，存在一些社会知觉误区，它们的存在容易给社会认知带来偏差。这些社会知觉误区主要有以下几种。

1) 第一印象

鲜明、深刻而牢固的第一印象，会让人形成一种固定的看法，影响甚至决定着今后的交往关系，在社会知觉中起到重要作用。如对某人的第一印象好，则愿意接近他，容易信任他，对他的言行能给予较多的理解；反之，就不愿意接近他，对他的言行不予理解。第一印象只能作为对人的知觉的起点，而不能作为终点。这是因为第一印象不可能全面反映一个人的真实面貌，难免有主观性；同时人总是在不断变化着的，对人的看法不能总停留在过去。所以，要历史地、全面地、发展地看待一个人，才能形成正确的对人的知觉。虽然人们都知道仅靠第一印象来判断人常常会出现偏差，可实际上每个人都不可避免地会受第一印象的影响。

影响第一印象的主要因素有两个方面：一方面是对方的外部特征的直接影响；另一方面是有关对方的间接信息的间接影响。

2) 晕轮效应

晕轮效应是指认知主体对客体获得某一特征的突出印象，进而将这种印象扩大为对象的整体行为特征，从而产生美化或丑化对象的现象。

3) 刻板印象

刻板印象是指认知主体对认知客体概括而固定的看法，并对以后该类客体的知觉产生强烈影响。刻板印象产生的基础是人们的经验，并能潜在于人的意识之中。在旅游工作中，知觉来自不同国家和地区的游客时，除了了解他们的共同特征之外，还应当注意不受刻板印象的影响，进行具体的观察和了解，并且注意纠正错误的、过时的旧观念。

2. 人际知觉

人际知觉就是对人与人之间相互关系的知觉。

任何一个人都与他人发生联系，形成人与人之间的不同关系，表现为接纳、拒绝、喜欢、讨厌等各种亲疏远近的态度。对这种关系的正确知觉是顺利进行人际交往的依据。旅游工作者一方面要尽快了解旅游团体的人际关系状况；另一方面也要洞悉旅游工作者自己与游客之间的人际关系状况，以便利用这种关系搞好旅游接待工作。

3. 自我知觉

自我知觉是指一个人通过对自己行为的观察而对自己心理状态的认识。人不仅在知觉别人时要通过其外部特征来认识其内在的心理状态，同样也要这样来认识自己的行为动机、意图等。

自我知觉是自我意识的重要组成部分。随着自我意识的发展，在社会化进程的影响下，个体的自我知觉水平一般遵循着生理的自我——社会的自我——心理的自我这一进程。由于每个人的社会化程度不同以及各种主客观因素的影响，每个人的自我知觉水平也不完全一样。

(二)对旅游条件的知觉

旅游者的旅游活动是由吃、住、行、游、购、娱等行为组成的，与这些行为有关的事物就是基本的旅游条件。实践证明，旅游者对旅游条件的知觉印象，与具体的旅游决策、旅游行为以及对旅游服务的评价等都有显著的相关性。

1. 对旅游目的地的知觉

在旅游过程中，旅游者对旅游区的知觉印象主要表现为：景观是否具有独特性和观赏性，即是否具有满足旅游者心理需要的吸引力；旅游设施是否安全、方便、舒适；旅游服务是否礼貌、周到、诚实、公平。

2. 对旅游距离的知觉

人们在选择旅游目的地的同时，还要考虑从居住地到旅游区的距离。人们对旅游距离的知觉，经常是以空间距离的远近来衡量，也经常用时间的长短来衡量。比如，从上海到杭州，人们很少说要经过几百里，而是强调要坐几个小时的车。

3. 对旅游交通的知觉

人们外出旅游，交通工具是必不可少的，选择何种交通工具是旅游者所关心的问题。人们对交通条件的要求越来越高，不仅要求快速、安全、舒适，还要在旅途中得到热情、友好、周到、礼貌的服务。

典型案例

××酒店尝试通过员工的优秀表现来提高客户满意度。总裁深信员工会给客户满意度产生影响。当员工与酒店客人相遇，如果距离在10英尺之内，员工必须通过对视、微笑或者点头来表示自己已经看到客人；如果距离缩短到5英尺之内，员工必须通过语言来问候客人。虽然这些数字听起来冷冰冰的，但实际上这条政策让每位客人得到了一种受人欢迎和尊重的感觉。当员工和客户打交道时，必须停下来问自己一个问题——怎样才能让这一刻给客户留下深刻印象？住在对面竞争酒店的一位先生，知道自己的酒店午夜后不再提供送餐服务后，他致电××酒店订餐，该酒店不仅仍在提供订餐服务，酒店服务员甚至穿过街道将所订食品直接送到这位先生在竞争酒店的房间。

问题：如果你是这位先生，下次来到本地，你会考虑入住该酒店吗？尝试从旅游中的社会知觉角度分析原因。

任务二 旅游者的学习过程

导入案例

> 前日去环岛路玩，沿着海边散步，步行到曾厝垵时天色已暗了下来，也走累了。听说曾厝垵有很多家庭旅馆环境不错，就想去看看，满意的话住一晚体验一下也不错。步行到曾厝垵菜市场后面的72号，眼前看到的是一栋新装修的房子，走进去一看，挺温馨的，名字叫亲戚家家庭旅馆，挺好听的名字，一下就喜欢上了这里，当晚就住了下来，环境很好，很安静，房间是新装修的，每个房间都有不同的特色，很舒服。老板是一对年轻的夫妇，待人很热情，晚餐就是在他们家吃的。晚上跟他们一起在客厅喝茶、聊天、看电视，很开心。这里是一个度假休闲的好地方，交通也方便，靠近海边，空气也很好，是个很不错的地方。

有的学者认为"学习是经验的函数，是在一定时候所发生的有机体的变化"；有的学者认为"学习是记忆或行为的内容或结构的变化，是信息处理过程的结果"；有的学者认为"学习是指人在生活过程中，因经验而产生的行为或行为潜能的比较持久的变化"。还有学者认为"学习是指个体获得各种知识或经验，并将之运用于以后有关的行为潜能或行为中的过程"。

心理学认为，经验是行为变化的主要依据，信息是经验形成的重要条件。因此，经验和信息是学习旅游行为的重要源泉。

一、经验

从经验中学习是我们学习消费的一个捷径。学习最本质的东西就是概括。在旅游消费中，消费者在经历了某一次消费之后，他可能推断出在同一地区或同一旅行社、饭店，不管享用何种服务都会得到相同的享受。这实际就是经验。由偶然的生活经历而产生的学习，如读杂志中的一篇游记而学习到一种旅游经验，于是在自己的旅游过程中便会加以仿效；或者在旅游活动中获得一种新的体验也是一种学习。

二、信息

信息是学习的重要来源。当一个人接触信息并对信息进行初步分类时，学习便开始了。通常信息主要来自以下两个方面。

1. 商业环境

包括旅游企业自己制作或在传播媒体上发布的旅游广告或宣传品，以及旅游促销人员的推销行为。这种信息的影响主要包括以下几个方面。

（1）创造性地传播信息，可以强化购买者已有的动机，促使他作出未经周密考虑的瞬时决策。

（2）商业信息通过诱导消费者改变决策的方式，也能影响他们的旅游决策。

（3）旅行社可以改变传递信息的内容，增加可供选择的旅游地，以供潜在的购买者进行选择。

(4) 指导旅游消费者的商品信息，可能无意中使他们联想起某个旅游产品或服务的消极面。因此，商业信息虽然是潜在的旅游消费者学习旅游的重要来源，但是，它也可能会给旅游消费者带来消极影响。

2. 社会环境

包括家人、亲友、同事、熟人等。心理学家们研究认为，人们获取的信息69%来源于个人的社交环境。消费者也往往认为朋友和熟人提供的经验没有偏见，更为可信。日本交通公社调查了来自不同宣传方式的信息对旅游者旅游动机所产生的影响的情况表明"朋友和熟人的介绍"影响最大。

由于社会环境允许个人之间双向沟通，以获得有助于减少风险和疑惑的信息。因此，在多数情况下，社会环境决定了旅游者的旅游方式。

三、信息的寻觅

既然信息是人们学习旅游行为的重要来源，人们自然就需要并努力寻求信息。最需要信息并积极去搜寻信息的主要是以下3种人：没有旅游经验的人，在旅游决策中觉察到高度风险的人，以及认为有绝对必要作出最完善的旅游决策的人。

旅游市场基本由满意者和择优者构成。满意者只追求令人满意的旅游，因而搜集信息的动机不强，往往不假思索就作出决定，而且事后也不会感到疑惑和后悔；而择优者则从效用最大化角度出发，认为既然旅游需要花费时间和金钱，就必须获得最大的价值并得到充分的满足。因此，择优者会花费大量时间和精力去收集各种信息，以评估各种可供选择的方案，然后作出最优的决定。

典型案例

怎样挑选一家合适的旅行社出游呢？首先，要了解有关旅游行业的基本法规，具备关于旅行社方面的基本常识。目前，旅行社可分为两类：国际旅行社和国内旅行社，前者可经营入境游、出境游、边境游、国内游、代办入出境手续；而后者只能经营国内游及与国内旅游相关的业务。所以外出旅游时，首先要弄清该旅行社的类别，而这一切均可向旅游质监部门咨询。其次，如果在某旅行社设的门点(即分销点)买票，要确认其是否挂靠在该旅行社，是否有一照两证，即营业执照、经营许可证、质量保证金缴纳证书(一般均为复印件)。质量保证金是表明该旅行社向旅游局缴纳了一定的保证金。如果旅行者与其发生争执，而旅行社又不服处理，旅游局可从保证金中强行扣款赔给旅行者。此外，这些门点应张贴有投诉电话和咨询电话提示，游客亦也可通过电话确认。再次，凡正规旅行社均要与游客签订旅游服务合同，合同中涉及了旅行过程中的诸多细节，如日程、交通工具及标准、住宿、用餐等。双方签字盖章生效后，游客可依此投诉。旅行社会发给游人团队运行计划表、质量跟踪调查表，如果没有便表明该旅行社经营不规范，质量难以保证。最后，要跳出只求价格低，不顾服务质量低的怪圈。不能简单地以价格衡量一个旅行社的优劣。一些旅行社报价看似便宜，但质量很差，往往会导致埋怨多、投诉多。如果考虑旅游出了问题能用"法律手段"来保护自己，游客便要于出游前在价格的选择上认真掂量，出游后质量与价格是否相符。

问题：旅游者学习的内容包括哪些？

任务三　旅游者的情绪、情感过程

导入案例

泡汤了的"游湖赏月"

按原定计划，小林的团队应该是 19:00 整在 H 市游湖赏月。但是，在赴 H 市的路上遇到了交通事故，等他们赶到 H 市时，已经是 20:30 了，原来计划要坐的那班游湖赏月船早就开走了。小林和地陪先把客人带到餐厅去用餐，然后把情况通知了地接社。

正当小林一边吃饭，一边等着地接社的决定时，他团里的客人就在酒店的餐厅里议论开了。

"张先生，你听说了吗，今天我们不能去游湖赏月了？"

"真的吗？这太可惜了！这么好的月光，这么凉爽的秋风……"

"我们专门选择这个时候，好不容易才来到这里，怎么说不去就不去呢？"

"哎，刚才我听别的团的客人说，他们的船还没坐满呢！"

"鲁太太，你怎么不说话呀？我们的游湖赏月就要没有了！"

"哎，真是的，怎么会搞成这个样子呀！"

导游小林觉得情况发生变化，客人有些议论是正常的，也就没有太在意。

客人们吃完饭，陆续来到大厅。他们在一起不停地议论，脸上的表情越来越严肃。小林刚走出餐厅，那位鲁太太就冲着他喊："全陪，全陪，你过来一下。我们有话要正式地对你说。"

小林走近客人，发现他们已经没有一丝笑容，只有一脸的愤愤不平，这时他才感到有些"不对头"了。

鲁太太十分严肃地对小林说："你知道，今天是中秋节，我们是来赏月的，而且是游湖赏月。月圆之夜，我们不在家待着，不远千里来到这里，为的就是游湖赏月。报名的时候，旅行社口口声声保证我们今晚一定能够游湖赏月。知道吗？你今天必须给我们安排这个活动！你答不答应？"

小林面有难色地说："我们在路上堵车的时间太长了，原来安排的船早就开走了。现在已经很晚了，最后一班游船马上就要开了……"

不等小林说完，一位高个子男游客就打断他的话，说："车是你们旅行社的车，走哪条路是你们旅行社定的，游船也是你们旅行社安排的，全都是你们旅行社的事，凭什么要我们来承担这个后果？"

小林说："堵那么长时间的车，这是谁都没有想到的！我做了这么长时间的导游，在这个地方还是第一次……"

这时，又有另一位游客打断小林的话，说："不管怎么说，这都是你们旅行社的事，我们报名的时候，说好了要游湖赏月的。可能会遇到什么样的事，你们旅行社是应该事先做好准备的，难道你们收了钱，就不管了吗？"

旅游心理学

> 小林耐心地对客人解释："我理解各位的心情，现在地接社也正在想办法。我们在这里要住两个晚上，今天不能游湖赏月，明天还可以去嘛，俗话说，十五的月亮十六圆……"
>
> "你说些什么呀！告诉你，再敢胡说八道，那就别怪我骂人了！"说话的是鲁太太，"八月十五中秋节游湖赏月，这是我们计划里安排好的。过了十五，谁还要赏月！明天——明天有明天的行程，今天有今天的行程，知道吗？我知道，你们旅行社觉得再包一条船费用太大，是不是？费用太大，就不让我们今天去游湖赏月，是不是？告诉你，如果今天晚上不能让我们游湖赏月，我这里有全团人的签名，我要去告你！告你们旅行社！我还要在报纸上把这件事登出来。你好好想想吧！你就把我的话告诉旅行社！"
>
> 小林还想解释，鲁太太把手一挥，说："别说了！这是我们大家一致的意见，对不对呀？"其他客人立即附和："对——，这是我们一致的意见——！"接着，还响起了一阵掌声。
>
> 小林十分为难地向商务中心走去……

认识和情绪、情感在反映的对象和形式上有所不同。认识反映客观事物本身，而情绪、情感则是反映客观现实与人的需要之间的关系；认识是通过形象或概念来反映客观事物，而情绪、情感则是通过态度体验来反映客观现实与人的需要之间的关系。

一、情绪、情感概述

(一)情绪、情感的概念

当人们看一场感人的电影时，会激动得落泪；回想往事的时候，会哑然失笑；遇到违背社会公德的人和事时，会义愤填膺；经过艰苦的思索，攻克一道难题，就会满心欢喜。这种伴随着人们认识活动产生的喜、怒、哀、乐等心理现象属于人的情绪和情感过程。情绪情感是人对客观事物所持态度的体验，是人脑对客观世界的一种特殊的反映形式，是人类行为中最复杂、最重要的一面。

(二)情绪和情感的关系

情绪通常是指那种由机体的天然需要是否得到满足而产生的心理体验。它是天生的、低级的、并与生理需要相联系的心理体验，带有情境性、冲动性和不稳定性。

情感是与人在历史发展中所产生的社会需要相联系的心理体验。它是后天的、高级的、并与心理需要相联系的心理体验，具有情境性、历史性、深刻性和稳定性。

情感和情绪之间彼此依存，相互交融在一起。情感与情绪的联系体现在，两者都是人的主观体验，都是具有一定需要的主体的人脑对客观现实的主观反映。情绪是情感的基础，情感在稳定情绪的基础上形成；情感是对情绪的深化，同时又通过情绪反应得以表达。

情感和情绪之间的区别主要体现在以下3个方面：首先，情绪更多的是与人的物质或生理需要相联系的态度体验，比如满足了游客的饥渴需要时他们会感到高兴；情感则更多地与人的精神或社会需要相联系，比如游客在旅游过程中，自觉遵守相关道德行为准则和规范以满足自己的道德情感需要。其次，情绪发生得较早，人出生时就会有情绪反应，但没有情感；情感发生得较晚，是随着人的年龄增长而逐渐发展起来的。最后，情绪具有情境性、激动性、暂时性、表浅性与外显性，比如旅游者遇到危险时会极度恐惧，但危险过后恐惧便会消失。情感则具有稳定性、持久性、深刻性、内隐性，比如大多数人不论遇到什么挫折，其民族自尊心不会轻易改变。

二、旅游者的情绪、情感与旅游心理及行为

人是情感性的动物，旅游者更是在旅游过程中追求正面积极情绪体验的人。而旅游者的情绪、情感状态在很大程度上决定着他们的动机、态度、意志力。此外，旅游者的情绪状态对旅游团队中的人际关系和心理氛围、旅游团的活动效率甚至对他们的健康都存在着巨大影响。

(一)情绪、感情影响旅游动机和旅游者态度

旅游动机是指发动和维持人们外出旅游的一种心理倾向。从本质上看，旅游者选择出门旅游是为了寻求一种"好"的感受，去掉一些日常生活中"不好"的感受。因此，旅游者的情绪、情感需求强烈影响着他们的旅游动机，旅游者的情绪状态是其旅游动机最直接的制约因素。旅游者的情绪状态对其旅游动机的影响是加强还是削弱，取决于他们在旅游途中体验到的情绪是正面的还是负面的。一般说来，某一次旅游的愉快经历会让他们再次出游的动机加强，而由不愉快的旅游经历引发的消极情绪可能会让他们在相当长的时间内拒绝外出旅游。

旅游者态度是指旅游者以肯定或否定的方式评价某些人、事、物或状况时具有的一种心理倾向。而人们在作出这样的评价时，当时的情绪状态和情绪体验往往起很大的作用。即旅游者的情绪体验也会影响他们的旅游态度。例如，当旅游者在旅途中心情不错的时候，他们无论是对导游还是对景区工作人员都更容易作出肯定性的评价。反之，当旅游者产生了消极负面的情绪体验时，他们看旅途中的任何事情都更容易作出不满意的评价。所以，我们旅游从业人员要有意识地帮助旅游者形成良好的情绪体验，避免其产生消极负面情绪，这样一来，他们就更容易对我们的工作和整个旅游地都表现出满意的态度。

(二)情绪、情感影响旅游行为和活动效率

心理学研究表明，人的情绪、情感状态会影响人们的活动效率。一般而言，情绪的紧张程度与活动效率之间呈一种倒 U 形曲线关系(见图 3-1)，即中等强度的情绪最有利于任务的完成。

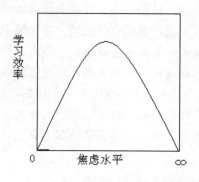

图 3-1　焦虑与效率之间关系的曲线图

因此，让旅游者体验到适度紧张最有利于旅游活动的完成。旅游者过于紧张固然有违他们出门旅行的目标，但如果旅游者情绪状态过于放松，则容易导致旅游团队纪律差，客人时间观念淡薄而影响整个旅游行程的安排。同时，轻松、愉快的团队氛围也是游客体验愉悦情绪的重要环境，只有旅游者处于愉快的情绪下，旅游服务活动才能顺利展开。

(三)情绪影响旅游者的意志力

旅游者的意志力是指人们为了完成旅游活动，自觉克服困难，坚持到底的一种心理力量。尽管旅游者出门是为了寻求轻松和自由，但同时也不排除旅途中可能会出现一些意想不到的情况，此时就需要旅游者运用自己的意志力来完成旅游活动。例如，在爬一座比较陡峭(如华山)的山峰时，如果旅游者的情绪状态良好、兴致勃勃，就可能坚持更长的时间，更容易克服困难；反之，因为某些原因导致他们情绪低落的时候，爬山参观游览就被他们视为畏途，表现为意志力薄弱。

一般而言，男性的意志力强于女性，也比较稳定，不太容易受情绪的影响，而女性旅游者的意志力比男性旅游者更容易受到情绪的影响。而某些女性情绪状态比较好的时候，其意志力甚至比男性更强。旅游团内受暗示性高的人，往往容易被周围环境的无关因素影响而引起情绪的波动和思维的动摇，进而导致意志不坚定。他们的情绪和思维很容易随环境变化，给旅游活动带来不稳定的因素。此外，喜欢户外俱乐部的背包旅游者的情绪更容易受意志力的控制，他们有着强烈的意志力、勇气，足以克服所有的困难以完成旅游活动。

(四)情绪、感情影响旅游中的人际关系和心理气氛

人际关系是人们为了满足某种需要，通过交往而形成的彼此间的心理关系。旅游活动中特别是旅游团队里形成的人际关系一般具有临时性和浅表性。由于人们处于一个群体内的时候，更容易受到他人的情绪暗示和影响。所以，旅游者在参加一个旅游团以后，其心理和行为就会不断受到团队心理氛围的影响。例如，我们经常会发现，某一个旅游者开心，其他旅游者就会受感染，也产生这种愉快的情绪，全团的游客就都能积极投入到导游组织的参观游览活动中；反之，如果一个旅游者很不开心，很可能导致全团整体氛围受影响，进而可能在一定程度上影响团队旅游活动的开展。

旅游者不同的情绪、情感体验会在团队内引起不同的人际关系。积极正面的情绪状态是形成良好旅游团内人际关系的基础和前提。旅游团内人们在心理上的距离越接近，双方就越会感到心情舒畅，情绪高涨，从而形成良性互动。例如，在旅途中导游和游客之间、游客和游客之间如果能够相互关心，彼此信任依赖，在感情上非常融洽，那么所有人都会感受到温暖，形成良好的团队人际关系和心理氛围；反之，如果旅游团成员之间经常因为房间安排、车辆座位而发生矛盾和冲突，参观游览意见无法统一，都可能导致其心理距离的拉大，那么所有游客都会产生不愉快的情绪体验，最终影响旅游活动的质量和心理体验。

此外，旅游从业人员的情绪状态对旅游活动中的人际关系也具有重要影响。如果导游的情绪是压抑的、愤怒的或者虚伪的，游客多数情况下会敏锐地觉察到，继而其情绪受到压抑，而影响客我关系。

(五)情绪、情感影响旅游者的身体健康

在日常的生活中，目标和责任让人不断前进，极有可能带来痛苦、焦虑等负面情绪状

态。心理学研究表明，负面情绪持续存在和蔓延，可能会引发人的心理和生理疾病。而外出旅游在很大程度上能够使人们获得快乐体验，紧张得到松弛。由于快乐是属于情绪紧张维度的轻松一端，所以快乐体验也是一种有信心、有意义的意识状态。这种积极的情绪体验对人们的身心理健康具有重要意义。

旅游者在旅途中获得的快乐能让他们对外界产生亲切感，更容易与人交往和获得满足感。快乐体验还能让他们具有一种超越的自由感，使其处于轻快、活跃、主动和摆脱束缚的状态，使人享受生活乐趣，体味人生的意义。所谓的"仁者乐山，智者乐水"就从一个侧面印证了不同类型的景点对旅游者心理健康状态的不同影响。例如，疗养能让人获得平静的心态，观看日出能让人体验到自然的神奇。反之，旅游者处于应激状态时，其体内的与人体免疫能力相关的T细胞浓度会发生变化，从而导致其身体更容易生病。

三、影响旅游者情绪、情感的因素

影响旅游者情绪、情感的首要因素是旅游者的需要是否得到满足。由于需要是情绪、情感产生的重要基础，所以旅游者的需要是否获得满足，决定着旅游者的情绪、情感的性质是肯定的还是否定的。如果能满足旅游者已激起的需要或能促进这种需要得到满足，那么这类景点和服务，便更容易引起他们肯定的情绪，如满意、愉快、喜爱、赞叹等；反之，凡是不能满足旅游者的需要或可能妨碍其需要得到满足的事件，比如路上堵车、饮食不合口味，都会引起旅游者否定的情绪，如不满意、愤怒、憎恨等。另外，需要指出的是，由于旅游者在旅游的途中往往有各种不同的情绪和情感，而且它们常常不是彼此毫无联系地发生的，而是相互影响的，其中有的起主导作用，有的只具有从属性质，有的短暂，有的持续时间很长。起主导作用的旅游者情绪、情感通常与其主导需要相联系。当旅游者的主导需要获得满足或没有满足时，所产生的肯定或否定情绪往往会冲淡，甚至抑制与此同时发生的其他情绪。

影响旅游者情绪、情感的另一重要因素是旅游者的认知特点。由于旅游者的情绪总是伴随着一定的认识过程而产生，因此，他们对同一景点、同一旅游服务人员的行为，由于每个人个体认知上的差异，常常会作出不同的评判：如果把它判断为符合自己的需要，就会产生肯定的情绪；如果把它判断为不符合自己的需要，就会产生否定的情绪。同一个旅游者在不同的时间、地点和条件下对同一旅游景点的认知、评判可能不同，因而产生的情绪、情感也存在一些差异。

最后，旅游者的情绪、情感还受到旅游者的归因方式影响。旅游者不同的归因会引发不同的情绪、情感。例如，在旅游服务中由于环节过多，出现旅游服务缺陷往往无法完全避免。对于旅游服务缺陷，如果旅游者将其归因于外部不可控的原因(恶劣的天气即通常所说的"不可抗力因素")，旅游者相对来说更容易被唤起同情和感激等类似的情感，一般不会产生不满意、不愉快和挫折感；但如果旅游者认为旅游服务缺陷的产生是内部可控的(比如旅行社安排的导游经验不足)，将很容易导致旅游者愤怒、生气的情绪体验。因为这种归因牵涉到对旅游服务企业和个人的责任感、道德操守的推断。当旅游者对旅游服务缺陷进行可控的外部归因时，往往对旅游企业的形象具有很大的破坏性，不仅会导致旅游者以后回避该旅行社提供的服务，而且可能会导致旅游者采取一系列手段主动讨回"公道"。

因此，这就提醒旅游企业和旅游服务人员：我们经常会找一些借口，说事情的起因是不可控的,但对旅游者而言,这些借口可能被认为是真的,但多数情况下容易被旅游者认为是假的,大多数旅游者通常想知道什么是真正的原因。心理学研究表明:人们辨别谎言的能力非常拙劣,并且经常将真实的东西推论为谎言。现实中,如果做错了事而别人已经知道,那么能保持良好关系的唯一策略就是坦白承认。这样可以减少而不是增加矛盾和冲突。坦白可以使人们认为是一个好人做了一件不恰当的事情。坦白不仅可以降低对违规者道德上的谴责,而且还能降低被认为再次犯错的可能性(即这次错误的原因是不稳定的)。因此,在出现旅游服务缺陷以后,我们作出道歉的同时还要给予一定的赔偿,这样一般就能够安抚旅游者的情绪。例如,饭店的上菜出现了延误,服务员立即予以道歉并表示餐费可以适当减少,则旅游者很可能就会原谅该延误,因为这时旅游者很少会把原因归结为责任心和其他稳定因素而导致愤怒或不满意的情绪。

四、旅游者情绪、情感的调控与激发

旅游者的情绪调控主要是指旅游从业人员管理和改变旅游者情绪的过程。在这个过程中,旅游服务人员通过一定的心理策略和心理机制,使旅游者的情绪在生理活动、主观体验、表情行为等方面发生一定的变化。对旅游者的情绪、情感的调控与激发体现出旅游从业人员,特别是导游对整个旅游团的控制和管理,反映出其服务能力与水平的高低。一些刚从事旅游工作的导游,往往由于经验缺乏而把"客人是上帝"、"客人永远是对的"进行教条式的理解,导致实际工作中被客人牵着鼻子走,无法控制和调整旅游团中游客的情绪状态。而有经验的、优秀的导游都能够在有效控制整个团队中消极情绪氛围产生的前提下,激发游客的积极情绪、情感。

(一)调控旅游者消极的情绪、情感

由于旅游者外出旅游是为了放松身心,追求一种愉悦体验,因此,调控旅游团中的消极情绪就显得格外重要。旅游从业人员要多花时间和精力去关心和了解旅游者的情绪状态,特别是对那些喜欢在旅游团内传播意见的人要尤其关注,因为他们能在很大程度上决定全团旅游者消极情绪的发生和发展。心理学研究表明,尽管事实和感情是两种不同性质的内容,感情代替不了事实;尽管有些事实不真实,但旅游者在旅游过程中更容易被他人的消极情绪所感染。

此外,由于旅游者来源复杂,因此不排除极少数旅游者品行不端、时时处处想占便宜。这些人在观光游览中总是在寻找各种机会和借口,一旦出现些服务缺陷,马上就跳出来扩大事态,并且提出过分的要求和赔偿目标,不达目的绝不罢休。这不仅影响正常的旅游秩序,也会引起全团不稳定的消极情绪状态,最为严重的是会搞得全团乱七八糟,甚至游程也可能被迫终止。因此,有经验的导游从带团开始的那一刻起就会以敏锐的眼光来观察周围的一切,同时使出浑身的本领牢牢掌握和控制整个旅游团的情绪,做到眼观六路、耳听八方。只要旅游者消极情绪、情感的苗子一露头,就必须以十倍的努力、百倍的热情全力以赴地将其消灭在萌芽状态。

(二)激发旅游者积极的情绪、情感

旅游者在出门旅行时,希望在旅游中获得日常生活中所缺少的新鲜感、亲切感和自豪

感，同时也希望在旅游中摆脱日常生活中的精神紧张。因此，旅游服务就应该想方设法激发旅游者积极的情绪体验。具体手段包括以下几个方面。

第一，利用人际交往中的"镜子"理论，让客人对自己更加满意，使客人获得更多自豪感。由于旅游者总是把旅游从业人员当作自己的一面镜子来看待，因此旅游从业人员要做旅游者的一面"好镜子"。

第二，可以通过训练和改进旅游从业人员说话的方式、速度、语调及词句的选择，让客人产生积极的情绪体验。例如某导游在出团的时候，一个游客因小事大声质问导游："你到底想怎样处理这事！"导游冲动之下同样地大声回应道："我只想让你们(以下变为女孩特有的温柔语气)不生气，给我时间解决好这事。好吗？"说完并羞涩一笑，游客愣了一下随即大笑，问题顺利解决。

第三，还要培养旅游从业人员的幽默感，让他们会巧妙拒绝客人的不合理要求而不有损客人的"面子"，激发旅游者的积极情绪。

典型案例

> 　　某导游带客人去参观一个唐代的古墓，由于墓道口在半山腰上，所以看完以后游客要求爬山。因为事先没有安排并且时间又比较紧，于是该导游想了一下就半开玩笑半当真地说："你们现在来还不如晚上来呢，我陪你们一起怎么样？"客人就问为什么，导游就说："我们晚上来，顺便把这墓给它发掘了，这样我们能赚好多呢，你们现在上去人又多，什么都做不了，不合算的！"客人于是大笑起来，说："晚上一定来啊！"客人也就没有再要求上山。
>
> 　　某导游在车上给大家讲解的时候，突然有个两三岁的儿童游客大叫一声，该导游马上说："谢谢，还是我们比较投缘，一般都是那种超级歌迷、发烧友才这样尖叫呢！谢谢你的支持。"说完后他还特意走过去和那个小游客握了握手，车上的游客不禁都大笑起来，活跃了当时车上的气氛。
>
> 　　问题：上述两位导游激发了旅游者怎样的情绪、情感？

任务四　旅游者的意志过程

导入案例

> 　　今年十一我们去了江西三清山旅游。刚开始当孩子们听说我要带他们去旅游时，都高兴得蹦起来了，很早就开始憧憬那三清山的快乐之旅！但当他们开始登山的时候，就有些许抱怨了。我当时就开导他们，凡事都不要去抱怨，既然你选择跟爸爸出来旅游，这条路你就要走下去！不管前面有多难、有多险，你哭着也是走下去，笑着也是走下去！不可能回头的。在我的开导与鼓励下，他们徒步走完了第一个景点2个小时的路程，包括1个小时的登山过程。在下山后，他们有点儿沾沾自喜！我在肯定了他们的勇敢与坚强之后，告诉他们今天的旅程只是一个小小的开始，明天我们江西的三清山才是真正考验你们的地方。不过也不用害怕，爸爸会陪着你们一起走完全程的！
>
> 　　第二天早晨4点半就起床了，5点钟集合后出发了。由于当天早晨风力比较大，景区

管委会考虑到游客的安全，停止用缆车运送游客上山。据导游讲解，如果步行到山顶，大概需要6个小时，其中有4个小时是爬山。他让我们大家商量一下。经过大家的沟通，一致同意步行上三清山！看着同行的18个成人和4个小孩，我心里在犹豫：这么长的路，我的孩子能行吗？其实我也没有足够的信心。但是，我还是狠下心来，既然来了，就不可以这样半途而废！我跟我的孩子们讲，现在大家都步行上山，你们能行吗？他们望了望那高耸入云的山峰，然后肯定地向我点了点头。我们就由缆车站改道到了步行登山的入口处了。经过短暂排队等待之后，我们陆续进入了三清山的步行台阶了，我们拾级而上！孩子们一路有说有笑，对于这些奇观异景，目不暇接，感到非常稀奇。等到我们爬到观梯云岭的时候，孩子们就开始感觉到很疲倦了。我就不断地鼓励他们加油！随着山越来越陡峭，爬上去的难度也越来越大，儿子又开始抱怨了，说这是什么鬼山，这么难爬，早知道就不来了，讲了一大堆抱怨话，我耐着性子鼓励他们，等爬到那个缆车终点站（1/3的路程）我就给他们鸡腿吃，他们在我的物质诱惑下，加快了登山的速度，在一路的说说笑笑、走走停停的情况下，我们在两个小时之后，终于登上了南天门群峰。我将包里的鸡腿分给他们吃了之后，稍作休整，就开始向"西海岸"进发了！这一段路程爬山需要2个小时！而且比刚上来时的台阶还要陡峭！孩子们一边走一边吵闹，不过反过来想想，他们还只是未满10岁的儿童，今天能够这样跟着我进行这么大体能消耗的运动，是有点儿受不了。我心里虽然这样想，但我还是不断地给他们打气！不断地给他们加油！在同行的游客中，有些跟他们差不多大的孩子，有的是爸爸背着，有的是请当地的轿夫抬上山（起步价在100元，听说一个孩子从山脚抬到山顶再回程要2600元），而我的孩子都是靠自己的双脚去量这座雄伟而又陡峭的三清山。有些大人看到我的孩子这么勇敢，也投来赞许的目光，而且在途中，有几位游客主动牵着我女儿的手，一边聊，一边登山。我们边走边停，在补充能量（吃东西、喝饮料）之后，又开始了新一轮的冲刺。艰难的2小时的历程，在我的鼓励下和儿女嘟起小嘴冲刺中完成了。我们终于攀上了"西海岸"景区，我又拿出了面包和红牛来奖励我亲爱的孩子们。

随后是一段平坦的栈道。栈道虽然平坦，却是在陡峭的山崖上修建起来的，走在上面虽然平稳，却非常惊险，胆子稍小的人肯定是不敢挪动半步！儿子因为是男孩子，天性胆子大，当他走上这平坦的栈道后，在上面蹦蹦跳跳，而女儿却有点胆战心惊。我又鼓励他们顺着这条路一直往前走，我牵着他们的小手，跟他们讲，"我们的生活就像一条长长的道路，有的地方平坦，有的地方崎岖，但不管怎样都无法后退，必须勇敢地走下去。孩子们，你们要是能坚持爬到山顶，爸爸相信你们以后一定能够克服生活中的各种困难。来，加油！让我们向山顶冲刺！"他们听完我说的话之后，似懂非懂地点点头，继续向前进发。最终我们登上了山顶，然后乘坐缆车下了山。

通过此次旅游，我从我的孩子们身上看到了他们不怕困难、敢于接受挑战的精神！

当态度的3种成分高度协调一致时就形成了旅游偏好（意志），进入旅游决策阶段。

一、意志概述

（一）意志的概念与特征

意志是自觉地确定目标，并根据目标支配调节自己的行动，克服各种困难以实现预定目标的心理过程。人的意志是人类所特有的心理过程，一般具有以下 3 个特征。

1. 自觉的目的性

意志是深思熟虑后的行动，而不是勉强的，也不是一时冲动。衡量的标志：一是行动目标确实符合客观事物发展的规律；二是行动目标服从于社会公认的社会准则。

2. 克服各种困难

必须是作出巨大努力的自觉行动才是意志行动。一类是来自外部困难(即客观阻力，如物质条件、观念等)；另一类是来自自身内部困难(如经验不足、能力不足和情绪干扰等)。

3. 控制自己的行为

支配和确定行动方向，排除干扰，激发积极性，调整偏差，克服困难。

(二)意志与认识、情感的关系

1. 意志与认识的关系

认识活动是意志行动的前提。认识为决策提供方法，对意志起调节作用；意志因素又可以影响人的认识活动，使认识活动进行得更全面、更深刻。

2. 意志与情感的关系

积极的情感能鼓舞斗志，意志坚强的人，可以控制、调节人的情感，二者之间起相互强化或抑制作用。

(三)意志的品质

人们由于所受教育和实践的不同而有不同的意志品质。意志品质表现为自觉性、果断性、自制性和坚持性等。

二、旅游者心理活动的一般过程

旅游者在经历了认识、情绪情感两个心理活动过程后，还要经过意志过程才能最终作出购买旅游产品的决策并付诸行动。意志过程会使旅游者坚定对其购买目标不动摇，并使其积极地进行购买活动，排除来自内部、外部的干扰，克服困难，作出并实施决策。意志过程和外部刺激及旅游者自身心理特征有关。对于旅游宣传销售人员，旅游者自己的心理特征是不能改变的，但外部环境是可以控制的。我们要针对不同心理特征的人，完善外部环境，重视旅游者的意志过程，促使其最终作出购买决定。

典型案例

多名伟大的推销员都这么认为：三流的推销员卖产品；二流的推销员卖服务；一流的推销员卖理念。我们导游也一样，不经意的一句话，可能会让客人买一大堆东西，而拼命地讲，客人反而反感起来。因此，铺垫比任何东西都重要。如何铺垫，有一种较为常见的方式就是"扯"，让客人跟着你的思路走。西湖边，突然问客人："西湖的水为什么那么清？"客人肯定会说一些原因出来。你就归纳一下：一则水源+过滤；二则换水；三则水体

旅游心理学

的保洁工作；第四，很重要，西湖在杭州城的西南方，八卦的坤卦，卦文有"元亨利贞"四字，大吉大利之意，内容说的是一个人到杭州来旅行迷失了方向，后来他的朋友杭州市市长来接他了，还有一层意思是说有人在杭州的东北方向上海花了钱，到了杭州又赚回大钱了，因此，里面的"贞"字点透了"在杭州最适合居住，也适合创业"。这与西湖有什么关系？西湖是一个天然的大气场，有极强的自我净化能力，不要说周边群山环绕，也不要说湖中岛屿错落有致，光是湖面吹过的风就有一种别样的风情。春天，柳浪里的莺儿鹊儿凤儿鸟儿都出来了，不仅是因为一棵杨柳一棵桃的花香，更是透过风里闻到了梅家坞的茶香。有人说这是胡扯，东南风再怎么吹也不会把梅家坞的茶香吹到柳浪闻莺这个地方。对了，这就是杭州西湖的奇怪之处，是由杭州西湖的独特地理位置决定的。这里的风在春天时特别温和，就像满园香径久徘徊的感觉，恋着西湖不肯散去。所以，梅家坞的茶香也会在这个时候，在西湖的上空淡淡幽幽地扩散，而首先发现这香味的就是这莺儿了。为什么"千里莺啼绿映红"，莺为什么啼得那么好听，婉转清脆呀，想到了吗？(看着客人，突然客人恍然大悟：梅家坞的茶)你拍拍他的肩膀：果然是领导，悟性高……

问题：你认为以上的购物导游词写得如何？

任务五　旅游者的审美心理过程

导入案例

著名美学家叶朗先生曾经指出："旅游涉及审美的一切领域和审美的一切形态"。旅游，从本质上讲，是一种审美活动，离开了审美，就说不上什么旅游。无论哪一种旅游，都是在旅游活动中寻求美的享受(如风光欣赏、休闲娱乐等)，以愉悦身心，陶冶性情，增添生活的乐趣。

旅游是一项非常复杂的社会活动，也是一种高级的审美活动。它是集自然美、社会美和艺术美于一身的综合性审美活动。从审美心理学角度来探讨旅游者的心理，是一条新颖、有趣的途径。

一、审美心理学的回顾

(一)审美心理学概述

审美心理学是研究和阐释人类在审美过程中心理活动规律的心理学分支。所谓审美，主要是指美感的产生和体验，而心理活动则是指人的知、情、意。因此审美心理学也可以说是一门研究和阐释人们美感的产生和体验中的知、情、意的活动过程，以及个性倾向规律的学科。

(二)旅游审美构成

1. 旅游审美主体

旅游审美主体是指旅游审美行为的承担者。具体地讲，它是指拥有内在审美需要、审美追求，并与旅游资源或旅游产品构成一定审美关系的旅游者。旅游产品的吸引力一方面与旅游产品本身的特点有关；另一方面与旅游者自身的文化素质、审美情趣及审美能力有关。如果旅游者不具备一定的文化素质、审美情趣及审美能力，旅游产品的吸引价值就会大大降低，甚至消失。

2. 旅游审美客体

旅游审美客体是指旅游审美行为所及的客体。具体地说，它是指具有审美价值属性(即符合"美的法则")，并与主体结成一定审美关系的旅游资源或旅游产品。旅游审美客体具有自身特殊的规定性，这主要表现在以下几个方面。

(1) 规模性：指旅游审美客体一般是包括一个区域的风光，旅游审美主体可置身于风景之中进行欣赏，达到景随步移、步移景换的审美快感。这与欣赏一件艺术品不一样，因为艺术品只能从外部观赏。

(2) 广泛性：指旅游审美客体的丰富多样性，其熔自然、社会、艺术、生活于一炉，包罗万象。

(3) 协调性：特指风景体现了人与自然之间的协调关系，即自然景观美与人文景观美的有机融合。

(4) 变化性：即风景的时间变化性。风景在一定程度上受季节变换的支配，随着时间的流逝而变化。比如春山艳冶而如笑，夏山苍翠而如滴，秋山明静而如妆，冬山惨淡而如睡；又如植物的季节变化。

二、科学的审美观

科学高度发达的今天，我们认识到：审美作为一种有别于生理趣味的高级心理能力，它不只是由遗传和本能决定的，而且是由个体后天的生活经验和心理能力的共同参与获得的，是人的生物本能融合了理性和时代精神的一种更加高级、更加复杂的感性直观活动。一个人的审美趣味是否发达，取决于他的文化修养和知识水平。

旅游者在旅游过程中发生的审美过程，主要涉及4种心理要素：感知、想象、理解、情感。这些要素构成了审美经验的基石，它们之间的相互作用最终形成了审美经验。

(一)感知

人的感觉、知觉通常对审美起着先导作用，这是由审美对象的感性特点所决定的。在审美知觉中视觉和听觉是主要的审美器官，其他知觉在审美过程中居次要地位。这在审美心理学的研究上体现为对视觉的研究较多、较深入。

在审美的过程中，知觉的选择性、整体性、理解性、恒常性等特点同样得到表现。

(二)想象

想象是对原有表象进行加工改造，创造出新形象的过程。没有想象的参与，旅游审美是无法发挥作用的。

审美想象可以分为知觉想象和创造性想象。

(三)理解

审美经验中的理解因素包含以下3个层次。

(1) 对现实状态和虚幻状态区分理解。
(2) 对审美对象内容的理解。
(3) 对形式中融合着的景象的直观性把握。

三、"距离说"与旅游审美

审美态度说认为，事物的美与不美，是由审美时出现的一种奇特心理状态即审美态度决定的。其中，最有代表性的是 20 世纪初，瑞士的布洛的"距离说"，下面对其进行着重介绍。

(一)审美"距离说"的主要内容

距离，本来是指空间中某一点到另一点之间的间隔，或是指时间进程中某两个不同的时间间隔，而这里所谓的"距离"是指一种在结构特征上与时空中的距离有某些相似之处的心理事实。布洛认为，只有心理上有了"距离"，对眼前的对象才能作出审美反应。

在现实生活中，我们观看空间中的某一事物时，会有"横看成岭侧成峰，远近高低各不同。不识庐山真面目，只缘身在此山中"的现象。太近则不识全貌，太远则模糊不清。时间距离中的事也是这样，尘封已久的事则易淡漠，难以让人激动；刚刚经历的事又过分真切、功利关系牵涉太多，不能超然物外，也难以唤起美感。只有在适当的时空距离上观看或回忆才变得美好起来。按照这种关系，布洛提出了人的审美态度也应与现实生活态度拉开一定距离的主张。布洛曾以浓雾之中乘船的人的心理状态为例来说明心理距离的作用。他说，如果乘船的人遇上大雾天气，便为最不吉利的事情，不仅耽误航程，而且有撞船和触礁的危险，但如果这时你被眼前大雾弥漫的雄伟景象所吸引，暂时忘记路途的辛劳和大难临头的担心，仅仅把注意力集中于眼前的美好景象——那轻烟似的雾气，雾气笼罩着平静的海面，天海相连的神秘景象等，你就会得到一种愉快的审美体验。这种审美体验是你与现实功利态度保持了一段距离的结果。

布洛区分了在审美知觉中可能出现的 3 种距离，即过远的距离、过近的距离、适中的距离。

距离过远，由于不理解或其他原因，如看不清、听不清，就像没有了欣赏美景的洞察力和听懂音乐的耳朵，囿于个人的想象和深思之中。就如人们难以对浩瀚的天空作出具体审美活动一样。

距离过近，把日常现实与审美对象紧密联系起来，搅在一起分不开，就不是审美态度，不能产生美感。正如"不识庐山真面目，只缘身在此山中"。

所以只有"距离"适当，才能获得美感。布洛将"距离"引申为与现实、功利拉开一个适中的距离，而不是绝对超然物外。

(二)"距离说"对旅游意义的解释

"距离说"对人为什么需要旅游的问题，在经济、社会、长知识等以外找到了原因。从审美心理学来看，旅游正可以拉开人与现实的距离。

(1) 暂时改变自己的社会角色。旅游暂时改变自己的社会角色，从利害关系的参与者变为没有什么利害关系的旁观者，使自己与生活在其中的现实世界拉开了一段距离，是自己处于能够观察到美、享受到美的位置。

(2) 建立临时的新的人际关系。旅游使人与人之间建立临时的新关系,这种新的关系给人们带来了轻松和美感。这种新的且有些虚拟的关系,能使人放松、解放,表现出人性美好的一面,从而给人带来快乐。

典型案例

> 以老子、庄子为代表的道家在审美上强调精神自由,倡导返璞归真,反对"为物所役"或人的异化,追求自然无为,把审美同超功利的人生态度紧密地联系在一起,从而把握住了审美活动乃至艺术实践的根本特质。"道法自然"是老子哲学和美学思想的基石。在老子看来,自然界和人类社会只有遵循"自然"这一普遍法则,万物才能够和谐共存,社会运行才会有正常秩序,人类才可能健康生活。道家崇尚自然淡远、飘逸典雅、平和清新的艺术美,注重本性天真、遗世独立和悠然自在的人格美。所有这些特征与儒家倡导"中和"为美的理想准则形成鲜明的对照。
>
> **问题**:崇尚自然的传统审美思想对当今旅游者正确旅游审美观念的形成和旅游的可持续发展有怎样的意义?

思考与讨论

1. 简述旅游知觉的概念和特征。
2. 旅游者的情绪、情感对旅游者行为的影响包括哪几个方面?了解它们对搞好旅游接待工作有什么意义?
3. 作为一个旅游者,你认为什么样的审美观是科学的?

实 训 题

走访一个景点,根据旅游知觉的相关理论对该景点的整体状态进行评价,提出该景点的旅游宣传策略。

学习情境四　旅游者的个性心理特征

学习目标：

- 理解气质的定义及类型，性格的定义、特征及类型，能力的定义及种类。
- 掌握旅游者气质类型的特征及接待策略，性格的特征及旅游行为表现，能力的特点及对旅游行为的影响。
- 了解性格与气质的关系及能力的个体差异。
- 掌握旅游者的主要表现及接待技巧；在旅游服务中，能针对具有不同个性心理特征的旅游者采取相应的接待策略；掌握能力对旅游行为的影响。

技能目标：

能够运用本章理论鉴别旅游者在气质、性格、能力方面的个体差异及采用适当的接待策略。

任务一　旅游者的气质

导入案例

小王是某旅游公司的导游，经过长期的观察，他发现带团旅游参观景点的时候，旅游者往往有以下4种不同的表现。

A. 急躁型。这些人有些急躁，排队时往往冲到最前面。他们没耐心听讲解，不愿跟着导游走，有些我行我素，一到景点就四处乱窜，东看西看，难以组织，易于冲动，言行莽撞，易与景点服务人员产生冲突，一有不满就容易跟人面红耳赤地争吵起来，甚至大打出手。

B. 灵活型。这些人活泼开朗，爱说爱笑，风趣幽默，表现得非常灵活敏捷，或跟导游套近乎或自由行动，喜欢跟导游提要求，增加景点或者变更旅游路线。

C. 寻根究底型。这些人紧跟导游，亦步亦趋，不放过任何一个细节，认真倾听解说，不时发问，喜欢打破砂锅问到底，直到所有问题都得到解决。

D. 拖沓型。行动缓慢，拖沓，郁郁寡欢，不太与人交往，显得很柔弱，关注细节，往往跟不上团队。

针对以上4种旅游者，小王该怎么去接待他们呢？

评析： 以上的不同表现，实质上就是旅游者不同气质类型所决定的旅游行为的不同外部表现。世界上没有两片完全相同的树叶，也绝没有两个个性完全相同的人。在现实生活中，各种人物显示出千姿百态的个性心理特征，众彩纷呈：有的人热情奔放，有的人冷漠孤僻；有的人聪慧敏捷，有的人反应迟钝；有的人干脆利落，有的人优柔寡断；有的人心直口快，喜怒形于色，有的人慢条斯理，情感深藏不露。在旅游服务中我们需要跟形形色色的人打交道，小王应该根据气质类型及其特点，了解不同旅游者的个性心理特征，针对不同旅游者采取相应的接待策略。

个性心理特征是指一个人在心理活动中经常表现出来的、稳定的心理特点。它主要包括气质、性格和能力，其中以性格为核心；性格决定着个体对待活动的态度；能力标志着活动的水平，气质则表现出个体的活动风格。个性心理特征影响着个体的言行举止，反映出一个人的基本精神面貌和意识倾向，集中体现了人的心理活动的独特性，使人的心理呈现出浓厚的个性色彩。

值得注意的是，在现实生活中人的个性心理特征并不是孤立存在的，而是一个包括气质、性格、能力在内的有机联系的复杂整体。因此，应全盘地去看待一个人的个性特点，不能忽视任何一个方面。

一、气质及其特点

心理学中气质的含义与日常生活中所讲的气质是两个完全不同的概念。在心理学中，气质是指个体心理活动中典型而稳定的动力特征。这种动力特征包括心理过程的强度、速度、稳定性以及心理活动的指向性等方面的特征。人的知觉或思维的快慢，情绪体验的强弱，意志努力的大小，注意力集中时间的长短，注意力转移的难易，以及心理活动是倾向于外部事物还是倾向于自身内部等，都是气质的表现。通俗地讲，气质就是一个人的"脾气"和"性情"。每个人生来就具有一种气质。

一般说来，气质具有如下 3 个特征。

(一)气质具有稳定性和独特性

俗话说："江山易改，禀性难移。"这说明气质具有极大的稳定性。具有某种气质的人在不同的活动中都有类似的表现，而不以活动的目的、内容、环境、动机为转移。比如，一个性格开朗活泼的人成功时豪情万丈，踌躇满志；失败时，也不会精神萎靡，一蹶不振，而是愈挫愈勇，迎难而上。日常生活中所说的气质是指人们在许多场合一贯表现出的比较稳定的动力特征。每个人都具有其独特的个性特征，气质使个体的全部心理表现都呈现出一种强烈的个性色彩。

(二)气质具有先天性和差异性

俄国著名生理心理学家巴甫洛夫说过："气质是每个人最一般的特征，是人神经系统最基本的特征，这种特征在人的一切活动上都打下了一定的烙印。"因为气质是以人的高级神经系统为生理基础的，是高级神经活动的外在表现，所以气质具有先天性。有些气质是人与生俱来的，这就是人的先天禀性。由于神经系统受到遗传基因的影响，因而有时气质也显现出遗传的现象。我们可以看到亲子之间显示出类似的气质。同时，由于先天遗传、后天生长环境等的不同，气质也表现出极为明显的差异性。即使是同卵双胞胎，也存在个性的差异。

(三)气质具有变化性和可塑性

需要注意的是，尽管气质具有先天性和稳定性，但它又不是固定不变的。由于受到人的健康、年龄、情绪、心境等因素的影响，人的气质也会有一些变化。比如，一个一贯稳重的人可能在某种情境中表现出急躁冒进的气质特点。这就需要我们把握其典型而稳定的特点以进行鉴别。同时，通过后天的修养锻炼与教育可以使气质发生一些积极的变化。比如，拿破仑和林肯在少年时代都是害羞、沉默的孩子，但由于接受专门的教育和长期的自我锻炼，这些气质特征慢慢消失了，取而代之的是果敢、雄辩和热情。可见，在社会活动实践中，尤其是在教育的影响下，个人气质尽管不能得到根本改变，但是在某种程度上是可以得到一些改善的。

二、气质类型

1. 体液分类法

关于气质的类型，最著名的是古希腊医生希波克拉底提出的4种气质说。早在公元前5世纪，古希腊著名医生希波克拉底就观察到人有不同的气质。他认为人的体液包含黄胆汁、血液、黏液、黑胆汁4种，这4种体液在人体内所占的比例不同，形成了人不同的气质。后来古医学家根据人体内哪一种体液占优势把气质分为4种基本类型：黄胆汁占优势的人为胆汁质；血液占优势的人为多血质；黏液占优势的人为黏液质；黑胆汁占优势的人为抑郁质。

4种气质类型的心理特征如下。

胆汁质：情绪兴奋度高，情绪体验强烈，情绪明显外露，反应迅速，精力旺盛，直率热情，表里如一，有顽强拼劲但持续时间不长，果敢，但缺乏耐心，灵活性不够，抑制能力差，易冲动，脾气暴躁，带有明显的周期性，行为上表现出不平衡，整个心理活动笼罩着迅速而突发的色彩。

多血质：情绪兴奋度高，情绪明显外露，开朗活泼，思维敏捷，好动，反应迅速，动作灵活，易适应环境，善交际，积极乐观，兴趣广泛，可塑性强；接受新事物快，但往往不求甚解；注意力易转移，情绪不稳定，且体验不深，做事粗枝大叶。

黏液质：情绪兴奋度低，情绪外露不明显，反应缓慢，喜欢沉思，注意稳定，善于克制忍耐，做事富有理性，沉着稳重，耐心细致，韧劲足，但灵活性不足，比较刻板且执拗，难以接受新事物，不易习惯新环境。

抑郁质：情绪兴奋度低，情绪很少外露，情绪体验深刻、持久，行动缓慢，稳重，有较强敏感性，容易体察到一般人不易觉察的事件；但胆小孤僻、谨小慎微，不善交往，不够灵活，遇困难或挫折易畏缩。

心理学上对这种气质类型的划分方法一直沿用至今。

2. 高级神经类型分类法

巴甫洛夫通过关于高级神经活动类型与特性的研究，根据气质形成的生理机制提出了比较有说服力的高级神经类型学说。巴甫洛夫通过对高等动物的研究，根据高级神经活动的强度、平衡性和灵活性等3个基本特征，把高级神经活动划分为4种基本类型：兴奋型、活泼型、安静型和抑制型。巴甫洛夫的4种高级神经活动的类型恰恰与古希腊学者提出的4种气质类型相对应，有异曲同工之妙，其对应关系及特征如表4-1所示。

表 4-1 高级神经活动类型与气质类型对照表

高级神经活动类型	高级神经活动过程强度	平衡性	灵活性	气质类型
兴奋型(也称不可遏止型)	强	不平衡	灵活	胆汁质
活泼型	强	平衡	灵活	多血质
安静型	强	平衡	不灵活	黏液质
抑制型	弱	不平衡(抑制占优势)	不灵活	抑郁质

以上 4 种气质类型的划分只是一个粗略的划分。事实上，在日常生活中，只有极少数人属于某种气质类型的典型代表，绝大多数人都是以某种气质为主，兼具其他气质的混合类型。所谓混合型，是指既有某种气质的某些特点，也具有另一种气质的某些特点，只是侧重略有不同罢了。

三、针对不同气质旅游者的心理服务

气质是影响旅游活动效果的重要因素。气质的本身并没有好坏之分，它只表明一个人心理活动的动力特征，代表一个人的活动风格，不涉及心理活动的方向和内容。但每一种气质类型都有积极方面和消极方面，都会直接或间接地影响旅游活动效果。比如，胆汁质的人具有感情丰富、热情、勇敢、朝气蓬勃等积极方面，又有暴躁、鲁莽、任性等消极方面；多血质的人有灵活、机智、活泼、热情等积极方面，又有朝三暮四、精力分散等消极方面；粘液质的人既有稳重、坚忍、认真等积极方面，又有呆板、冷漠、动作迟缓等消极方面；抑郁质的人既有细致、敏锐等积极方面，又有孤僻、畏缩、拖沓等消极方面。研究和实践表明，某些气质特征为一个人旅游活动的顺利进展提供了可能性和有利条件。例如，注意发挥胆汁质、多血质的人较易适应环境、热情大胆、精力充沛、反应灵活敏捷、乐于助人等气质的积极方面，在旅游中形成活泼、融洽、团结互助、勇于探索的氛围，让旅途充满活力与激情，克服黏液质、抑郁质的人冷漠、怯懦的缺点；注意发挥黏液质、抑郁质的人较有耐心、细心谨慎、有毅力的积极方面，有利于保证旅途的财物与人身安全，同时克服胆汁质、多血质难以持久的消极效果。因此，我们在旅游活动中应当学会观察和鉴别旅游者的气质特点，以便扬长避短，综合各气质类型的优势保证旅途人际关系和谐、顺畅。

其次，气质会对旅游需求、旅游活动的性质和效率产生一定的影响，是旅游接待策略选择的一个依据。气质的独特性决定了旅游需求的多样性。不同气质类型的旅游者对旅游的需求不同。这不仅体现在旅游目的地的选择上，也体现在旅游交通工具、旅游时间、旅游住宿和饮食、出游方式(是跟团还是自行安排出游)上，还体现在旅游当中对景点的偏好和旅游效果上。在旅游服务中应把握旅游者的气质类型，以达到因人制宜、事半功倍的效果。

不同气质类型的旅游者在相同的环境里，会表现出不同的心理状态和行为特点。了解不同人的气质类型特征，并根据气质的个体差异提供有效的旅游服务，是每位旅游服务者应注意的问题。下面，我们来了解不同气质类型旅游者的心理特点、行为表现及旅游接待注意事项，如表 4-2 所示。

表4-2 4种气质类型的心理特点及旅游服务要点

气质类型	旅游行为表现	旅游接待注意事项
胆汁质	精力充沛,情绪发生快而强,言语动作急速而难以遏止、外向、直率、热情、易怒、急躁、果敢、易冲动,忍耐性差,对导游的要求高,容易发生矛盾	态度和善,语言友好,千万不要轻易激怒对方,发生矛盾要避其锋芒,遇到问题迅速解决,适当提醒注意安全和自制,鼓励坚持到底的精神
多血质	活泼、好动、外向、富有朝气,情绪发生快而多变,表情丰富,思维及动作敏捷、乐观、直率、浮躁、活泼热情,见面熟、话多、改变主意快、易受环境和他人影响	应主动接近,多交谈,对他们的需求多了解;鼓励他们勇于克服困难;创造条件,多给表现机会,可以推荐娱乐场所和新式食物满足他们的好奇心和求知欲
黏液质	沉着、冷静、情绪发生慢而弱,思维言语动作迟缓,内向、坚忍、淡漠、执拗、态度认真,不易受暗示及他人影响,喜欢独行,动作缓慢	主动热情,要有耐心;旅游路线安排部署细致,确保他们知晓每个程序,允许有足够的时间活动;安排安静住房满足其好静的心理,适时提醒注意速度和效率
抑郁质	柔弱、易倦、情绪发生慢而强,敏感而富有自我体验,言语动作细小无力,胆小、孤僻。多疑,动作迟缓,反复	旅游路线安排部署细致,确保他们知晓每个程序,要有耐心,多做介绍,要允许反复;要关心、爱护、鼓励他们互相尊重,忌开玩笑,多作解释,忌不耐烦,安排单间,安排安静住房以满足其好静的心理,适时提醒注意速度和效率

不同气质类型的旅游者的主要心理特征可以从日常生活中的言语、处世风格、交际、走路姿势等表现中判断出来。比如,胆汁质的人做事急于求成,心直口快,争强好胜,喜怒一目了然,爱交际,性格豪爽,走起路来风风火火,办事雷厉风行;多血质的人处世灵活,走路蹦蹦跳跳,热情大方,表情丰富、活泼开朗,说话风趣幽默;粘液质的人沉静稳重,沉默寡言,情感深沉,比较有城府,不显山露水,走起路来四平八稳;抑郁质的人谨慎,反应迟缓,情感脆弱,不善交际,孤僻,走路慢慢腾腾等。旅游者的种种外在表现,需要仔细观察,才可以鉴别开来。

同时,导游要做个有心人,在带团旅游时要注意不同气质的人的关系协调与互补。因为旅游往往是团队活动,是一个群体的行为。因此在一个旅游团中,个体的气质特征往往为团队主导的气质特征所遮蔽或掩盖,表现出一些从众行为。因此导游要善于发挥旅游者气质的作用,引导形成旅游团的积极的气质氛围。比如,鼓励胆汁质、多血质的旅游者发挥他们敢于担当的特质,发挥他们办事效率高的优点;在旅途中可以安排一些活动,鼓励胆汁质、血质旅游者多表现自己,让旅程充满欢声笑语;需要公关时可以让多血质的人出面,发挥多血质的旅游者人际关系润滑剂的作用;看护行李和保存资料时可以安排粘液质和抑郁质的旅游者,因为他们通常比较耐心细致,不易出差错。

学习情境四 旅游者的个性心理特征

典型案例

某旅游者日记

××××年××月×日

真想一个人静一静,可导游却将我的房间安排在电梯旁,睡也睡不好。昨天,我找导游,再三要求换房,可她似乎不耐烦。不知为什么,今天突然要我搬去和陈小姐同住一间房。陈小姐称我林妹妹,一定是嫌我体弱多病又难以相处……刚才在大堂,她们嬉笑议论,还朝我看,想必是在议论我……

问题: 案例中的这位旅游者属于哪种气质类型?这种气质类型的旅游者有哪些显著特点?接待这种气质类型的旅游者应注意什么?

评析: 在旅游服务中,要注意观察旅游者的不同表现,对不同气质的人都要给予足够的尊重,针对不同气质旅游者提供相应的心理服务。比如,对胆汁质的人要注意不主动刺激,发生矛盾要避其锋芒,发现问题要及时、迅速解决,要适当提醒注意安全。对多血质的人要多交谈,创造条件让他们展现才能,活跃气氛,可以通过推荐娱乐场所和推荐新式食物满足他们的好奇心和探索欲望;对黏液质的人和抑郁质的人要尽量安排安静住房,讲话要注意分寸,介绍尽量详细,要适时提醒注意时间和速度。比如,上述案例中的旅游者,就是典型的抑郁质气质。这种旅游者也可称为忧郁型旅游者。这类人性格孤僻,敏感脆弱,郁郁寡欢,行动迟缓,反应慢,情感很少外露,比较沉闷,好猜疑,有些小心眼,易产生挫折感而内心痛苦。因此,接待这类旅游者就应该注意尊重,关心爱护他们,忌开玩笑,遇事考虑周全,多作解释,尽量安排单间,切忌不耐烦。

任务二 旅游者的性格

导入案例

K导游"化干戈为玉帛"

K先生是一位英语导游,带团阅历比较丰富。他既接待过外国游客,也接待过国内游客。他从客我交往的角度,对接待中外游客的难易程度做了一个比较。K导游说:"一般来说,接待外国游客的难度要大一些,起码你要讲人家听得懂的语言,你也要懂一些人家的历史文化与风俗习惯。可是,外国游客来到中国,对他们来说就是到了异国他乡,所以往往比较矜持,导游与游客之间彼此客气,产生矛盾的机会也比较少,很少为小事出现摩擦。带国内旅游团不一样,大家是同胞,没有那么多客气,针对不同性格类型的游客,出现矛盾问题,需要克制、冷静地处理。"

有一年"十一"假期,K先生带一个山东旅游团。游故宫时,一位女游客带着孩子去买饮料,结果掉了队。正是节日期间,故宫里人山人海,人走丢了一时找不回来也是难免的事情。后来,还是K先生和全陪组织人把她们找了回来。那位女士可能是受到了惊吓,任由K先生怎么向她诚恳道歉,给她细心解释,她就是不能原谅。游客是心里一股气儿,外表一股劲儿,表里呼应,仿佛这件事怎么也过不去了似的。吃中午饭的时候,那位女士大概是越想越生气，菜刚一端上来，还没等到同桌其他游客动手，那位女士突然站了起来，愤愤不平地说："不吃了！不吃了！我咽不下这口气！"接着，她拉起自己的孩子，绕开餐桌，站在餐厅里叫嚷起来。K先生赶紧跑过去，问她有什么要求。但女士根本不理睬，她高声向餐厅里的人讲述她上午在故宫走失的"遭遇"和"感受"。诉说自己当时找了一个多小时没有找到队伍，大人急，小孩哭，叫天天不应，叫地地不灵的经历，直到最后讲得声泪俱下，泣不成声。这些其实是其他游客已经知道了的事情。许多人停下筷子听她讲述，有些人对她很同情，也很为她捧场。其实，K先生也是很同情这位游客的，可经她这么一闹，餐厅里的秩序也乱了。K先生只好一面硬着头皮听她宣泄，一面悄悄地躲在旁边，怕她气急败坏，不小心伤了孩子，结果K先生也没能吃好饭。令K先生感动的是，那个旅游团里，没有一个客人跟着起哄。过了一会儿，那女士火气消了，也许是闹累了，反正高潮总算过去了。K先生赶紧动员几个能和那位女士说上话的游客过去劝解。那几个游客早就觉得此人已经闹得没了边儿，趁她压了火，立刻上去劝开了她。这件事，K先生没跟那女游客计较，自始至终都没有因为她大耍脾气而怠慢了她们娘俩。

评析：那位女士是一个非常典型的情绪型性格的人。当她在旅游中掉队的时候，丝毫不考虑是谁的过错，就情绪激动，甚至过于冲动地就在餐厅里声泪俱下地诉说自己的"不幸"，以声讨导游的"服务不周"，博取其他游客的同情。K先生没有辩解，而是等到她发泄完了之后，让其他游客进行劝解。K先生做得对，临场非常冷静。他深知对这种类型的游客，导游员更需要善于克制自己的心理和情绪，应避其锋芒，不可与他们针锋相对，以免再次激怒他们，不要计较他们有时不顾后果的冲动言语。正是因为导游熟悉对待不同性格的游客要采取不同的心理服务，K先生才"化干戈为玉帛"。

一、性格及其特征

(一)性格的含义

性格是指人对现实的稳定态度和与之相适应的习惯化了的行为方式。性格是一种与社会最密切相关的个性心理特征。在性格中包含许多道德评价的含义，因而性格有褒贬之分。比如，谦虚或骄傲、勇敢或怯懦、大公无私或自私自利等都是人的性格特征。有一位先哲说过："一个人的性格就是他的命运。"性格是一个人一切生活表现的根源。性格决定了一个人的生存方式，有时甚至决定了一个人的命运。性格不是天生的，而是后天在社会环境中逐渐形成的，是贯穿于一个人的态度和所有行为中具有稳定倾向的心理特征，因而是人的最核心的个性心理特征。

(二)性格的特征

性格是一个人对现实和周围世界的态度的集中表现，表现在其一切行为举止中。影响性格形成与发展的因素有很多，如生物遗传因素、家庭因素、童年经历、学校教育、社会因素、自然环境等都对性格产生了不同程度的影响。因此，性格有着各个侧面，非常复杂。简而言之，性格是在先天遗传与后天成长环境交互作用下逐渐发展形成的性格特征系统。人的性格特征，可以根据人对自己、对他人、对事物的态度、意志、情绪、理智等特征来分析，主要表现在下列4个方面。

1. 性格的态度特征

性格的态度特征是指人对现实生活的态度，是人在面对不同事物、处理各种社会关系时所表现出来的性格特征。例如，表现在对社会、集体、他人态度方面的性格特征，如爱集体、善良、正直、公正、诚实、见义勇为、热情等，以及与之相对的自私、孤僻、冷漠、邪恶、虚伪、狡诈等；表现在对学习、劳动、工作态度方面的性格特征，如勤奋、刻苦、勤劳、认真、敬业、节俭等，以及与之相对的懒惰、敷衍、马虎、铺张浪费等；表现在对自己态度方面的性格特征，如谦虚、自尊、自信、自律、乐观、开朗、朝气蓬勃等，以及与之相对的骄傲、自卑、怯懦、悲观、心胸狭窄、颓废等。

2. 性格的意志特征

性格的意志特征是指人在意志行动中经常表现出来的性格特征。表现在个体对行为目标的明确程度、对行为自觉的控制水平、在紧急或特殊情况下所表现的意志、对已作出的决定贯彻执行等方面的特征。比如，独立性与顺从性、目的性与盲目性、自制与冲动、果断与优柔寡断，坚强与软弱等，这些构成了性格的意志特征。人的性格一旦上升为意志，就会自觉而又稳定地调节个体行为方式，指向高成就目标。

3. 性格的情绪特征

人在情绪反应的快慢、体验的深浅、表现的强弱、保持的持久与否等方面表现出来的性格特征即性格的情绪特征。比如，易激动、心平气和、愉快或抑郁、积极乐观或消极悲观，精神饱满或意志消沉等。情绪状态能直接影响人的行为与活动。一个人在情绪激昂的状态下可以创造性地进行创作，取得意想不到的成功；相反，一个情绪悲观的人则可能丧失原先的正常水平，造成令人大跌眼镜的后果。

4. 性格的理智特征

性格的理智特征是指人在认识活动中表现出来的性格特征，表现在感知觉、思维、记忆、观察、想象等方面。比如，表现在感知方面的主动与被动、整体与局部、敏捷性与精确度等方面；表现在记忆方面的快慢、保持持久与否；表现在思维方面的独立与依赖、分析与综合、归纳与演绎、创新与保守、全面与片面等；表现在想象方面的广阔与狭隘、丰富与贫乏等。

(三)性格与气质的关系

性格与气质属于两种不同的个性心理特征，二者相互渗透、相互联系、相互制约。气质能影响性格的形成和表现方式，使性格带有明显的个性特征。比如，多血质型气质的人往往容易形成外向型性格。同时，性格对气质产生深刻影响。性格特征可能普遍存在于各种气质类型的个体身上，它在一定程度上能掩盖、改造气质特征。比如，内向型性格的人可能是黏液质和抑郁质，也可能是胆汁质、多血质，因而使得气质的辨别更加复杂。

性格与气质之间存在明显的区别，表现在：气质是先天因素形成的，主要受高级神经活动类型的影响，在个体的早期发展阶段，主要受遗传因素的影响。气质变化较难较慢，人的每一种气质类型各有其优缺点，但无绝对的好坏之分；而性格主要是后天养成的，更多地受社会生活和实践的影响,虽然有相对的稳定性,但变化较易较快,具有较强的可塑性,而且每一种性格都有社会评价的褒贬含义,有明显的好坏之分。在个体发展的早期,性格特征还未完全成熟,气质特点起重要作用;到成年时期,个体个性结构中气质成分的作用渐少,性格特征逐渐起核心作用。

二、性格类型与旅游行为

(一)性格类型

人生百态,性格千面。在某一类人身上所共有的某些性格特征的独特结合称为性格类型。许多心理学家对性格进行了分类,其划分依据多种多样,主要有以下几种。

1. 按心理活动的机能分类

按照人的理智、情绪、意志在某个人身上所占优势程度的不同,可将性格划分为情绪型、意志型、理智型3种类型。情绪型性格的人情绪体验深刻,言行举止易受情绪左右,易意气行事;意志型性格的人意志坚定,行动目标明确,行为具有主动、果断、自制、持久的特性,比较顽强而有毅力;理智型性格的人通常以理智来衡量和支配自己的行动,看待问题比较沉着冷静,喜欢讲道理,一板一眼。单纯属于某种性格的典型人物在日常生活中极为少见,大多数人只是较为侧重某种类型,或是介于几者之间的混合类型。

2. 按心理倾向分类

瑞士心理学家荣格继承了弗洛伊德的"力必多"(libido)学说,提出了著名的内外倾型性格划分学说。他认为人生命中"力必多"的活动是一切行为活动变化的基础,"力必多"流动的方向决定性格的类型。他依据"力必多"倾向于外部或内部,把人分为内向型和外向型。如果一个人的"力必多"活动倾向于外部环境则属于外向型的人;"力必多"的活动倾向于内部则属于内向型的人。外向型的人感情外露,直率,自主性强,果断,不拘小节,善交际,活动能力强,但易轻率从事。内向型的人待人接物小心谨慎,感情深沉,深思熟虑,凡事三思而后行,但处理事情缺乏决断力,易受他人左右,而一旦下定决心做某事则锲而不舍,他们交际面窄,不易适应外界环境变化。在内向型与外向型性格类型划分的基础上,荣格还依据思维、情感、感觉、直觉上的不同,把人的性格细化为八种性格,其对应性格特征如表4-3所示。

表4-3 荣格的8种性格类型表

性格类型	性格特征
思维外倾型	按固定规则行事,客观冷静,积极思考,武断、情感压抑
情感外倾型	易动感情,尊重权威与传统,寻求与外界的和谐,善交际,思想压抑
感觉外倾型	寻求享乐,无忧无虑,适应性强,追求新异的感觉,对艺术品感兴趣,直觉压抑
直觉外倾型	作决定凭预感,好改主意,富有创造性,感觉压抑
思维内向型	缺乏判断力,社会适应性差,智商高,忽视日常实际生活,情感压抑
情感内向型	安静,有思想,感觉敏锐,对别人的意见和感情不关心,无情绪流露,思想压抑
感觉内向型	被动,安静,艺术性强,不关心人类事业,只顾身边刚发生的事情,知觉压抑
直觉内向型	偏执,喜欢做白日梦,观点新颖,靠内部经验指导生活

3. 按个体认知方式的独立性程度分类

美国心理学家威特金(H.A.Witkin)按照个体认知方式的独立性程度,将人分为场独立型与场依存型,即所谓的场理论。这种性格类型划分是现代西方较为普遍和流行的方法。场独立型与场依存型之间的差异主要表现在人对外部环境("场")的不同依赖程度上。场独立型的人心理分化水平较高,在进行信息加工时,主要依据内在标准或内在参照,具有坚定信念,不易受外界环境干扰,能独立地判断事物,自主发现和解决问题,敢于创新,但与人交往时很少顾及他人感受。场依存型的人倾向于以外在参照物作为信息加工的依据,易受外界干扰,易受他人左右,无主见,从众心理强,应急能力差,但与人交往时较能考虑他人感受,对他人体察入微。

4. 按人类社会文化生活形态分类

德国心理学家斯普兰格(E. Springer)从文化社会学的观点出发,依据人类社会文化生活的6种形态,依据不同的价值观,将人的性格划分为6种类型。这6种类型是:

① 经济型,这种人注重实效,以追求利润和获取财富为生活目的,如实业家等。

② 理论型,这种人对探究世界具有浓厚兴趣,能客观冷静地观察事物,重视科学探索,以追求真理为人生目的,如思想家、科学家等。

③ 审美型,这种人对现实生活不太关注,富有想象力,追求美的事物,喜欢沉浸在个人世界中,如艺术家等。

④ 权力型,又称政治型,这种人支配欲强,热衷于权势,以谋求政治地位和权力为人生最高目标。

⑤ 社会型,这种人关心他人,乐于奉献,以造福于社会为自己的人生宗旨。

⑥ 宗教型,这种人热衷于宗教,相信神灵的存在,相信来世,把信仰视为人生最高价值。

5. 按精神分析的观点分类

奥地利心理学家 A. 阿德勒(A.Adler)创立了"个人心理学",用精神分析的观点来划分性格类型。他认为,个人的生命和精神活动都具有一定的目标性,所有一切精神的动力都受到一种指导性观念的控制。因此,人人都有一种根本的求权意志、一种求统治和优越的冲动力。人对优越的渴望起源于人的自卑感,而人的自卑感则是起源于人幼年时的无能。他把儿童对自卑的对抗称为补偿作用,认为补偿作用就是推动一个人去追求优越目标的基本动力。由此,阿德勒根据个人竞争性的不同,把性格划分为优越型与自卑型两种。前者争强好胜,不甘于人后,时刻想着超过、胜过别人;而后者热爱和平,甘愿退让,与世无争,缺乏进取心。

(二)旅游者的性格类型与旅游行为

由于性格类型划分的标准不一,各种类型的性格分类之间也有很多相似之处,其中有一些类型是重叠的。比如,场依存型的人也可能是外向型,也可能是情绪型性格。性格是人的个性心理特征中的核心成分,直接影响到一个人的旅游取向、旅游方式以及旅游中的人际关系等。了解旅游者的性格特点,有利于预测旅游过程中特定条件下的行为,做好防范措施。因此，了解人的性格特点和差异对发展旅游行业、提高旅游服务水平，具有重要意义。

首先，性格决定旅游者的旅游取向。不同景点有着各自的特质，或偏重自然景观，或偏重历史人文景观，或偏重民俗风情景观，或偏重现代文明景观。这些特质吸引着不同的旅游者。从年龄层次来讲，年幼的人群喜好儿童娱乐、卡通动漫、动物园等旅游景点；年纪大的人群偏好闲散的、宗教的、自然风光的旅游场所；年轻的人群则选择面更为广阔。不同性格的人，在旅游目的地、旅游线路、旅游内容的选择等方面会表现出截然不同的特点。一般来说，外向型性格的旅游者活跃、自信，易于接受新鲜事物，喜欢冒险，追逐新奇经历，偏好选择险、秀、奇的名胜古迹。他们不在乎旅途是否遥远或艰辛，也未必真正在意景致，而是体验那种新奇、热闹及冒险，满足他们挑战自我的欲望。他们爱与他人交往，热衷于社交活动，认为旅游度假的含义不仅是休闲与放松，更是结交新朋、联络老友、扩大交往范围的良好时机。他们对生活条件不苛求，追求新鲜感受，乐于品尝风味小吃，收集纪念品，对名胜古迹、民俗风情有着浓厚兴趣。他们当中的一些人甚至热衷于挑战自我体能极限的旅游，比如到人迹罕至的地方进行攀岩、竞技与探险等。他们不愿意把时间花在旅途上，更愿意选择飞机之类快捷交通工具去旅游目的地，旅途中食宿也愿意选择交通便利的场所。而内向型性格特征的旅游者认为旅游就是休闲与放松，他们往往喜欢选择低运动量、熟悉而安全、容易到达的旅游场所，不愿意冒任何风险，往往选择短途旅行；喜欢有保障的旅游，喜欢正规的旅游设施，偏好选择海滨、海岛、山庄等清静、闲散的旅游景区。因为这容易让他体验到安全、宁静、没有干扰、六根清净的感觉，能让他体验自我与美景融为一体，徜徉于其中不亦乐乎。他们生活有节制，由于注重饮食居住质量，尽量选择清净的场所住宿和就餐。即便是选择的旅游场所相同，内向型性格的人往往也表现得对景点的人文介绍、导游的讲解较为重视，能仔细观察，不放过任何一个细节。而外向型性格的人则往往只注重旅游的气氛，呼朋唤友，走马观花，热热闹闹，如赶场子似的，"到此一游"而已。

其次，性格也会影响到旅游方式的选择。比如，理智型的旅游者往往会在旅游之前未雨绸缪，他们会先通过上网或其他方式将旅游路线、交通工具、旅馆住宿、饮食、休闲等一一事先安排计划，选择最经济、最便捷的路线。就是在景点中，他们也往往能够理智地控制自己的消费和其他一切行为。而情绪型旅游者则未必考虑得那么周全，他们倾向于跟着感觉走，听从他人安排，易受环境感染，满足一时兴致，在景点中最容易倾囊购物的也往往是这种人。外向型性格的人可能会选择自己出行(如自驾游方式)，而内向型的人更倾向于选择旅行社，让一切有人安排。

再次，性格也影响着旅游者在旅游过程中的人际关系。在旅途中，旅游者与旅游者之间、旅游者与导游之间，旅游者与其他乘客、旅客、顾客之间，以及旅游者与景点的服务人员之间，形形色色的人都要与之打交道，性格的优缺点也就会明显地显现出来。比如，社会型的人热情活泼、助人为乐、甘于奉献，在旅途中常常带给他人温暖和快乐；外向型的人行事果断敏捷，敢于冒险，精力充沛，在旅途中能保持良好的体能，易于跟人打成一片，但也有冒失、鲁莽、易惹事端的毛病；而内向型的人在旅途中稳重、细致、谨慎，很少出差错，但保守、怯懦、孤僻、交往能力差的缺点也一览无遗。

最后，旅游服务者也要重视自身性格的剖析，客观分析自己的性格类型和特征，有意识地增强个人修养,调整自我情绪,培养驾驭自己理智与情感的能力,培养旅游服务机智,提高服务水平。在旅游服务工作中,要灵活应变,要善于鉴别旅游者的不同性格类型,选择最优的接待方法。同时,要重视激发旅游者性格优良因素,克服或控制消极因素。例如,对自尊心强的,要注意顾及其面子;对好胜自负的,要一方面肯定,一方面指出问题;对感情冲动的,要避其锋芒,等冷静下来以后再讲明道理,陈述利害;对拖沓的要多提醒注意别掉队,要多表扬鼓励。

三、鉴别旅游者性格特征的方法

由于旅游者在性格上千差万别,旅游服务者应当根据他们的性格特点采取不同的接待技巧。如何鉴别旅游者的性格特征呢?一般来说,可以采用观察法、谈话法、资料法。

(一)观察法

观察法是鉴别旅游者性格最简便,也是最常用的方法。因为一般而言,旅游服务人员与旅游者都是萍水相逢,是彼此人生旅途匆匆的过客。短暂相聚,瞬间别离,唯有观察法来得最为便捷。常言道:"有诸内必形诸外。"旅游者的性格可以通过观相貌、听言谈、看行为等进行观察。

1. 观外表

观外表包括对人的身材、相貌、表情、发式、衣着打扮等进行观察和识别。

2. 听言谈

言为心声,旅游者的语速、语调以及语言风格等,都在一定程度上反映出他们的性格。语速快的人一般来说性格急躁;说话嗓门大的人,一般具有开朗、善交际的性格特征。

3. 看行为

行为观察主要是看旅游者的言谈、举止,看旅游者的穿着打扮,看他们的为人处世。通过观察大致可以判断旅游者的性格类型,以便对症下药。

(二)谈话法

谈话法是了解旅游者性格的重要方法之一。旅游服务者要主动与旅游者交谈,通过交谈,可以加深了解,同时也可以加深感情,便于开展服务。言谈要注意技巧,尊重他人是必要前提。旅游者出门在外,生活上有诸多不便,伴随着新鲜感的满足与心理的放松,也容易产生生理、心理上的疲劳和焦躁;面对陌生环境,也容易滋生防范与紧张的心理,或者发生疾病。作为旅游服务者要充分理解他们的这种状态,真诚关怀,适时疏导,适时提供帮助,给他们以心理慰藉。

(三)资料法

资料收集也是鉴别旅游者性格的一种常用方法。在具体服务之前,要尽早查看旅游者的资料,大致了解旅游者的一些基本情况,比如性别、年龄、职业、收入、地域等。例如,艺术行业的旅游者一般属于艺术型,开朗活泼,感性色彩浓厚;教师行业的旅游者大多倾向于理智型,知识面较广,处理问题比较有原则等。

总之,尽管旅游者在性格上千差万别,实际上只要我们肯留心,善于观察,总是有章可循的。

任务三 旅游者的能力

导入案例

小陈的"实用"客人分类法

小陈说:"以前我们常常用职业、年龄、性别和性格等来判断游客是什么样的人,这样虽容易判断,可是不实用。我觉得把客人分为'聪明型'和'不聪明型'倒是比较实用的。

"有一部分客人见多识广,多半有比较高的学历,从事过多种职业,去过很多地方,遇事总喜欢问'为什么',这就是'聪明'的客人。而另外一些客人,多半学历比较低,年龄偏大,或者年龄还很小,没见过什么世面,遇事容易受别人的影响,这就是'不聪明'的客人。

"对这些'不聪明'的客人,你跟他们讲前因后果,讲如何补偿,他们不太能听明白,他们对眼前的利益看得比较重,对长远利益就考虑得不是那么多。其实,你不必太多地对他们讲这些,主要跟他们讲,如果不听你的安排,其后果对他们是如何的不利。只要你对自己所作的安排显得信心十足,他们就会听你的。

"对'聪明'的客人,吓唬是没用的,他们与'不聪明'的客人正相反,你必须把利与弊两个方面的内容都讲清楚。"

对于导游,最重要的是实用性和效率。本案例中小陈把旅游者分为"聪明""不聪明"这两大类,看似过于简单,却不仅便于操作,而且能使自己所做的劝导工作条理分明、切实有效。

一、心理学中能力及其分类

(一)能力的概念

能力的概念很复杂。一般来说,能力是指人们顺利完成某种活动所必备的并且直接影响活动效率的个性心理特征。这个概念具有双重含义:首先,能力是一种个性心理特征,是顺利完成某种活动的心理条件。其次,能力直接影响活动效果,通常是指个体从事一定社会实践活动的本领。例如,一位舞蹈家所具备的音乐感悟能力、节奏鉴别力、形象表现力等都可称为能力,这些能力是保证舞蹈家顺利完成舞蹈活动的心理条件。

在心理学中,能力既指人对某项任务或活动的现有成就水平,又指发展某项活动的可能性,即我们通常所说的潜能。能力表现在所从事的各种活动中,并在活动中得到发展。一个具有领导才能的人,要在领导活动中才能显现出来;而一个人能顺利地完成某项活动的时候,也说明他具备了某种能力。能力高低会影响一个人掌握工作的速度、难易和巩固程度,因而它是影响活动效果的最主要条件。一般来说,一个人之所以能够在某个领域取得较高的成就,是因为他在该领域具备了较高的能力。

(二)能力的分类

能力的种类多种多样,可以依据不同的标准对能力进行分类。

1. 按能力的倾向性划分

按能力的倾向性和表现领域,可以将能力划分为一般能力和特殊能力。在不同类活动中表现出来的能力称为一般能力,如观察力、记忆力、抽象概括力、想象力、创造力等,这是从事各种活动的前提条件。人要完成任何一种活动,都离不开这些能力的发展。

特殊能力是指顺利完成某些专业活动所必备的能力。例如,画家的色彩鉴赏力、形象记忆力、专业技能;舞蹈家的音乐鉴赏力、肢体表达力、节奏感受力等。这些是从事某种特殊专业活动所必备的能力。一般来说,一般能力在某种领域中得到特别的发展,可以成为特殊能力的一部分;而特殊能力得到发展的同时,一般能力也会相应地得到发展。

2. 按功能划分

按功能可以把能力划分为认知能力、操作能力和社交能力。认知能力是指人脑加工、存储和提取信息的能力,即我们一般所讲的智力。认知能力是人们认识客观世界,获取各种知识的基本心理条件。操作能力是指人们通过操作自己的肢体以完成各项活动的能力,如劳动能力、艺术表演能力、体育运动能力、实验操作能力等。操作能力是在认知能力基础上发展起来的;同时操作能力的发展也能反过来促进认知能力的发展。人们在生活交往活动中表现出来的能力则称为社交能力,如组织能力、言语感染力、调解纠纷能力、随机应变能力等。这些能力对组织团体、促进人际交往及加强信息沟通具有重要作用。

二、能力的差异

正如世界上没有个性完全相同的人一样,人的能力也存在着个别差异。这主要表现在能力发展水平的差异、能力类型的差异和能力表现早晚的差异3个方面。

(一)能力发展水平的差异

能力发展水平的差异,主要是指智力表现,俗称智商高低的差异。

根据智商高低可以把人分为高智商者、中等智商者、低智商者。国内外有关研究表明:智商水平在人口总体中的分布是两头小,中间大,呈现正态分布。即智商极高和智商极低的是少数,绝大多数人智商处于中等水平。高智商者智力超群,具有以下特点:有浓厚的认识兴趣和旺盛的求知欲;注意力集中,记忆力强;感知敏锐,观察仔细;思维敏捷,理解力强,敢于独创;自信、好胜、有毅力能坚持。他们或在口头语言、语文和数学学习方面显示了出众的才能,或在某些专门的活动,如音乐、绘画等方面有突出的表现。

智力发展低于或落后于同龄者一般发展水平的人称为低智商者。低智商者多数是由于大脑发育不全或神经系统发生病变所造成的,少数则是由于外伤或其他疾病的后遗症引起的,属于病理现象。其认识过程的特点是:知觉敏锐度差,难以辨别细节;对词和直接材料的认识能力极低;言语出现迟,发展慢,词汇贫乏,甚至存在言语与交流障碍。对这类人应该给予特别关心和帮助。

(二)能力类型的差异

人的能力类型差异主要表现在知觉、表象、记忆、思维、想象等方面。在知觉方面,有人属于综合型,对事物能统合整体知觉,但局部分析能力较弱;有人属于分析型,对物体细节感知清晰且具有较强的分析能力,但整体综合能力不够;还有人属于分析综合型,兼具上述两者的特点。

在表象方面,有的人视觉表象占优势,如画家、雕塑家等;有的人听觉表象占优势,如音乐家;还有的人运动表象占优势,如运动员等;也有的人几乎在同等程度上运用各种表象,如舞蹈家。因而表象类型可分为视觉型、听觉形、运动型和混合型四种。

在记忆方面,有记忆类型的差异,也有记忆品质的差异。记忆类型不同表现在:有人善于视觉记忆,有人善于听觉记忆、动作记忆和混合记忆。例如,同样学舞蹈动作,有人是看别人示范就可以记住,有人则需要听人讲解动作要领才能记住,还有人必须一边看一边听,还要亲自反复练习动作要领才能记住。绝大多数人属于这种混合类型。这就说明了个体记忆类型的差异。另外,有人擅长形象记忆,而另一些人则擅长抽象数字符号记忆。记忆品质的不同表现在:有人记忆发生迅速而准确,且保持时间长久,提取运用方便;有人记忆发生迟缓,且遗忘得快,再认回忆效果差;还有人虽记忆慢,但扎实,再认回忆保持长久。在想象方面,个体差异首先表现在想象力的强弱程度上。想象力强的人,想象的表象鲜明生动,栩栩如生;而想象贫乏的人,想象的表象模糊。此外,在想象范围的广阔性、想象内容的丰富性、想象形式的独创性及想象活动的敏捷性等方面,也存在着个体差异。

在思维方面,个体差异主要表现在思维活动的敏捷性、深刻性、灵活性、独创性等方面。有的人思维敏捷,反应迅速,有的人则思维缓慢,反应迟钝;有的人思维灵活,擅长发散性思维,能举一反三,有的人思维呆板,只限于聚合性思维;有的人思路清晰、深刻、逻辑性强;有的人则思路凌乱、模糊、肤浅,缺乏条理性;有的人善于独立思考,有批判性,敢于创新;有的人则依赖性强,易受暗示,过于保守,难以变通。此外,思维的类型也存在个体差异:有的人擅长动作思维;有的人习惯于形象思维;有的人则善于抽象逻辑思维。

值得注意的是,一般能力各方面的差异,在同一个体身上总是相互联系、统一地表现出来。比如,擅长具体形象记忆的人则想象力丰富,思维动作往往也带有具体形象的特点;而思维活动表现为抽象逻辑性强的人,往往其抽象记忆也强。视觉记忆好的人则视觉表象占优势;听觉记忆好的人则听觉表象占优势;动作表现占优势的人则擅长动作记忆,其思维也通常带有操作性,习惯于动作思维。

(三)能力表现早晚的差异

个体能力还存在表现早晚的差异。有的人能力表现较早,年幼时就显露出超群的才能,一般可称之为"早慧";而有的人在年轻时并未显示出超群的能力,在较大的年龄才崭露头角,表现出惊人的才智,称为"大器晚成"。据历史记载,春秋战国时期秦国的甘罗12岁拜为上卿;王勃10岁能赋诗;李白5岁通六甲,7岁观百家;奥地利作曲家莫扎特3岁能谱曲;而著名画家齐白石,40岁才表现出他的绘画才能;进化论的创始人达尔文,少年时期智力在一般水平之下，直到50多岁才写出名著《物种起源》一书。

能力表现早晚差异的产生有多方面的原因。有的是因为社会条件和环境条件的限制，缺乏培养和发展能力的可能性；也有的是早期不努力，后来加倍勤奋的结果；还有的是从小虽智能平庸，但由于后天主观努力，经过长期坚持不懈的奋斗，终于取得了成就。

除了以上差异之外，能力的差异还表现在性别、地域、年龄、人种等差异上。比如，男女性别不同，在能力方面也存在着差异。这既有不同性别基于生理、心理上的差异的影响，也有社会文化氛围、性别价值观取向等的影响。心理学家经过实验研究发现，女性在语言表达能力、社会交往能力方面，普遍优于男性；但方位感和空间视觉方面，男性优于女性。在记忆力方面，一般男性理解记忆、抽象记忆优于女性，而女性机械记忆和形象记忆优于男性。

三、能力与旅游行为

旅游能力是指旅游者的旅游经济能力、旅游时间分配能力、旅游审美能力及旅游社交能力等。每个人都有自己独特的能力结构，这就决定了旅游目的地的选择、旅游交通工具的选择、旅游时间的选择以及旅游效果等方面的不同。

(一)旅游经济能力与旅游行为

经济收入的高低直接影响着人们的旅游消费活动，是旅游行为产生的必要条件。随着经济的发展和人民生活水平的提高，旅游消费日益大众化，旅游正逐渐成为人们生活的一种时尚。但是，不同经济水平的人群在旅游方式、时间、地点、目的、消费等的选择上是千差万别的。一般而言，经济能力较强、收入较高的旅游者较为关注象征社会地位、表现活动能力、代表经济实力、体现自我价值的旅游项目，如入住较高档次的酒店，选择舒适快捷的旅游交通工具等。而中等收入水平的旅游者虽也选择较高层次的旅游项目，在力所能及的范围内体验，但更乐于实惠的旅游项目。经济收入较低的旅游者则更计较旅游消费的性价比，物美价廉的旅游项目容易激发他们的旅游动机。

(二)旅游时间分配能力与旅游行为

经济收入较高的旅游者一般可以自由支配时间和金钱。他们可以自由安排旅游活动，也不太在意旅游消费价格的高低，尽量避开旅游旺季出游。而大部分的工薪阶层旅游者受时间和金钱的限制，只能利用节假日出游，因而容易形成旅游的高峰期，造成旅游效果不佳。经济收入较低的旅游者相对较为自由闲散，最为计较旅游消费价格，在旅行社铺天盖地的打折促销广告中挑挑拣拣，乐此不疲。

(三)旅游审美能力和旅游行为

旅游审美能力是指根据一定的审美情趣和审美理想，对旅游景点的美进行欣赏、鉴别、评价和创造的能力。它主要包括以下3个方面。

1. 旅游审美感受能力

即通过感官直接感受美的存在而达到愉悦的能力。

2. 旅游审美体验能力

即在理解景观美的存在的基础上产生情感共鸣的能力。

3. 旅游审美创造能力

即按照美的规律进行创造美的能力。

旅游者的审美能力直接影响到旅游活动的效果。无论是处于哪一种能力水平的旅游者，通过旅游达到愉悦身心、休闲放松是普遍的效果。但是，一个人对美的观赏能力决定着他对美的感受程度，因此旅游审美能力是判断一个人文化和艺术素养高低的主要标志。它与人的感官功能有关，但更受到个体知识经验的影响。比如，知识和人生阅历丰富的旅行者，审美的广度和深度相对要全面而深刻。例如，看到水波粼粼、景色秀美的西湖，他们会更加深刻地体会到"欲把西湖比西子，浓妆淡抹总相宜"的绝美意境；登黄鹤楼，俯瞰江汉，极目千里烟波，他们更能感悟到"念天地之悠悠，独怆然而涕下"的复杂情怀。而对于一个缺乏文化和艺术修养的人来说，就不可能理解景观中所蕴含的文化底蕴，感受相对要肤浅得多，审美效果也就随之大打折扣。

(四) 旅游社交能力和旅游行为

旅游社交能力是指人们在旅游活动的社会交往中表现出来的能力。良好的旅游社交能力有利于拓展人际交往空间、扩大视野。人际交往不仅是信息交流、互相联系的形式，也是获取知识的途径。旅游者的信息沟通，大部分必须通过人际交往才能实现。对于旅游者来说，信息来源主要是通过导游讲解、旅游者互相交流，或与旅游景点当地居民交流等多种形式的交往来获取。试想，如果旅途当中，由于和人产生冲突影响到游览情绪，整个旅游也由此蒙上一层黯淡的色彩，显得乏味无趣。因此，在旅游当中，要发挥旅游社交能力交流情感，协调人们的行动，避免冲突，达成行动协调一致的作用，提高活动效果。

除了上述各种能力以外，旅游者的生活能力也会对旅游产生影响。旅游者的生活能力包括独立生活能力和环境适应能力。旅游者具有健康的体魄，具备生活自理能力，因此，养成良好生活习惯，善于安排自己的衣食住行，是旅游者更好地适应旅游生活的重要基础。

思考与讨论

1. 气质是否有好坏之分？可以根据气质类型判断人的品行和能力吗？
2. 能力是人的个性心理特征中的核心成分吗？人的个性是怎样形成的？
3. 旅游从业人员应如何针对不同个性的旅游者提供个性化旅游产品和服务？

实 训 题

1. 案例分析：

某旅游景点有一座精美的雕塑，但雕塑周围崎岖不平，并有栏杆围着。栏杆上挂着一块牌子，上面写着"严禁入内"。看到雕塑以后，游客的表现大相径庭。

学习情境四 旅游者的个性心理特征

第一类游客看到雕塑很激动，反应最快，还没来得及看清楚牌子，一下子就从栏杆跳过去，迅速抢占最佳位置，甚至不顾危险爬上雕塑去摆 POSE 拍照；第二类游客看到雕塑很高兴，他们迅速察看，找到了合适的入口，灵活地找到最佳位置或爬上雕塑拍照；第三类游客看到雕塑表现得很稳重，经过仔细察看牌子以后，规规矩矩地站在栏杆外面的位置去拍照；第四类游客看到雕塑似乎并没有明显的兴趣，看到了牌子，望着拥挤的人群，随便在栏杆外拍照或干脆不拍照，掉头就走了。

请你用学习过的有关知识分析以上几种旅游者的气质特征。

2. 对最近一位外出旅游的朋友进行个性特征分析，谈谈影响其旅游行为的因素。

交往心理篇

学习情境五　旅游人际交往

学习目标：

- 了解旅游人际交往的心理基础。
- 熟悉旅游人际交往的基本特征。
- 掌握旅游人际交往的原则、技巧及策略。

技能目标：

- 能够遵循一定的原则使旅游人际交往和谐融洽。
- 掌握一定的旅游人际交往技巧，在旅游人际交往中能够运用适当的技巧策略。

任务一　旅游人际交往的心理基础

导入案例

一个导游的博文

到了公司组织旅游的时候了，这一次安排我负责组织旅游。因为人数总是变动，会牵动关于车辆、住宿、费用等方面的安排，所以在员工报名时就强调一定不要更改。大家想好了再报名。但是临到快出发时又有人告诉我她不去了，她带的家属也不去了。之前为了让她的家属和她部门同事的家属都可以参加，我特意增加了一辆车(原来安排的车辆都已经坐满了)。可是到了要出发时，又突然冒出来说他们不去了。理由是觉得太累。

当时听到时心里真是有股无名火，因为这件事情之前向大家强调过，且特意作出了调整安排，结果却一句话又被改变了。于是当她跟我说的时候，我很不客气地说，他们的变化给我添了很多麻烦，我很多工作都白做了。其实事情并没有那么严重，但是我心里很不舒服，所以就这样说了。如果我再多一点儿耐心，这件事也许会得到妥善解决，可以将麻烦减到最小。但是我发泄了，双方都不高兴。

我忽然想起在前公司时的一个同事，那个女孩的口碑很好。记得有一次另一个同事跟我谈起她的时候，一脸的认同与信任。有一次这个同事随公司全体出游，到了景点却违反纪律，跑去找同学，和队伍分开了。到了离开那个旅游城市的时候，她又没有按照约定时间去飞机场集合，结果让大家多等了很久。当时她到飞机场见到那个女孩(旅游组织者)时一脸愧疚，直称抱歉。但那个女孩只是淡淡笑了一下，说了声"没事，走吧，飞机要起飞了"。这么简单的一句却使迟到的同事更加愧疚，发誓以后再也不会做这种事情。

有时候来自犯错误者自己的自责更能使其意识到错误，尤其是在给人添麻烦后，而对方并不给予责怪，他会更加记在心里，这也是一种人际交往的技巧。一旦你批评他了，发泄了你自己的怒火，不仅影响了你们之间的关系，而且因为你的这种发泄，他的犯罪感和愧疚感便减轻了。

记得还有一个朋友给我讲过一件事情。他的一个同事,每次给别人帮忙了之后,总是会不停地强调自己帮了忙,没有他会怎么样?想以此获得别人的感激。但是结果适得其反,因为他的这种居功,原本别人很感激的,但却产生了反感。于是会对他说谢谢,或买礼物回报,以此还他的人情,各不相欠,今后也不会再找他帮忙。相反,如果默默地帮了忙但当着别人的面从不提及,却能被别人牢牢记住他的恩情。由此可见,有时沉默,是人际交往的一种更好的选择。让对方在心里感激你,让对方在心底意识到错误。真正权威的人不是那些高谈阔论的人,而是那些只在关键时刻统筹大局的人,不鸣则已,一鸣惊人。

做人绝不能逞自己的一时之快,人际交往是一门很大的学问。严于律己,宽以待人。

(资料来源: http://blog.sina.com.cn/s/blog_4985b5d2010003ch.html)

问题:本案例中的导游在客我交往当中总结了哪些经验教训?

评析:本文导游比较了自己和另外一名导游在面对客人不配合时的不同处理方式以及导致的两种不同后果,总结出需要注意人际交往技巧的教训。旅游活动面对诸多的人和事,充满了不确定性,需要导游掌握灵活的人际交往技巧,严于律己,宽以待人。

一、人际交往的含义与特征

(一)人际交往的含义

人际交往也称人际沟通,是指在社会活动过程中,人与人之间通过一定的语言、文字或肢体动作、表情等手段进行的思想、情感、态度、信息的沟通与交流,是一个相互作用的过程。旅游服务工作从本质上说是一种与人打交道的工作,是通过人际交往实现的。在旅游活动过程中,各种人际关系错综复杂,涉及旅游者与旅游工作者的关系、旅游者之间的关系、旅游工作者之间的关系、旅游者与当地居民的关系等。本章主要考察旅游工作者与旅游者之间的人际交往,也即客我交往。

客我交往即旅游工作者和旅游者围绕旅游共同活动的过程中,为了交流信息、观念、思想、情感而相互作用的过程。客我交往是旅游服务中最主要的人际交往。在旅游活动过程中,旅游工作者给旅游者的印象,以及旅游者对旅游工作者的评价往往能影响到旅游活动的整个过程。学习旅游人际交往理论,提高交往能力,将有助于旅游活动的顺利开展和圆满完成。

(二)人际交往的特征

苏联社会心理学家安德列耶娃将人际交往的实质做了如下3个有相互联系的区分。

(1) 人际交往的沟通方面,即人际交往过程中个体信息的互换。

(2) 人际交往的相互作用方面,即个体之间活动的交流。

(3) 人际交往的知觉方面,即人际交往双方的人际知觉以及在此基础上的相互了解。

在人际交往功能方面,美国社会心理学家费斯廷格认为,人际交往的功能有两个:一是传达信息的功能,二是满足个人心理需要的功能。而苏联心理学家洛莫夫认为,人际交往的功能有3个:一是信息沟通;二是思想沟通;三是情感沟通。根据上述不同提法,一般可以认为,人际交往实质上是指通过交流思想、传递信息、表达情感,传递者将自己的知识、经验、意见等内容告之对方，达到影响对方的知觉、思维和态度体系，求得对方理解和支持，确定和维持与对方的良好、正常的人际关系，进而达到改变其行为的目的。

人际交往的特征主要表现在以下几个方面。

1. 互动性

人际交往的本质是人与人之间的互动。因此，人际交往任何一方都具有主动性，都不是被动地接受信息，而是根据自己已有的知识经验，按照自己的要求、兴趣和态度去理解、分析对方言语或非言语信息的目的和意图，并作出反馈。

2. 综合性

人际关系是人们在直接的交往和接触过程中产生和发展的，不单纯是信息交流的过程，还有思想、情感的综合渗透。人际交往作为信息的传递过程，必须借助于一定的符号作为信息的载体才能实现，符号系统是人际交往的工具。一般可将符号系统归为两类，即语言符号系统和非语言符号系统。在人际交往中，语言符号系统是人际交往最主要的工具，但并非唯一工具，非语言符号系统在人际交往中也占有重要地位。非言语的人际交往手段包括人的外貌、表情、手势、人际交往者双方的相互状态。人的精神风貌、举止行为是否健康或得体，对建立人与人之间的联系、对人际交往的内容和情绪等，都有很大影响。另外，社会因素、文化因素、心理因素，以及个人的需要、动机和知识结构等问题，都会在较大程度上影响人们对言语情境的理解和交流信息的理解。人际交往中还存在着社会性障碍与心理障碍等与人际交往过程信息渠道毫不相干的因素，从而影响人际交往的正常开展。

3. 情感性

人际关系离不开人们彼此间的情感活动，因为情感因素是人际关系的重要组成部分。人际间的情感倾向有两类：一类是相互吸引的情感。这种情感可使彼此相互容易接纳和认同，使彼此的态度与行为趋于一致，通过积极互动进入良性循环，使双方沟通融洽，保持良好的人际关系。另一类是使人们互相排斥的情感。这种情感或出自本能，或出自偏见等先入为主的思想观念。它们的产生可使彼此相互敌对、消极应付或分离，容易破坏人们交往的氛围，最终影响和谐人际关系的建立。

(三)旅游中客我交往的特征

旅游中客我交往实质上是指旅游工作者将旅游活动安排告之旅游者，为旅游者提供导游、膳食、车旅、住宿等服务，求得旅游者理解和支持，确定和维持与对方的良好、正常的人际关系，进而达到共同活动，圆满完成旅游活动的目的。旅游中客我交往的特征主要表现在以下几个方面。

1. 局限性

由于旅游服务行业本身的特点，旅游工作者与旅游者之间接触具有临时性。旅游时间相对短暂，即便是较长的旅程或者较长的旅行日程，旅游工作者与客人之间的接触只限于具体的服务项目,而不能涉及个人关系,更不可能进行个人经历、家境和性格方面的深层次了解。因此,客我之间相互沟通、熟悉了解的机会受到制约,造成人际交往的局限性。

2. 不对等性

尽管在法治社会中,人们一再强调人与人之间地位的平等。但是,服务行业的特殊性决定了旅游工作者和客人之间的不对等性。客人是旅游消费的买方,旅游工作者是旅游消费的卖方,本着顾客就是上帝的宗旨,尽管旅游工作者是整个旅游活动的组织者,但是却没有选择和挑剔客人的权利,更不能对客人指手画脚、妄加命令,只能站在服务者的角度为客人做好服务。

3. 公务性

无论是导游服务还是餐饮服务或其他服务,在一般情况下,旅游工作者与客人的接触只限于其需要服务的地点和时间内,否则就是一种打扰客人的行为。也就是说,旅游中的客我交往主要是出于公务上的需要,而不是一种个人情感、兴趣和爱好方面的需要。在这种人际交往过程中,双方所扮演的社会角色都相对退隐,而解决旅游活动中的问题成为主要问题。

4. 不稳定性

在旅游服务当中,由于旅游工作者个体素质和能力的差异以及旅游者的社会地位、文化背景及情绪变化等方面的差异,同一旅游工作者在不同的时间、地点,为不同的客人提供同一服务项目,也会产生截然不同的效果,因此交往具有不稳定性。

二、人际交往的重要性

(一)人际关系的重要性

人际关系在人们的社会生活中具有十分重要的作用。人际关系归根结底是一种社会关系,在一定的程度上影响着社会生产力的发展和社会进步。人际关系的重要性具体表现在以下几个方面。

1. 良好的人际交往能让人与人之间学会宽容、理解和信任

这是心理健康的前提。良好的人际关系是人维持身心健康的基本前提。一个人如果总是处在关系融洽、相互关心爱护的人际关系中,必然心情舒畅,心胸豁达,有益身心健康。良好的人际关系能使人的心境平和,轻松愉悦,情绪乐观。不良的人际关系会干扰人的情绪,使人产生焦虑、不安和抑郁。

2. 良好的人际交往能让人学会分享、接受和给予

这是人取得成功的重要条件。人际关系对人生事业的影响很大,良好的人际关系是人生事业成功的需要。良好的人际关系和正确的处世技巧,学会处世,学会合作,能为一个人事业的成功创造优良的环境,将有助于个人在事业上取得成功。

3. 良好的人际交往是人生幸福的需要

人生的幸福是构建在物质生活和精神生活的基础上的。良好的人际关系有利于营造使人在物质生产过程中充分发挥创造力的优良环境，而人的积极性、创造性的发挥，能增加物质财富的生产，丰富人们的物质生活；良好的人际关系也使得人与人之间互通有无、互利互惠，能得到更多物质享受的幸福。人生幸福还必然要求精神生活的满足。精神生活的状况，如思想道德、理想情操、心理境况等都与人际关系密切联系。人需要有思想感情上的交流。健康的人际关系形成的是一个和谐、信任、友爱、团结、互相关心和理解的和谐环境。在这种环境中，人与人之间进行思想感情上的交流，能使人们从中汲取力量和勇气，使人在碰到挫折、困难时得到别人及时的帮助，通过交流达到互相理解；能使人处在一种舒畅、愉悦、奔放的精神状态中，容易形成乐观、自信、积极的人生态度，使人们的情操、心理环境得到净化，思想境界得到升华。

(二)客我交往的重要性

在旅游活动中，客我交往，即旅游工作者和旅游者之间人际交往的好坏，对于旅游活动的整个过程的开展具有重要的决定作用。

1. 良好的客我交往是旅游活动顺利开展的基本前提

旅游是旅游工作者和旅游者围绕旅游共同发生的活动。在活动过程中，信息、观念、思想、情感交流与沟通的好坏，是旅游活动能否顺利开展的基本前提，并直接关系到旅游活动的效果。在旅游活动过程中，旅游工作者提供给旅游者的服务是否到位，以及旅游者对旅游工作者的服务是否满意，往往能形成一种特定的氛围，影响到旅游活动整个过程。

2. 良好的客我交往是旅游工作者综合素质提升的必备条件

对于旅游工作者，每一次客我交往都是职场生涯的一次历练。旅游工作者需要在不断的客我交往中摸索建立良好客我关系的密钥，提升自己的业务水平。良好的客我交往在使客人愉悦的同时也可以使旅游工作者的工作顺利进行，旅游工作者良好的表现也能提升自我成就感，精神得到慰藉，自信倍增。在为客人提供满意服务的同时，旅游工作者也可促使自我价值的实现，为自身的职业生涯发展创造更好的条件和更多的发展机会。

3. 良好的客我交往是旅游企业生存的根本

在旅游服务中，每一个旅游工作者都代表着他所在的旅游企业。客我交往的好坏体现了一个旅游企业的管理水平和服务质量，决定了旅游企业的社会形象、社会声誉和社会竞争力，从而影响甚至决定了旅游企业的经济效益和生死存亡。旅游服务的过程实际上就是旅游企业出售自己产品的过程。良好的客我交往可以提高旅游者的满意度，增加回头客，既提高了旅游企业的效益，也是对旅游企业自身的宣传。

旅游心理学

任务二　旅游人际交往的心理特征

导入案例

某日晚上六时许,河南省国际饭店的大堂内灯光明亮,宾客如云。总服务台的接待员小马正忙着为团队客人办理入住手续。这时,两位香港客人走到柜台前对小马说:"我们要一间双人客房。"小马说:"请您稍等一下,我马上为这个团队办好手续,就替你们找空房。"其中一位姓张的港客说:"今晚七点半我们约好朋友在外面吃饭,麻烦你先替我们办一下。"小马为了尽可能照顾这两位客人,于是一边继续为团队办手续,一边用电脑查找空房。经过核查,所有空房的价格都是每间218元的。两位香港客人大发脾气:"今天早上我们曾打电话给你们饭店,问询房价,回答说双人标准间是每间186元,怎么忽然调成218元了呢?真是漫天要价!"小马刚要回话,这位姓张的客人突然挥掌向小马的脸打来,小马没有防备,结果吃了一记耳光!他趔趄了一下,面孔变得煞白,真想回敬对方一下。但他马上想到自己的身份,绝不能和客人一般见识,不能意气用事,于是尽量克制,使自己镇定下来。接着用正常的语气向客人解释说:"186元的房间已经住满了,218元的还有几间空着,由于楼层不同,价格也就不一样,我建议你们住下,尽快把入住手续办好,也好及时外出赴宴。"这时另一位香港客人李先生见他的朋友张先生理亏,想找个台阶下,于是就劝张先生说:"这位接待员还算有耐心,既然如此劝说,我们就答应住下吧。"张先生见势也就软了下来。小马立刻招手让行李员把客人的行李送到房间。从小马当时紧握着的那只微微颤抖的手上,可以看出他正在极力压抑着内心的委屈。周围的其他客人都纷纷对打人的粗鲁行为表示不满,两位香港客人办好手续便匆匆去客房了。那位张先生事后深感自己的不是,终于在离店时到总台向小马表示了歉意,对自己的冒失行为深感遗憾。

(资料来源:网易博客,http://www.blog.163.com/cheng-carlos)

评析:客人张先生冲动的行为肯定是不对的,在客人表现不佳的情况下,旅游工作者的修养素质更要经得住考验,更需要淡定、克制与从容,还要有解决僵局的机智,临机应变。小马的表现是无可非议的。他既不还手,也不用恶语回敬。他懂得作为服务人员就是得理也应该让人,这样才会留住两位客人,并让他们拥有一次愉快的住店经历。小马的宽容举止很典型地体现了"顾客就是上帝"这句话的真谛。如果服务人员都能从这个高度来要求自己,旅游的服务质量就可以产生质的飞跃。

一、影响人际交往的因素

人际交往影响到我们的工作是否能顺利开展,达到预期效果,也影响到我们每天的心情。总之,人际关系影响到人的方方面面。那么,人际关系受到哪些因素的影响呢?归结起来,影响人际交往的一般因素有如下几个方面。

(一)时空因素

俗话说"远亲不如近邻"。这就说明居住距离接近容易形成非常密切的关系。美国心理学家费斯廷格等人以麻省理工学院宿舍的已婚大学生为实验对象,研究他们之间的友谊与住处远近的关系。在学年开始时,他们让各户搬到新的住宅,互不相识。经过一段时间以后,研究者调查每户新结交的3位最好的朋友。结果证明,各户的新朋好友多是住得很近的邻居,而距离越远,选做朋友的机会就越少。美国心理学家扎琼克在1968年曾经进行了交往频率与人际吸引的实验研究。他将被试者不认识的12张照片随机分成6组,每组2张,按以下的方式展示给被试者:第一组2张看1次,第二组2张看2次,第三组2张看5次,第四组2张看10次,第五组2张看25次,第六组2张被试者从未看过。在被试者看完全部照片后,实验者再出示全部照片,要求所有被试者按自己喜欢的程度将照片排序。结果发现一种非常明显的现象:照片被看的次数越多,被选择排在前面的机会也越大。这说明,距离越接近,交往的频率可能越高,就越容易建立良好的人际关系。在生活中,我们常常发现,时空上的接近,如同龄人、同学、校友、同乡、同事等,也易于在感情上相互接近,产生相互吸引。可见,时空接近性是密切人际关系的重要条件。当然,这也不是绝对的。有的时候,时空过于接近,交往过于频繁,反而容易造成摩擦和冲突,影响人际关系的巩固和发展。所以旅游工作者要善于把握与客人交往的度,工作中既要主动多接近客人,以达到彼此的亲近与信任,但也要注意保持适当距离,不造成客人的反感,做到亲疏有度,进退自如。

(二)相似性因素

我们常说"物以类聚,人以群分"。所谓志同道合易成知己,"志不同,道不合,不相与谋"也是同样道理。相似性包括态度(信念、兴趣、爱好、价值观等)、年龄、性别、职业、经历等的相似,其中态度的相似是最具吸引力的。为什么态度相似的人容易相互吸引呢?费斯廷格的社会比较理论解释为:人人都具有自我评价的倾向,而他人的认同是支持自己评价的有力依据,具有很高的酬偿和强化力量,因而产生很强的吸引力和凝聚力。研究者曾让互不相识的17名大学生住在同一间宿舍里,对他们的亲密化过程进行了近4个月的追踪研究。实验前调查了他们的态度,然后调查谁跟谁结成朋友。结果发现,在见面初期,住在附近的人易成为好伙伴,随着时间的推移,态度相似的人逐渐成为好朋友。因此,在客我交往过程中,旅游工作者要善于发现与客人的相似之处,进而增进交往关系。

(三)互补性因素

有的时候,当交往双方的个性或需要及满足需要的途径正好构成互补关系时,也可能产生强烈的吸引力。这些就是人们常说的"相反相成"的道理。苏联一些心理学家,对气质相同的人合作的效果和气质不同的人合作的效果进行了比较研究。结果发现,两个强气质的学生组成的学习小组常常因为对一些问题各执己见,争执不下而影响团结;两个弱气质的学生在一起,又常常缺乏主见,面面相觑,无可奈何。只有两个气质不同的学生组成的小组,团结搞得最好,学习效果也最显著。在客我交往过程中,旅游工作者要善于发现与客人之间的互补性特点,合理安排,以利于建立和谐融洽的人际关系。

(四)外表因素

外表因素虽然只是一种外在因素,但在人际交往中却起着不可小视的作用。外表和容貌对于初次交往的人,是重要的决定因素,特别是在异性之间交往时表现得尤为显著。在交往之初,容貌的作用较大。人们往往是根据交往者的外貌特征来相互评价,形成肯定或否定、喜欢或厌恶的初步印象,很大程度上可以左右以后相互之间关系的进展。沃尔斯特等人让 332 名男女大学生各自相互组对进行了两个半小时的舞会。舞会结束时,询问学生是否希望再次同对方进行约会,结果表明,外表越吸引人,就越为对方所喜爱。而在另外一个实验中,戴恩等研究者给大学生看 3 位大学生的照片:一位外貌漂亮,一位相貌平平,一位相貌丑陋。然后要求被试者估计他们 3 人未来是否幸福,结果发现,外貌具有吸引力人得到了更多肯定回答。因此,旅游服务人员想要增进人际吸引,就应该注重自我形象设计,从自己的服饰、举止、面部表情、精神状态等作出适合自身角色和当时情境需要的行为,产生让人愿意"接近""接受"的吸引力。

(五)人格因素

尽管外貌因素在人际交往中具有不可忽视的重要作用,但随着相互认识的加深,容貌的作用在不断降低,人格因素逐渐成为人际关系中的重要因素。个性,在心理学中又称为人格,是指人在先天因素的基础上,在社会生活实践中形成的相对稳定的个性倾向和个性心理特征的总和,包括一个人的兴趣、爱好、思想、信念、世界观、性格、气质、能力等。每个人都有自己的个性,人际交往不可避免地要受到个性品质的影响。比起容貌,个性品质具有无与伦比的吸引力,而且这种吸引力相对持久、稳定、深刻。一个人如果在能力、特长、气质、性格、涵养、品质等方面比较突出、优秀,往往能形成很强的吸引力。个性品质的吸引,实际上是人格美的具体表现。心理学家安德森列出了描写人个性的形容词,既有褒义的也有贬义的。结果表明,评价最高的品质是真诚和真实,而评价最低的是虚伪和说谎。这就告诉我们,在人际交往过程中,尊重、关心和理解他人,乐于助人,富有同情心,有特长,能力强,稳重,工作耐心细致,认真负责,待人宽容真诚,热情开朗等都是增进旅游工作者与客人情感的重要因素。而以自我为中心,自私狭隘,嫉妒心强,工作缺乏责任感,华而不实,对人冷淡、虚伪、固执,爱吹毛求疵,苛求他人,不尊重他人,支配欲过强,或过分自卑、内向,缺乏自信心,过于服从或取悦他人,依赖心理太强等都不利于人际交往。因此,旅游服务人员要注意加强自身修养,有意识地塑造良好的个性品质,提高自己的人格魅力。

二、人际交往中的心理效应

每个人生活在社会中,都必然与其他人发生相互作用。上述人际关系的影响因素关系仅仅是从某些角度研究分析了它们对人际关系的影响。实际上,在人际交往中,我们会对他人形成这样或那样的印象。这种印象或许往往并不能准确地反映客观事实,这就是一些奇妙的心理效应在起作用。以下我们介绍几种常见的心理效应。

(一)首因效应

首因效应也称为第一印象作用,或先入为主效应、先头效应,是社会心理学家阿希(S.Asch)在 1946 年通过实验研究提出的。首因效应一般是指人在初次交往、接触时,对交往对象的直觉观察和归因判断。它是由第一印象所引起的一种心理倾向。首因效应本质上是一种优先效应。当不同的信息结合在一起时,人们总是倾向于重视前面的信息。即使人们同样重视了后面的信息,也会认为后面的信息是非本质的、偶然的。人们习惯于按照前面的信息解释后面的信息。即使后面的信息与前面的信息不一致，也会屈从于前面的信息，以形成整体一致的印象。第一印象作用最强，持续时间也最长，比以后得到的信息对于事物整体印象产生的作用更强。

人际交往中，首因效应对人的印象的形成起着决定性作用。现实生活中，初次见面时，我们的表情、体态、仪表、服装、谈吐、礼节等形成了我们给对方的第一印象，常常左右着对方对我们的看法。第一印象形成的肯定的心理定势，会使人在后继了解中多偏向发掘对方具有美好意义的品质。若第一印象形成的是否定的心理定势，则会使人在后继了解中多偏向于揭露对方令人厌恶的方面。尽管有时第一印象并不完全准确，但第一印象总会在人际交往中起主导作用。第一印象一旦形成，就不容易改变。第一印象常常影响着我们对他人以后的评价和看法。即使后来的印象与最初的印象有差距，很多时候我们还会自然地服从于最初的印象。

因此，在人际交往中应该注意给别人留下良好的第一印象，以为日后的交流打下良好的基础。首先，旅游工作者应该注意仪表，比如衣着整洁、服饰搭配和谐得体等；其次，要加强在谈吐、举止、修养、礼节等各方面的素质，锻炼和提高言谈技能，掌握适当的社交礼仪。

(二) 晕轮效应

典型案例

时逢炎夏，学生们又开始了愉快的假期，师大附中的夏令营活动也开始了。在马老师的带领下，同学们第一站到了南京的中山陵。同学们怀着对孙中山先生的敬仰之情，走进了景区。许多同学一边听着导游讲解，一边在小本子上做记录。马老师看在眼里，不由得为同学们的表现而感到高兴。因为，这次活动不仅让同学们开阔了视野，而且还让大家接受了一次爱国主义教育。突然，马老师眉头紧锁，是什么原因让他的情绪发生了突变呢？原来，由于南京连日的高温，今天最高温度达到了36℃，许多人被炙热的天气折磨得透不过气来。而马老师发现，为游客提供服务的导游们穿的衣服更是"五花八门"，有长衫、有短裙……真可谓是"导游服饰大荟萃"。只见一位男导游，穿着露双臂的大背心和休闲裤，脚下穿着一双拖鞋，脖子上挂着一条毛巾，看起来更像是街边卖西瓜的生意人，正滔滔不绝地给大家讲解呢。从这位男导游身边过去的游客，都不经意地回头看看，就像是看一个"有吸引力的景点"。一些外国游客还停下脚步，拍下照片。马老师此时再也看不下去了，他趁男导游休息的空当，把刚才的所见告诉了男导游。小伙子非常不好意思，诚恳地接受了马老师的建议。接着，马老师跟上了同学们的队伍，发现在他旁边还有一个女导游，一只手用小扇子扇着风，一只手打着遮阳伞，身上穿的更是"通透"，一层薄纱下面的吊带小衫看得清清楚楚，无奈的马老师只能摇头无语。马老师一行的游览活动结束了，但此事并没有结束。在网络上出现了那位赤膊导游的照片，"男导游不重自身形象"这一标题，点击率位居前列。这位导游也因此受到了旅行社的处罚。在整个行业也掀起了一股争当文明导游的热潮。许多接待社为了给游客留下良好印象，还为所有的导游定做了合身得体的制服，以保证每个导游都能以最佳形象接待八方游客。

(资料来源：李娌，王哲. 导游服务案例精选解析. 北京：旅游教育出版社，2007.4.)

评析：导游作为旅行社的代表，在游客面前，着装应整洁、大方，符合工作环境的要求。作为整个团队的核心人物，导游首先应该以良好的个人素质展现在游客面前。良好的个人形象也是导游素质的外在表现，同时代表了旅行社的形象。因旅游活动具有涉外性的特点，所以导游员也是国家形象的代表。当前，我国旅游业的飞速发展吸引了世界各地的游客前来观光、度假，中国导游也有了更多展示自我以及国家形象的机会。在本案例中，导游员因不得体的装束引来外国游客对其驻足拍照，无疑是不利于中国导游整体形象乃至国家形象的。在西方国家，人们对着装不得体表示反感，甚至一些社会学家还认为："如果女性衣服太透或过于暴露，会诱导犯罪。"

晕轮效应也叫光环效应，是指我们在评价他人的时候，常喜欢从或好或坏的局部印象出发，推断出全部好或全部坏的整体印象，就像月晕(或光环)一样，从一个中心点逐渐向外扩散成为一个越来越大的圆圈，所以有时也称为晕轮效应或月晕效应。晕轮效应对人际交往有很大的影响，一方面常使人出现"以偏概全""爱屋及乌"的错误判断，产生一个人一好百好的错觉，影响理性人际关系的确立；另一方面又可以增加个体的吸引力而助其获得某种成功。在人际交往中，应采用先入为主的策略，以防备光环效应的负作用，同时利用光环效应的影响增强自身的吸引力。

在旅游服务中，如果旅游工作者好的品质先被客人认知并形成了"晕轮"，则可以掩盖服务人员的某些失误；如果旅游工作者的缺点先被客人认知并形成了"晕轮"，则会掩盖服务人员的优点，"放大"服务人员的不足。因此，为有效利用晕轮效应，旅游工作者可以采用先入为主的策略，全面展示自己的优点、掩饰缺点，以留给他人尽量完美的印象。

(三)否定后肯定效应

典型案例

小张提前2个小时出发去机场接团。在离机场还有2公里的地方遇到了交通事故，旅游车被堵在那里，等小张赶到机场，已经迟到了将近45分钟，客人早已集合在停车场上等他了。小张赶紧请客人上车。虽然小张向客人做了解释并表示歉意，但是，不少客人仍然情绪激动，议论纷纷，声称要去投诉，把小张换掉。到了酒店，在小张向总台领取房间钥匙的时候，酒店突然断电了。小张心想：真是祸不单行！不管客人怎么看我，我都应该立即行动，把我该做的事情做好！小张迅速把客人召集到一起，嘱咐大家看好行李，又在大厅服务员的帮助下，靠应急灯安排年老和体弱的客人坐下，自己继续在前台领取房间钥匙，办理住店手续。小张办完住店手续后，向客人解释了酒店注意事项和早餐集合地点，并分完了房间的钥匙。之后，酒店自备的发电机发电了。在明亮的灯光下，小张发现客人对他的态度改变了。他们都平静地服从他的安排，有不清楚的地方也客客气气地向他询问，一句冷言冷语也没有了。第二天早上，客人见到小张，主动跟他打招呼。当然，小张始终也没有接到旅行社要他下团的通知。每当小张谈起这件事，都说："那一次断电，可以说是祸不单行，可没想到断电倒救了我，也算是因祸得福吧！"

(资料来源：阎纲. 导游实操多维心理分析案例100. 广州：广东旅游出版社，2003)

评析：这个案例是"否定后肯定效应"的体现。在本案例中，小张正是依靠"否定后肯定效应"再次赢得了旅游者的信任。客观地说，小张迟到并不是他的过错，但是，旅游者只能根据导游的行为和他们自身的遭遇来对导游作出评价。在这里，小张的行为是迟到45分钟，旅游者的遭遇是焦急不安地在机场等了45分钟，所以，旅游者对小张作出了否定的评价。案例中，由于客人在机场的长时间等待，在认知上已经对小张形成了否定的态度。这种行为上的体验得来的态度是比较稳定的。面对客人形成的否定的态度，小张并没有选择退缩，而是选择试图去改变客人这种否定的态度。酒店突然断电为小张提供了一个机会，使他能够直接向旅游者展示自己的服务动机和服务技能。正因为旅游者看到了小张优良的服务动机和服务技能，从而改变了对小张的态度，才产生了一种"否定后肯定效应"。在这里，小张拥有优良的服务动机和服务技能并得以展示，是他赢得游客好评的根本原因。断电这一突发事件只不过为小张提供了展示自己的舞台。假如小张没有积极的工作态度和扎实的基本功，迟到加断电就真的是"祸不单行"了，小张真有被换下来的可能。突发事件可能是坏事也可能是好事，对于有责任心又有功底的导游，它永远是高效地向游客展示自己的大好时机。

"否定后肯定效应"又称阿伦森效应，即如果人们对某人作出否定的评价，而后来的事实证明这种评价是错误的，那么，人们会对此人作出更高的评价，这是一种欲扬先抑的效应。

著名心理学家阿伦森曾经做过这样一组实验：他将被试者分为4个小组，分别对他们给予不同的评价，借以观察被试者对他人评价的反应：对第一组的评价始终否定，对第二组的评价始终肯定，对第三组的评价先褒后贬，对第四组的评价则先贬后褒。实验发现，第一组被试者对评价的反应为不满意；第二组对评价的反应为满意；第三组对"先褒后贬"的评价极为不满；第四组对"先贬后褒"的评价最为满意。结果表明，人们喜欢奖励和赞扬不断增加，而不喜欢不断减少。

因此，心理学家认为，在对别人进行肯定或否定、奖励或惩罚时，并不是一味地实行肯定和奖励最能获得他人的好感，也不是一味地实行否定和惩罚最能给人恶感。事实是，先否定后肯定，能给人最大的好感，先肯定后否定则给人感觉最为不好。这种先否定后肯定、先抑后扬给人最好感觉的心理规律称为"阿伦森效应"，也称作"增减效应"。

"阿伦森效应"给我们的启示是：当我们由于某种原因而出现失误，使别人对我们作出较低的评价时，我们绝不应心灰意冷或一蹶不振，而要想方设法弥补过失，挽回不良影响，重新赢得客人的尊重。

(四)刻板效应

典型案例

"教师团"受冷遇

为了表彰在高考中付出辛勤汗水的高三年级全体教师，育人高中决定组织大家到港澳旅游。办公室王老师连续走了几家旅行社，都被告之要比常规价格增加800～1000元不等的费用。问其原因，旅行社接待人员毫不隐晦地说：主要因为游客的身份是教师。接待教师团往往最容易被投诉。由于教师的知识水平普遍偏高，使得大家在购物方面比较"理智"，而对旅行社的服务质量又爱"较真"。"你想想啊，教师知识丰富，导游或司机哪一句话说不对了就有可能砸团。在港澳地区导游带团主要是靠购物佣金，如果教师团不购物，他们的'人头费'挣不回来，带团就成了赔本的买卖。"接待人员还举了一个例子："有一次，我们社一位导游在旅游车上讲解时，有位教中文的教师，给导游数一分钟讲了多少个字，并告诉他语速过快，需要改正一下。"听了接待人员的介绍后，王老师从旅行社走了出来。一路上她只想一个问题:"为什么旅游行业会对教师存在这么多偏见呢?看来,想让高三的老师去旅游还真成了难题!"

(资料来源:李娌,王哲.导游服务案例精选解析.北京:旅游教育出版社,2007)

问题:请谈一谈你对接待教师团有何好的方法。

评析:王老师在旅行社的遭遇是许多教师常常遇到的尴尬。与教师一同被打上"购物理性、消费能力低"烙印的还有记者、老人、小孩等群体。固然,教师由于长期的职业习惯,容易"挑剔"服务,购物"节俭"。但是,旅游服务行业也应多从自身服务上找找症结,反思一下是哪些地方做得不足,导致了投诉和客人的不满。我国的教师队伍非常庞大,随着教师福利待遇的日益提高,广大教师已逐渐成为旅游消费的主体之一,加之教师每年有两个固定的假期,这一市场的潜力是巨大的。目前,人们对教师团队的"反感"和"怨言"很多,大多出自导游带团后的体会交流。要想改变这种印象,除了教师团队自身要加强管理外,导游也要从以下几个方面着手改进工作:①加强自身修养,注重知识的积累;②不要带着对"教师团"队的偏见进行导游服务;③要摆正自己的位置,改善服务心理和讲解态度,尊重教师;④进一步学习和完善导游接待技巧。

"刻板印象"也叫"定型化效应",是指个人受社会影响而对某些人或事持稳定不变的看法。它既有积极的一面,也有消极的一面。刻板印象的积极作用在于它简化了我们的认识过程。因为当我们知道他人的一些信息时,常根据该人所属的人群特征来推测他的其他典型特征。这样虽然不一定能形成对他人的正确印象,但在一定程度上可以帮助我们简化认识过程。但刻板效应带来的更多是负面效应,如种族偏见、民族偏见、性别偏见等,会使人在认知别人时忽视个体差异,从而导致知觉上的错误,容易产生判断上的偏差和认识上的错觉,妨碍对他人作出正确的评价。

刻板印象是指按照性别、种族、年龄或职业等进行社会分类形成的关于某类人的固定印象,是关于特定群体的特征、属性和行为的一组观念,或者说是对与一个社会群体及其成员相联系的特征或属性的认知表征。这种对社会群体不准确和简单化的见解或带普遍性的结论,致使旁人依此对其有固定的期待。比如,人们一般认为男性独立、刚强、心胸开阔;女性则表现为依赖性强、温柔、敏感、脆弱;商人常被认为是奸诈,有"无奸不商"之说;教师常常被认为是知识渊博、文雅沉静、品质高尚;南方人往往被认为是聪明伶俐、温柔多情;北方人则被认为是性情粗犷、豪放直爽……大量研究表明,刻板印象依然以一种自动化的方式对人们的日常观念和行为产生影响。我们在认识和判断他人时,并不是把个体作为孤立的对象来认识,而总是把他看成是某一类人中的一员,使得他既有个性又有共性,很容易认为他具有某一类所有的品质。因而当我们把人笼统地划为固定、概括的类型来加以认识时,刻板印象就形成了。

(五)定势效应

典型案例

因"唱歌"引出的笑话

近年来,台湾的旅游团队到祖国大陆的观光者越来越多。有一次,旅游车正在开往景区的途中,车内后排站起一位台湾老人,他说:"王导,我们距下一站还有多远?我想去'唱歌'。"小王是个刚刚上团不久的新导游,对游客提出的问题,作出十分热情的回答:

"我们今天所有的行程结束之后,我再领大家去 KTV 好吗?"此时,车厢里的台湾客人早已笑成一片了。小王被这样的场面弄得不知所措,看看司机,司机也在抿着嘴,似乎还乐出声了。原来,台湾客人习惯把上"洗手间"称为"唱歌"。小王并不理解客人的真正用意,结果闹出了笑话。事后,小王了解到,这种说法在台湾由来已久。据说,当地有一位老奶奶,第二天准备带着小孙子参加婚礼。为了不让小孙子在宴席上出丑,在出门前再三叮嘱,如果要去洗手间,就说:"奶奶,我要去唱歌。"小孙子很听话,在酒席上没有出什么差错。可是,到了晚上,小孙子要起夜,对奶奶说:"奶奶,我要去唱歌。"这时候,奶奶早把白天的事情忘记了。为了让小孙子早点儿睡觉,奶奶说:"好孩子,小点儿声,就在奶奶耳边小声唱。"当然,结果可想而知了。知道原因后的小王,非常感慨,原来当好一名导游,不仅要把导游词背熟,还要懂得这么多知识啊!看来自己还需要不断地充实自己,来弥补不足。事后,小王回到旅行社,把这件事告诉了地接部经理。经理非常重视,组织社全体专、兼职导游进行了一次大规模的集中学习,要求大家汇总带团活动中经常出现的问题,并有针对性地进行了培训,收到了较好的效果。

(资料来源:李娌,王哲. 导游服务案例精选解析. 北京:旅游教育出版社,2007)

评析: 导游服务最显著的特点之一,是具有一定的涉外性。因此,导游人员必须掌握必要的国际知识,熟悉主要客源国或旅游接待国的概况,知道这些地方的历史、地理、文化、风土人情、礼仪禁忌等。通过这些知识的掌握不仅可以有的放矢地为游客服务,还能增进与游客间的交流,拉近彼此间的距离。案例中的小王犯了心理定势的错误,所以闹了笑话。

所谓心理定势,是指人们在认知活动中用"老眼光"——已有的知识经验来看待当前问题的一种心理反应倾向,也叫思维定势或心向。我国古代寓言"疑邻偷斧"形象地描绘了这种心理活动过程。

在人际交往中,定势效应表现在人们用一种固定化了的人物形象去认知他人。例如:与老年人交往中,我们会认为他们思想僵化,墨守成规,跟不上时代;而他们则会认为我们年纪轻轻,缺乏经验,"嘴巴无毛,办事不牢"。心理定势效应常常会导致偏见和成见,使我们产生认知偏差。所以我们不要一味地用老眼光来看人处世。

(六)投射效应

投射效应,即在人际认知过程中,人们常常假设他人与自己具有相同的属性、爱好或倾向等,常常认为别人理所当然地知道自己心中的想法。所谓"以己度人",是这种心理效应的最好注解。有个故事说,古代一位喜欢吃芹菜的人,总以为别人也像他一样喜欢吃芹菜,于是一到公众场合就向别人热情推荐芹菜,成为一个众所周知的笑话。但是生活中每个人都免不了犯类似的错误,心理学家罗杰斯曾做过这样的实验来研究投射效应,在 80 名参加实验的大学生中征求意见,问他们是否愿意背着一块大牌子在校园里走动。结果,有 48 名大学生同意背牌子在校园内走动,并且认为大部分学生都会乐意背,而拒绝背牌的学生则普遍认为,只有少数学生愿意背。可见,这些学生将自己的态度投射到其他学生身上。

"以小人之心度君子之腹"就是一种典型的投射效应。当别人的行为与我们不同时,我们习惯用自己的标准去衡量别人的行为,认为别人的行为违反常规;喜欢嫉妒的人常常将别人行为的动机归纳为嫉妒，如果别人对他稍不恭敬，他便觉得别人在嫉妒自己。

在旅游服务中，为了克服投射效应的消极作用，我们应该正确地认识自己和他人，做到严于律己，客观待人，尽量避免以自己的标准去判断客人。只有主动积极地去交往，才能真正地了解客人所想，才能真正为他们做好服务。

三、人际交往的心理障碍

在人际交往当中，还存在着心理障碍因素，从而影响人际交往的正常开展。心理障碍又称心理异常、变态心理。心理学中有一门分支学科就叫作变态心理学，又称病理心理学，是专门研究和揭示异常心理现象和行为活动及其发生、发展规律和变化原因的科学，对此作出了科学解释。人际交往中常见的心理障碍有以下几个方面。

(一)焦虑障碍

典型案例

一位妇女每次旅游时都会备感焦虑。白天旅途中，她每天都要检查好几次自己的行李，看东西是否丢失。每天晚上住酒店时，她睡觉前要把桌子移到门后顶住，晚上还要起来好几次检查房间门窗是否关锁，插栓是否插好。同行的游客觉得她的行为毫无必要，甚至感到很恼火。她自己也为此感到非常痛苦，明知没有必要，但她仍然无法自控。

问题：这位妇女的表现说明了什么？

评析：这位妇女的做法是典型的强迫障碍表现。强迫障碍包含两个成分：强迫观念和强迫行为。旅途当中，小心谨慎，谨防被扒被窃，安全第一这些意识本无可厚非，但是该妇女过于焦虑会显得变态，走向极端。这位妇女的强迫观念是：怕旅途遗失东西，怕酒店门窗没关好，小偷进来。强迫观念持续反复出现，当事人也意识到这些观念是不合理、不适宜的，但却很难消除或控制这些念头，忍受着这些观念带来的焦虑和煎熬。强迫行为是对强迫观念的一种缓解，当遗失东西的念头不断在脑海中盘旋时，个体需要通过检查行李和门窗这种强迫行为释放自己的紧张和焦虑。

焦虑是一种包含着恐惧、害怕、紧张等成分的负性情绪，伴随一定的躯体症状，主要体现在对未来的担忧。它在某些情境下是正常且有益处的。但当它持续时间很长、程度很重时，可能成为一种心理障碍。在旅游活动中，由于处在陌生环境中与陌生事物、陌生人群打交道，相对快节奏的行程安排，无论是旅游工作者还是客人都容易导致某种程度的不安、紧张、怀疑等焦虑心理。心理上易疲倦、易焦躁，也容易为出现某些事故而发生冲突。所以，旅游工作者要充分理解客人这种心理，切实做好安全提醒、预防和保护工作，消除他们的紧张心理。

(二)自我中心

人际交往都伴随着一定程度的自我暴露。心理学家认为，良好的人际关系，是在人们自我暴露逐渐增加的过程中发展起来的。随着心理距离的拉近，我们对他人的接纳性和信任感越来越高，我们也会越来越多地暴露自我，同时我们也要求别人越来越多地暴露他们自己。因此，我们要想知道自己同别人的关系深度如何，要想知道别人对我们有多高的接纳性，只需要了解别人对我们的自我暴露深度如何。

但是，我们对他人在自我暴露的广度和深度上因关系的深浅而截然不同。与陌生人交流一般只涉及社交性的话题，如"今天吃什么了""昨天天好热"等。对于熟悉的人，自我暴露的深度和广度会增加，但只在小范围内涉及亲密话题。而对于亲密朋友，交流最为广泛充分，所涉及的亲密话题和非亲密话题都很广泛。当然，对于任何人，无论关系多么亲密，我们都有不愿意暴露的心理秘密，也不能要求对方完全敞开心扉，更不能任意侵犯对方的隐私；否则，就会遭致对方的排斥，从而导致对你的接纳性大大降低，适得其反。

有的旅游服务人员在与客人交往的过程中，以自我为中心，只关心个人的需要，强调自己的感受。也许是为了表现自己，喜欢自吹自擂，或者只图完成任务，省心省事，全然不考虑客人的需求、情绪和态度，这样必然导致客我交往出现问题。

(三)羞怯

一般人和陌生人交往会有轻微的羞怯，但有些人在人际交往中总是处于一种窘迫与焦虑状态。"在任何社交场所我都感到很恐惧。每当我走进满是人的房间，我会立刻脸红起来，好像其他人的目光都在我身上。站在房间的角落，我完全不知道该跟别人说些什么。"这其实是一种社交恐怖症。他们在社交场所害怕当众发言，害怕引起别人的注意，不敢与别人对视，害怕当众出丑。为避免这些焦虑，他们可能回避一些必要的交流。在公共场合发言就支支吾吾，行动上手足失措。旅游工作者要尽量避免这些不利于与客人正常交往的行为。

(四)干涉

心理学研究发现，人人都需要一个不受侵犯的生活空间；同样，人人也需要有一个自我的心理空间。有的旅游工作者在与客人交往的过程中，偏偏喜欢询问、打听、传播他人的私事。这种人热衷于探听别人的情况，并不一定有什么实际目的，仅仅是以刺探别人隐私而沾沾自喜的低层次的心理满足而已，但对于客人却是一种不能容忍的侵犯其隐私的行为。旅游服务人员需要克制这种心理，避免发生不必要的麻烦。

任务三　旅游人际交往的技巧策略

导入案例

小张是位年轻的女导游，带团旅游就住于某酒店。中午就餐时，刚开始客人比较平静，酒过三巡，客人有些面红耳赤了。这时，其中的一位客人过来，言辞轻佻地拉扯导游要求喝"交杯酒"。小张平静地说："看这位先生一定是位领导，您希望您职工违反工作制度吗？"客人一愣，小张得体地补充说："现在是我为您服务时间，不能喝酒，对不起，您还需要什么，尽管吩咐。"过了一会儿，几位客人的酒气上来了，开始击碗拍案，胡言乱语起来，小张依然平静，既没有认可，也没有拂袖而去，只是淡淡地正色道："等会儿还有旅途奔波劳累呢，各位请适当注意酒量以免身体不适。"客人露出一丝尴尬。最后有两位客人酩酊大醉，吐了一地。小张扶他们到沙发上休息，给他们递茶、倒水、送毛巾。事后，客人专程来道歉致谢。

问题：本案例中的小张对失态客人的处理是否合理？

评析：旅游工作者工作中需要面对形形色色的客人，客人的素质必然参差不齐。所以作为一名优秀的导游一定要掌握旅游人际交往的技巧策略，灵活机智，既不降低自己身份，也不让客人有机可乘，游刃有余地处理各种突发事件。案例中的小张面对不庄重的客人，能够自制而又不卑不亢，泰然处之，既不得罪客人，同时也做好了服务，得到了客人的认可。

一、旅游人际交往的原则

尽管旅游工作者面对的客人形形色色，在人与人的交往过程中发生的情况千变万化，但究其规律总是有章可循的。归结起来，旅游人际交往需要遵循以下原则。

(一)尊重原则

典型案例

我的座位被占了

全陪小越带团去河北旅游，下火车后换乘旅行社安排的旅游汽车。每位登上汽车的游客都选择了自己中意的座位，一天下来平安无事，可第二天就出问题啦！早晨集合时，整个团的游客除了一位60岁左右的老婆婆外，全都坐好了。小越问老婆婆为何不上车，她很不高兴地说："我不能坐在车后边，昨天的位子在前排还好，可今天上车动作慢了点儿，那个位子被一位年轻人占了。我想让小伙子坐回原先的位置，可那位小伙子就是不让位。他说导游又没说要坐回自己原来的位置，他喜欢坐哪儿就坐哪儿。大家花一样的钱来旅游，为什么他要在后面。""事先为什么不讲应该怎么就座呢？"小越十分为难地回到了旅游车上，将老婆婆的情况说明了一下，并向各位客人致歉。小越说："我工作没做细，希望大家下次乘车还按现在的座次坐好。同时，也希望年轻人多发扬点风格，尽量照顾一下老人和小朋友，让他们坐在前排。"最后还是为一位团友让出自己的位子给了老婆婆，团队的行程才得以进行下去。

(资料来源：李娌，王哲.导游服务案例精选解析.北京：旅游教育出版社，2007)

评析：在本例中，导游的确在工作中有疏漏，从而导致了本不该发生的纠纷。大多数出行者，尤其是一些年纪大些的老年游客有"受重视"的心理，希望导游员和周围的人都格外在意自己的感受。因此导游员应做到以下几点：①尊重游客，将准备工作做好，提前告之出行注意事项，以减少不必要的麻烦。②经常询问游客感受，与其多沟通、多交流，及时弥补工作中的不足。③在导游服务过程中要一视同仁，不可顾此失彼。一般来讲，游客在参加旅游活动之前，对导游、司机包括旅游团的其他游客，都有一种直觉的想象和判断，期望可以享用旅行社提供优质服务以达到自己的出游目的。这是一种期待，而当旅游活动正式开始时，旅游者又会根据自己接触到的服务来进行比较，一旦事实与期待产生差异，旅游者就会感到不受"重视"，旅游感受被人忽略。本例中老婆婆的心理就是这样，所以，导游应多掌握游客心理，提供贴心服务，尽力使游客满意而归。

尊重原则是人际交往的重要原则。尊重他人也是尊重自己。心理学家认为，尊重包括自尊和来自他人的尊重。自尊包括对获得信心、能力、本领、成就、独立和自由的愿望。来自他人的尊重包括威望、承认、接受、关心、赏识等。人们往往容易做到自尊，但要获得来自他人的尊重,首先要学会尊重他人。与人交往,不论对方的地位高低、身份如何、相貌怎样,都要尊重他人的人格,使人感到他在你的心目中是受欢迎的,从而得到一种心理上的满足,进而产生愉悦。

尊重他人首先是对待他人要热情、真诚。雷锋说:"对待同志要像春天般温暖。"热情的态度会使人产生受重视、受尊重的感觉,感到你特别"给面子"。所谓面子,就是自尊心。每个人都有自尊心,失去自尊心对于一个人是件非常痛苦的事。伤害别人的自尊是严重的失礼行为。尊重他人就是要给人面子,同时也获得他人的尊重。在交往中,任何不尊重他人的言行,都会招致别人的反感,更不会赢得别人对自己的尊重。但是过分热情,会使人感到虚伪、缺乏诚意。

尊重他人应允许他人表达思想,求同存异。缺乏宽广胸怀的人,别人和自己的意见不同时,可能立即就开始批评或辩论,甚至恶语相向。其实,每个人对每件事都会有不同的看法和不同的理解。旅游工作者不能期望大家的意见与自己完全一致,也不能把自己的意见强加给对方,在和与自己性格不同的人交往时,应充分尊重对方的人格和自由。

(二)平等原则

服务人员在与客人交往的过程中,尽管存在某种程度的不对等性,但彼此在人格上是平等的。现实生活中,不能否定"对于每个人,出发点总是他们自己"这一现象存在的普遍性,但是任何个体想要维持生存和生活得更好,必然要懂得谦让、互助,才能获得双赢。旅游工作者在工作中,人格是与客人平等的,必须有正确、平和的心态。在为客人服务时不要感觉低人一等,而是要不卑不亢。同时也要平等地对待每一位客人,既不盛气凌人,也不阿谀奉承任何一方。客人虽然在身份、地位、健康状况等方面有诸多不同,但服务人员都应该一视同仁地对待他们。有的服务人员以貌取人的做法是不可取的。不能对衣着华丽的人恭恭敬敬,而对衣着寒酸的人傲慢无礼,这是不尊重客人的做法,应该摒弃。但是对于某些客人又需要给予适当的特殊照顾,比如老、弱、病、残、孕等,在有斜坡或台阶的地方最好进行搀扶,这样做才能体现服务人员的礼貌修养。旅游工作者也应该重视跟领队建立良好的关系,重视利用领队在旅游团中的地位和影响力,来保证旅游服务的顺利开展。

(三)诚信原则

人际交往离不开诚信。诚信是指一个人诚实不欺、言而有信。古人有"一言既出,驷马难追"的格言,现在有"以诚信为本"的原则。在客我交往中,只有双方都有诚意,才能相互理解,交往关系才能得以发展。旅游工作者要注意对客人信守承诺,也要注意不要轻易向客人许诺;而一旦许诺,就要设法实现,这样才能赢得客人的信任以利于进一步的交往。

(四)宽容原则

典型案例

律师的"嘴"

郑方是一位律师,春节期间陪同家人到湖南旅游。在旅游活动中,也许是职业习惯的原因,每每导游和司机小声说话或避开游客交流时,郑方就会和旅游车上的其他游客说:

旅游心理学

> "看看，他们又开始算计咱们了。"大家听后，常常发出一阵笑声。一日下午，导游王曼打算和司机商量一下行车线路。因为金鹰电视节在今天晚上正式拉开大幕，长沙市内相关主要街道会被临时禁行。正在两个人研究线路时，郑方的想象力又开始发挥了。不过，这次游客反应并不大，可是却被导游和司机听见了。此时，游客们看导游有些生气，于是劝说的、调解的纷纷上阵。最后，郑方十分不好意思地走到车前向导游和司机致歉，此事才算告一段落。
>
> 评析：郑方是律师，平时经常为别人辩护，也是伶牙俐齿。但职业习惯也使他对导游和司机的谈话生疑。虽然郑方的行为对旅游团队并未造成什么大的不良影响，但如果导游不加注意或不认真对待，也会给游程带来一定的麻烦，正如王曼和司机的境遇那样。

"以责人之心责己，以恕己之心恕人。"宽容，乃是中国传统文化几千年的精髓。在人际交往中，要以诚挚、宽容的胸襟，尽量原谅别人的过错。这样，你可以收获他人的信任和感激；反之，对他人的过错斤斤计较，只会陷入紧张、破裂的恶性循环，最后可能付出更大的代价。旅游工作者的宽容表现在对非原则性问题以和为贵；对客人不计较、不挑剔、不针锋相对；对客人的误会或错误能够大事化小、小事化了，宽容大度地处理。在旅游活动中，对客人的宽容不仅可以让工作顺利开展，而且也能赢得客人的理解和尊重。所以，旅游工作者要有足够的涵养、宽广的胸怀来容纳客人的缺点，要严于律己，宽以待人，不放纵自己，不苛求他人。这样既可以很好地体现自己的风度和尊严，也有助于建立良好的人际关系，从而赢得客人的尊重。

二、旅游人际交往的技巧

(一)塑造良好的自我形象

自我形象是一个人展现给别人的自己的整体风貌。它显示出一个人的容貌、气质、修养与个性，是一个人人格魅力的外在体现。它对一个人的生活、工作及人际交往都会产生重大影响。培根说："把美的形象与美的德行结合起来吧，只有这样，美才会放射出真正的光辉。"良好的自身形象和大方得体的仪表是客我交往的基础。从某种程度上说，旅游工作者的形象如何，将直接影响客我关系的质量。那么，该怎样塑造良好的自我形象呢？

主要应做到以下几点。

(1) 注重外表修饰。衣着整洁大方，符合自身气质和职业身份，可适当化妆修饰。

(2) 遵守规范，训练有素。任何一个职业群体都有一套规范，旅游工作者要严格按照旅游从业人员的行为规范严格要求自己。

(3) 举止得体，谈吐文雅，态度谦和，热情大方。

(4) 诚信为本，坦诚相待，实事求是。

(5) 热情待人，谦虚礼让，助人为乐。第六，表里如一，适当展示自己的长处，不华而不实。

(二)学会赞美

旅游服务人员在客我交往过程中，要善于发现并鼓励、赞扬客人的优点和长处，要以诚挚的敬意和真心实意的赞扬来满足客人的自我需求。尤其是在素昧平生的人之间，适度的恭维能给客人留下良好的第一印象，为双方进一步沟通打下良好的铺垫。工作中更容易获得客人的配合，旅游工作者自身心情也更加愉悦，旅游企业也更有可能获得好的评价。

在潜意识里，我们都渴望得到别人赞许的目光，渴望别人的赞美。这是每个人都会有的渴望，同样，客人也渴望被赞美。恰当的赞美能促进人际关系的和谐，给客人带来美好的心境。在旅游服务当中，赞美客人时要因人、因事、因场合制宜，不管是直率、朴实还是含蓄、高雅，都会收到很好的效果，但切忌不切实际的赞扬，那样只会遭人反感。赞美时要注意：一是赞美语言要坦诚得体，必须说中对方的长处。赞美别人要情真意切，切忌态度轻率、恭维离谱，那样容易被对方识破并产生不快甚至厌恶的感觉。赞美能让对方感到你的真挚、亲切和可信，从而拉近双方之间的人际距离。二是背后赞美别人比当面恭维更为有效。这是一种至高的技巧，背后赞美人在各种恭维的方法中，最让人高兴，也最有效果。三是赞美要因人而异。人的素质有高低之分，年龄有长幼之别，因人而异、突出个性、有特点的赞美，比一般化的赞美能收到更好的效果。

(三)学会倾听

典型案例

教授"教"说话

老教授合唱团的游客在经过5个小时的车程后，终于在晚上7:00到达了美丽的西子湖畔——杭州。一路下来，老人们早已是饥肠辘辘了。全陪导游小何一边安排房间，一边到餐厅催促上菜。看到客人的晚餐上得较快，他松了一口气。这一组游客都是大学教授，文化层次较高，但也喜欢挑剔。就拿昨天来说，上海的午餐质量还是不错的，可是一位王教授把全陪小何叫到身边说："小何，能不能让菜多点？这家餐厅做事情怎么这么小气，这么点儿菜怎么够大家吃啊！"小何看了一下餐桌上的菜量，想尽量解释一下，于是说："大家可能都知道，我们国家的菜分为四大菜系，口味和做法也各有特色。这上海菜就讲究精和细，贵不在多而是在精。"话还没讲完，王教授当时就火了："小何，你是不是我们的导游，是不是全陪，怎么说话呢？向着谁呢？上海导游给你什么好处了，你还向着他们说话。"小何十分难堪，立刻补充道："我的意思是，大家放心，别管菜盘大小，一定会让大家吃饱。"王教授说："你说话有毛病。应该说：'大家放心吃，一定会让大家吃饱。然后你再介绍上海菜。"小何这时真的无言以对了。他一边走一边自嘲地唱道："教授的心思你别猜，你别猜，你猜来猜去也猜不明白。"

评析： 在本例中，王教授属于争辩激动型的游客，处世好胜心强。无论什么问题和事情，都要提出异议和反驳，并且非要争个高低，不达目的誓不罢休。在与别人争论时又往往显得很激动，脸色较难看，说话声音又大、又快。激动时难免出言不逊，经常伤害别人的感情，往往搞得不欢而散。导游员接待此类游客要有充分的思想准备，注意与游客建立良好关系。本案例中的小何应该先学会倾听，搞清楚客人意见所在，不要忙于解释与争辩，以致惹火上身，这样只能把局面弄得更糟。

人在社会交往中，不仅要学会交谈，还要学会倾听。倾听是一门艺术，是尊重别人的表现。作为旅游工作者，要做到尊重客人，就要善于站在对方的角度，感同身受，推己及人。当客人与你谈话时，应该正视对方，以示专注倾听，使客人感到自己说话的重要性，在适当的时候要通过体态语或言语给予反馈，做一个积极的"倾听者"。作为服务人员，要学会善于欣赏、接纳他人，切记不能做有损他人人格的事情。不要随便打断客人的谈话，可以适当地提问以示你在很仔细地听他讲话。另外，在听话时需要注意琢磨对方话中的微妙感情，细细咀嚼品味，以便弄清其真正意图，只有这样才能真正为客人做到贴心服务。

(四)热情有度

热情有度是指服务人员在为客人提供服务时务必把握好热情的分寸。旅游服务人员对待客人要热情大方。热情的言辞和微笑服务可以拉近客我之间的距离，化解一些不必要的误解和麻烦。但服务热情过头，又会有碍于客人。服务人员在提供服务时要注意公私有别。在服务过程中，出于礼貌或创造和谐气氛的需要，服务人员可以态度热情，和客人进行一些必要的交谈。但是服务人员与客人交谈时要注意两点：一是不能影响工作；二是不能距离太近。实际上旅游当中，服务人员与客人之间的交往只发生在一定的时间和一定的地点。要特别注意留给客人充分的自我空间，不能打探客人的隐私，更不能触犯客人的禁忌。因此，服务人员在服务过程中不只是要积极、主动，更要切忌因热情过度而干扰了对方。

三、旅游人际交往策略

旅游活动是一种比较复杂的人际交往活动。各种各样的人相处在一起，对于旅游工作者，要使旅游活动顺利进行就要掌握一定的旅游人际交往策略。

(一)因人制宜，区别对待

在旅游服务中，服务人员要善于处理好与不同旅游者之间的关系。服务人员在与客人交往的过程中，一定要把握客人特征，因人制宜，注意工作方式方法。尽管客人形形色色，服务人员在一视同仁为他们做好服务的同时，也要注意客人的个性心理特征、身份、性别、需求的不同，区别对待。在交往的过程中，要区分不同类型的客人，采用不同的交往策略。

首先，在初次跟客人交往时，服务人员除了注意给客人留下良好的第一印象之外，也要注意搜集客人信息，初步整理分析对客人的第一印象。服务人员要未雨绸缪，除了了解客人一些有关身份、地域、职业、性别的基本信息之外，还要注意仔细观察客人特点，做到对旅游团总体上的了解和把握，在心理上做好充分准备。

一般来说，观察客人可从他们平时的衣着、言谈举止入手，通过进一步的交谈了解，大致分析客人特征。比如，在个性心理特征方面，粗犷、外向的人热情、开放，真诚、乐于助人，但容易冒失、急躁，服务人员就要避其锋芒，给足面子，避免与之发生直接冲突。在年龄方面，对于老年人，服务人员需要声音洪亮、耐心细致；对于儿童，需要反复提醒一些旅途安全注意事项。在身份和社会地位方面，对于经济收入高的群体，需要注意语言的文雅以及高层次的消费；而对于低收入群体，则需要更注意使用通俗易懂的语言和中低层次的消费。实际上，对客人采取任何的划分形式也不能一概而论，必须针对具体的对象采取适当的策略。在旅游当中，主要应抓住主要矛盾，也就是解决那些易挑刺、爱拖沓、易惹麻烦的客人，照顾好弱小，争取旅游活动的步调一致和顺利开展。

另外，导游在与领队交往时，要注意尊重领队，主动要求配合，善于利用领队的号召力帮助自己实现工作的顺利开展。遇到不合作的领队，产生矛盾和纠葛时，要注意处理方式方法的选择和采用，坚持有理有节的原则，妥协忍让，宽容豁达，尽量避免产生正面冲突。同时尽量争取团内大部分旅游者的理解和支持，实在必要时，向旅行社说明情况，由旅行社出面协调处理。

(二)顾客至上，随机应变

旅游服务最显著的特点之一，是具有不确定性，随时要面对不同的客人、不同的旅程、不同的文化。因此，旅游服务人员首先必须要掌握必要的知识，熟悉主要客源和旅游地点的基本概况，知道这些地方的历史、地理、文化、风土人情、礼仪禁忌等。通过这些知识的掌握不仅可以有的放矢地为游客服务，还能增进与游客间的交流，拉近彼此间的距离。其次，在为客人服务时，旅游服务人员就需要明确自己处于服务者地位所扮演的角色。服务人员要学会微笑。微笑服务是服务行业的基本要求。微笑代表热情、真诚，能让人感觉温情、信任、理解。任何时间任何地点，微笑如春风，都是人际交往的润滑剂。另外，对待客人应该要树立"客人永远是对的"的观念。首先对服务要有全局观念，要对自己服务的整体心中有数，尽量避免差错。如果因为服务不到位引起客人的不满，也要做到"亡羊补牢，为时不晚"，争取"否定后肯定"效应的发生。最后，旅游服务人员还要学会一点幽默，要会为自己打圆场，给自己台阶下，有效化解一些尴尬局面。

(三)善于沟通，化解争端

旅游工作者在解决客我关系时，特别重要的一点就是要善于沟通。沟通是理解的桥梁，是信息通达、矛盾化解的必经渠道。作为一个旅游服务人员，一定要学会沟通。沟通时特别要注意"沟通不论是非"，先解决问题原则。这里所说的"沟通"，是指了解客人是怎么想的。服务人员要克服心理定势、刻板效应、投射效应等心理效应的作用，要实事求是地确认和解决问题。人们之所以不能顺利地进行沟通，一个最常见的原因就是急于"分清是非"，而实际上，只有先"不谈是和非"，才有可能顺利地进行沟通。一谈"是和非"，"沟通"就成了"辩论"。 沟通是通过双方的"说"和"听"来完成的。要顺利地进行沟通，就要做到无论在听的时候，还是在说的时候，都要坚持"不谈是和非"。客人正在有意见的气头上的时候，服务人员更要注意自己的态度、语气和言辞，避免引发不必要的争执。旅游服务是公务性活动。服务人员一定要保持一个良好的心态，心平气和地面对和处理问题，尽量避免把工作上的事情搅和到个人"是非"中来。一旦服务出现缺陷，不管错误在谁，首先要对客人真诚地道歉，对客人的心理和行为表示理解和同情，抚慰客人，然后耐心倾听客人的投诉。在倾听的时候，一定要真诚地面对客人，既不左顾右盼，也不目不转睛。必要时可以复述客人的投诉内容，避免因为误听而导致更大的失误。通过耐心的倾听表达诚意，减轻顾客的不满。倾听客人投诉的时候，不要随意打断客人的诉说，更不要为自己或自己所在的旅游企业辩解，因为辩解只会使客人更生气。单单只是道歉和倾听还是远远不够的，因为顾客的目的是希望能解决他的实际问题，弥补他的损失。所以必须迅速采取有效的措施进行补救，能当场决定的解决方案当场拍板，不能当场决定的要向顾客说明，并给出一个解决问题的具体时间。问题解决了，还要询问客人对解决方法是否满意，还有没有更好的意见和建议，并对客人对工作的支持和谅解表示感激。

思考与讨论

1. 你认为旅游人际交往要注意哪些原则？
2. 描述自己在日常生活中的体验，让同学分析人际交往中有哪些心理效应？
3. 结合实际谈谈克服旅游人际交往心理障碍的方法。

实 训 题

> 10月25日，一名伍先生打电话给酒店订房处，声明"我是你们酒店的一名常客，我姓伍，我想预订10月29日至30日2618房间两天"。预订员小刘当即查阅了29日至30日的客房预订情况，表示酒店将给他预留2618房间至10月29日下午18:00。10月29日下午15:00，伍先生和他的一位朋友来到前厅，在出示证件要办手续时，接待员小方查阅了预订信息却说："对不起，伍先生，您没有预订啊？""怎么可能，我明明在4天以前就预订了。""对不起，我已经查阅了，况且本酒店的2618房间已出租，入住的是一位吴先生，请问您是不是搞错了？""不可能，我预订好的房间，你们也答应了，为什么这么不讲信誉？"接待员小方一听，赶紧核查预订信息才发现，原来预订员一时粗心把"伍"与"吴"输入错误，当吴先生登记入住时，小方认为这就是预订人，随手就把吴先生安排进了2618房间。小方向伍先生抱歉地说："伍先生，实在抱歉，您看这样行不行，您和您的朋友就入住2619房间吧，2619房间的规格标准与2618房间完全一样。"伍先生不同意，并且很生气，认为酒店有意欺骗他们，立即向大堂副理投诉……
>
> （资料来源：远播教育网，http://www.management.114study.corn）

(1) 在这个案例中，酒店服务人员存在怎样的心理定势？
(2) 你认为对这类问题应该如何处理才会让客人满意？

服务职业心理篇

学习情境六　导游职业心理养成

学习目标：

- 通过本项目学习使学生明确导游员应具备的基本心理素质，平时注重自身职业心理素质的养成。
- 掌握游客在旅游不同阶段的心理特征，为做好针对性服务提供理论指导。

技能目标：

- 能加强自身导游服务意识的培养，提升自身心理素质。
- 能分析旅游者在旅游不同阶段的心理活动，做好针对性的服务工作。
- 熟练掌握在导游过程中如何为旅游者做好功能服务和心理服务。

任务一　导游人员的服务意识与心理素质

导入案例

一次，一个团队交到了我手上，在拿计划的时候计调就告诉我这个团的客人出来旅游的时候因为组团社的失误就带着情绪，要小心应付，不要引起投诉了。听到这里我心里就想这个团我就当陪家里亲人旅游了，赚钱是其次，主要是让他们满意而归。说来也巧，这个团乘坐的飞机在飞行过程中因为大雾原因在上空来回盘旋就是没办法落地，然后又飞到附近机场也是因为一样的原因无法降落。时间在推移，我也在机场焦急的等待，怕出什么意外。时间在一分钟一分钟的过去，天气情况却没有一点好转，就在这个万分危急的时候，机长采取了强行降落的方式把飞机停靠在机场，客人相当于在生死之间走了一次，出来时一个个面如土色，这时候我一个大步走上去给我的客人每人一个拥抱，并且祝贺他们平安抵达桂林。就是这个简单的动作让他们感觉到了亲人一般的亲切，放下了他们的心房。等客人上车后我又用我充满了感情的声音安抚他们：中国古话说得好，十年修得同船渡，百年修得共枕眠。桂林一年接待几千万游人，导游有一万多名。我们能够在一起相聚几天，真是一种难得的缘分。而且这次行程我们还共同经历了惊险，更成为生死之交。客人听到这席话后，原来忐忑不安的心，得到了进一步的安抚。之后我又用自己风趣的语言介绍了桂林的概况，中途曾三次被客人的掌声打断。这个团队就在我的精心呵护下，取得了不错的效果。当行程结束送客人去机场的路上，团队的领导拉着我的手对我说：小张，我们这个团队在前往桂林时就遇到了问题，并且在抵达桂林前又遇到了飞机事故。本来以为这次行程不会开心，但是没想到在你细心的服务和真心的对待下，我们感觉桂林山水果然名不虚传，下次我们会介绍更多的朋友来桂林。这时我才感觉到：没有不好的客人，只有服务不到家的导游。

(资料来源：http://www.travelgz.com)

问题：导游员应该具备怎样的服务意识与心理素质？

旅游心理学

导游员的言谈举止、品行素质直接反映出一个城市文明的建设程度，折射出一个城市居民的素质修养。在日本，人们称导游为"无名大使"。美国人称导游员是"一个国家的脸面"。许多国家都认为导游员是代表一个国家的"橱窗"，是一个国家文明的体现者。导游员的一言一行、一举一动都代表着一个城市、一个地区乃至一个国家的形象。导游员满怀激情的解说，可以为山水风光增色、为名胜古迹添彩。旅游者来自不同的地区和国度，有着不同的文化背景，是导游员在这些不同种族、不同肤色、不同语言、不同信仰，特别是不同价值观念的人们之间构筑起互相理解、互相尊重和促进友谊的桥梁，导游员是名副其实的"民间大使"。

几十年来，我国旅游业快速发展，国内外旅游者的需要发生了重大变化，这些变化要求导游员不仅要具有政治素质过硬、语言过硬和业务过硬"三过硬"的素质，而且要有良好的服务意识和心理素质。

一、导游人员的服务意识

在旅游市场竞争日益激烈的今天，旅游企业之间的竞争主要是比服务质量、服务水平、服务意识，要时时刻刻为旅游者着想。导游员只有树立正确的服务观念、服务意识，才会端正自己的工作态度，提高自己的工作水平，做一名优秀的导游员。

服务意识是指导游员以服务为自身应尽的义务和职责，并自觉提供服务的思想和精神，它是导游员对自己工作所采取的立场或者看法。服务意识水平的高低决定着导游员的工作效率与效果。

导游员的服务意识是存在差别的，有的导游员只知道一些景点的名字，而其具体内容则不知其详；有的导游员只顾自己导游，不根据旅游者的兴趣爱好进行讲解；有的导游员只顾自己的方便，而不关心老年旅游者和儿童旅游者等，其结果只能让旅游者失望。优秀的导游员应时时想着旅游者，知识渊博，热情周到使旅游者感到称心如意。

(一)游客为先，诚信导游

墨子曾说"言不信者，行不果"。导游员必须做到游客为先，诚信为本，做到以游客为中心，注重服务质量，把旅游者满意作为工作追求的最高境界。在导游服务中要注意做到以下几点：

一是对旅游者不分国籍、民族、肤色、宗教信仰，都要热情服务；二是对旅游者不分性别，文化高低，服务一视同仁；三是不管旅游者是笑颜还是愠色，服务要一样；四是对旅游者不马虎了事，要真心为旅游者服务；五是要站在旅游者的角度考虑问题，主动为旅游者服务；六是在旅游接待中，对旅游者不做任何索取的暗示。

导游员具有良好的服务意识，是其热爱本职工作的表现，才会自觉提高自身服务技能和业务水平。

导游员的热情服务，从服务意识分析主要有超前服务、及时服务和迟到服务三种。

1. 超前服务

超前服务是指在旅游过程中，导游员主动服务在前的一种服务。这种服务意识往往能使旅游者倍感亲切，深受感动。超前服务要求导游员在旅游接待工作中有主动性、预见性、超前性,克服被动性、滞后性和盲目性。

2. 及时服务

及时服务是导游员为旅游者提供及时而周到的服务。及时而周到的为旅游者服务也是一项很重要的工作。导游员往往会为旅游者留下精明能干、可信可靠的良好印象。这也是良好服务意识的体现。满足旅游者的合理要求,及时提供周到热情的服务是导游员应尽的职责。

3. 迟到服务

迟到服务是指导游员应该为旅游者提供服务而未能及时提供,等旅游者不满意后才匆匆去补做的某事。这是导游服务中最忌讳的事,是导游员缺乏服务意识和责任感差的表现。

(二)用心服务,注重细节

"小事成就大事,细节成就完美"。工作要注意细节,细节决定成败。海尔有一句话:企业如果在市场上被淘汰出局,并不是被你的竞争对手淘汰,一定是被你的用户所抛弃。企业在市场中的竞争不仅取决于产品的质量,另外一个重要的因素就是服务的细节,要让客人感动于细节。旅游服务行业的竞争就是一些细小问题的竞争。在西方国家的导游行业里,流传着这样四句话:"小事是重要的事"(Small is important);"小事是漂亮的事"(Small is beautiful);"小事办不好,麻烦就不少"(Small means a lots);"导游无小事"(Tour Guide has no small)。要想成为一位优秀的导游员,应当记住这四句话,时时刻刻办好"小事"。中国饭店服务业还总结出这样一个"公式":$100-1\neq 99=0$。这个公式,同样适用于导游事业,它告诉我们导游要从导游各个环节、各个程序入手,注意细节,不能含糊。比如接一个旅行团,在接待过程中,吃、住、行、游,导游讲解、服务、语言、艺术……样样都好,每个游客都称道,每个人都满意。大家怀着满意愉快的心情,准备在机场与可爱的导游告别,万万没有想到,导游不好意思地说:"对不起大家,返程机票没给大家办好!"这时全团再也没有称赞,代之出现的是愤怒,生气,甚至谩骂,这一项机票工作没办好,前功尽弃,最后得到的是投诉和批评,这就叫 $100-1\neq 99=0$。日常带团工作中,导游员应该学会自查,比如,可以准备一个小型录音机,录下自己的导游词,接团后自己仔细听听,也许会发现不少毛病。

导游员注重细节服务,应该在规范化的基础上,做到"润物细无声"。在此过程中多一分理解少一分抱怨,多一丝体贴少一份随意,多一丝微笑少一点苛刻,多一点尽心少一点马虎,让旅游者与导游员之间的陌生感在细节中消除。

(三)做到知识、经验、技巧的积累

学而不思则罔,思而不学则殆。导游是游人之师,游客之友。一个优秀的导游应该是通今博古的杂家;应该是泰然自若、口吐珠玑的谈家;应该是随机应变、口若悬河的纵横家;更应该是温文尔雅、谈笑风生的儒家。他能够带领游客,在谈笑之间以激扬文字,指点江山。当然要做到这种境界不是一蹴而就的事,而是需要在导游工作中,以成就自己作为目标,树立正确的服务意识与心态,把导游工作当作一份事业来做,有意识地进行知识、经验、技巧的积累,并加强学习,力争做到全能导游。

(四)遵守"二"原则

1. AIDA 原则

AIDA 是英文词的词首组成的,A,表示 Attention(有趣地,尽可能具体的形象)引起谈话,吸引注意力。I,表示 Interest(通过进一步展开已经引起对方注意的谈话)激起谈话对象的兴趣。D,表示 Desire to act 激起谈话对象希望进一步了解情况的心理,得到启示,加深双方关系,尤其是激起对方的占有愿望。A,表示 Action,努力使对方采取占有行动。AIDA 原是西方商业界的市场推销原则,它简明地说明了消费者的行为模式。导游员运用这一原则,作为激发旅游者的游兴、推销附加旅游产品、处理问题的一种行为模式。这对建立导游者与旅游者的良好关系、创造友好气氛有积极作用。

2. 合理可能的原则

这是导游员处理旅游者提出的各种要求和问题时应注意的原则。旅游者在旅游中往往有求全、要求高的心理,经常提出一些苛刻无理的要求,遇上这种游客就必须坚持这项原则。当旅游者提出过高的要求时,导游员必须仔细认真地倾听,冷静分析旅游者的意见是否合理,有无实现的可能。对其合理的要求要给予肯定,并想方设法去办。对不合理的要求要给予耐心细致解释,要合情合理,使旅游者心悦诚服,没有想法。

以上是导游员服务工作的基本要求,也是衡量导游员服务态度和服务质量的重要尺度和标准。具有良好服务意识的导游员,在旅游接待工作中才会有主动性、预见性、超前性,能够自觉克服被动性、滞后性和盲目性,主动给旅游者提供优质的功能服务和心理服务,使旅游者倍感亲切,深受感动。

二、导游人员的心理素质

导游服务具有独立性强、脑体高度结合、复杂多变、关联度高的特点,要求导游人员必须是健康的人。怎样才算健康?世界卫生组织(WHO)认为:"所谓健康,不仅在于没有疾病,而且在于肉体、精神、社会各方面的情况都正常。"也就是说,现代社会健康的人,应是躯体健康、心理健康和社会适应能力良好三者的完美统一。随着社会的发展,市场竞争十分激烈,人们的心理困扰增多,心理疾病的发病率也随着上升。在这样的环境中,心理健康越来越重要。心理健康是良好心理素质的重要基础,良好的心理素质是心理健康的重要保障。美国心理学家戴尔·卡耐基提出,一个人事业上的成功,只有 15%是由于学识和专业技术,而 85%是良好的心理素质和善于处理人际关系。导游服务是一种特殊的服务行业,导游员一年中很大一部分时间带团在外,往往承担着很大的精神压力,具有良好的心理素质更为重要。导游员应该具备的心理素质有。

(一)强烈的角色意识

在人际交往中,人与人之间有着双重关系,一方面是"角色与角色"的关系,一方面是"人与人"的关系,两者分不开、理不清。这是因为人们在社会生活中总是要作为特定的角色进行交往,而社会生活中的角色又总要由具体的人来承担。导游员这一角色是其在旅游活动中服务于游客的职业中形成的。一方面它取决于社会对导游员的"角色期望",这主要体现在《导游服务质量标准》中国家对导游服务质量和导游人员基本素质要求所做的规定。另一方面是游客对导游员服务的要求。而社会对导游员提出要求时,并未考虑到承担这种角色的人的个性。因此,导游员要有强烈的角色意识,正确处理好人与角色的关系。

1. 处理好"非个性"的角色与个性的人的关系

在许多场合,一个人同另一个人打交道,只需考虑另一个人扮演的角色,而不必考虑他究竟是谁,以及他有什么样的个性。在导游服务中就是如此。作为导游员这一"非个性"的角色应处理好。

(1) 与有个性的游客的关系。承担了导游员这一角色,就应按照社会对导游员这种角色的要求去行动。不管游客是什么个性的人,都应接待。既不能强调自己的个性而拒绝以导游角色为游客服务,也不能强调某一位游客的个性而拒绝把他当客人来对待。陶汉军、黄松山在其《导游业务》中明确确定了导游的七个角色:向导、讲解员、宣传员、服务员、安全保卫员、促销员以及"民间大使"。

(2) 与有个性的自己的关系。角色是"非个性"的,扮演角色的人确是有个性的。有个性的人要扮演"非个性"的角色,"非个性"的角色要由有个性的人来扮演,这样容易产生人与角色的矛盾。这一矛盾在导游服务中表现在两个方面。

一是导游员角色人格和导游员真实人格之间的矛盾。导游员需要外倾型的性格,但并非所有的导游员都具有明显的外倾型性格,总是外倾和内倾的结合的中间型,因此,不可避免地拥有一些性格缺点,如导游员不健谈、不大方、不热情等。而导游服务却需要导游员热情、大方、健谈,这样就产生了导游员角色人格和真实人格的角色冲突。在这种情况下,导游员应有强烈的角色意识,以角色人格为重,通过自身的努力完善自己,逐渐缩短真实人格和角色人格的差距。

二是工作角色和生活角色之间的矛盾。导游员在工作中担负着为游客服务的角色,但在生活中扮演着和工作角色迥异的角色。如果工作角色和生活角色都需要占用导游员很多时间和精力,就会产生角色冲突,形成矛盾。如导游员是一位年轻的母亲,在带团过程中,突然接到家中电话,得知其孩子在家中生病,这就产生了工作角色和生活角色之间的冲突,如何解决这一冲突,一方面导游员正在带团过程中,不可能弃团而去;另一方面孩子又急需人照顾。在这种情况下,导游员须有很强的角色意识,暂时放弃生活中的角色,认真完成工作中的角色。

2. 处理好"提供服务者"与"接受服务者"的关系

人与人是平等的,但并不意味着人们所扮演的角色也应平等。"客人坐着你站着,客人吃着你看着,客人玩着你干着",这一在旅游服务行业中流传的顺口溜正反映了这一事实。导游员与游客之间是一种"提供服务者与接受服务者"的角色关系。当"提供服务者"为"接受服务者"提供服务时,双方是不可能平起平坐的,这是一种合理的、必要的不平等。导游员一定要把角色的不平等同人与人之间的不平等区分开来。扮演好这一角色,以行动去赢得游客的尊重,而不是与客人去"争平等"。

(二)广泛的兴趣爱好

兴趣广泛,是导游员成功进行导游的基础。导游员兴趣广泛,乐于探求一切事物,在旅游过程中,能为游客进行精彩的讲解,回答游客提出的问题,并能巧妙地利用自己的兴趣引导旅游者,和旅游者进行融洽的交流,无形中缩短了导游员和游客之间的心理距离,给游客留下良好的印象。导游员的兴趣广泛主要由以下几个方面构成。

1. 热爱本职工作的兴趣

爱因斯坦说过:"热爱是最好的老师。"人们对有兴趣的事物总是优先予以注意,并且体验到肯定的情趣。有人把兴趣比作"成功的胚胎"。导游工作是一项传播文化、促进友谊的服务性工作。导游员为八方来客提供旅游服务,不断在服务中结识众多朋友,增长见识,开阔视野,因此,导游员要热爱本职工作,并适应工作环境和不同的工作对象,使自己在一系列的努力中获得成功。这样就能在一定程度上克服繁杂的导游工作带来的枯燥情绪和厌倦心理,不断进取、全心地投入工作中,热忱地为游客提供优质的导游服务。

2. 不断学习有关知识的兴趣

导游员还要培养和发展职业外的兴趣、爱好,使自己兴趣广泛。这样才能有效地丰富知识,陶冶情操、提高素养。

有学者指出:"人的兴趣是多方面的,作为导游工作者,兴趣更应有一定的深度和广度。也就是说要使自己成为多方面兴趣的追求者,不仅要对与导游密切相关的历史、地理、宗教、艺术等有兴趣钻研,而且对时事政治、自然科学等知识也要有兴趣涉猎。"凡是旅游者想知道的,导游员都应懂得一些,这样,才能满足旅游者求知、求奇、求新的精神享受,与游客打成一片。兴趣单一、知识面比较窄的导游员往往不能胜任导游工作。

3. 培养人际交往的兴趣

导游工作是一项与人打交道较多的工作。培养交际兴趣,对导游员来说是相当重要的。导游员每天都要与各种各样的旅游者打交道,必须具有一定的社会活动能力,善于交际,既要能够接近别人,又要使自己容易被别人信任,只有这样,才能进行良好的导游服务。

(三)良好的性格品质

性格是指表现在人对现实的态度和相应的行为方式中的比较稳定的、具有核心意义的个性心理特征,是一种与社会相关最密切的人格特征,在性格中包含有许多社会道德含义。性格表现了人们对现实和周围世界的态度,并表现在他的行为举止中。一个人的性格可以影响其能力和气质的表现与发展,良好的性格是人生成功的必要条件。导游人员的性格应该是活泼开朗,富有幽默感,为人豁达,善于与各种人打交道;处事灵活,工作认真,有开拓精神,善于合作,勇于负责。

日本导游专家大道寺正子认为:"优秀的导游员最重要的是他的人品和人格。"在他看来,导游员所要具备的基本心理素质是健康、礼貌、整洁、笑容、感情、毅力、胆魄、勤奋、开朗和谦虚。

(四)积极的自我效能感

自我效能感是指人们对自己实现特定领域行为目标所需的信心和信念。它是美国心理学家班杜拉在社会学习理论中提出的一个核心概念。在行动中积极的自我效能感能促进人能力的发展。研究表明,自我效能感越强,就越能够坚持下去。导游员应具有积极的自我效能感,它主要表现在以下两个方面。

1. 自我肯定

自我肯定就是正确认识自己。一个心理健康的人,应能够体会到自己存在的价值,既能了解自己又能接受自己,对自己的能力、性格和特点能作出恰当、客观的评价,并努力发展自身潜能。导游员不可过高估计自己,高估自己,会使人丧失适合于自己的发展机会;低估自己,则易造成导游员的自卑感。国外有位著名学者说:"90%的人都为自卑感到苦恼。"自卑给人们的影响很大。尤其在导游界,经常有导游员说:"只要某某导游员在,我永远也别想有出头之日。""像这样的旅游团,我是没法带。""都是学者型的游客,恐怕我不行。"等。导游员面对这种自卑感,有两种选择:一是认命;二是自我挑战。历史上无数事实已证明一个道理,认命者自甘懦弱,最终成为懦夫。而勇于挑战者,一定会成为一个胜利者。面对比自己强的导游员或游客,心有压力是自然的,但也不可因一点差距而自卑,而应相信自己,增强自信心,这是提高导游员自我效能感的核心。居里夫人有句名言:"我们应该有恒心嘛,尤其要有自信心"。面对同行要充满自信,要有一种不怕输和竞争的勇气。面对游客要有"初生牛犊不怕虎"的精神,相信自己,克服自卑,才能走向成功。

2. 体会自我成绩

导游员在带团过程中,应看到自己的成绩。游客的微笑、心满意足、游客的鼓掌、游客的口头表扬和书面表扬等,都是对导游员服务的肯定。有了游客的肯定,导游员就会心情舒畅、精神愉快,从而进一步去完善自己,为下一次带团做好详细的准备。准备充分,是带好下一个旅游团队的良好开端。这样就会形成一种良性循环,有利于我国旅游业的发展。

(五)坚强的意志品质

意志是指人自觉地确定目的并根据目的支配调节行动,经过克服困难以实现预定目标的过程。大发明家爱迪生曾深有感触地说:"伟大人物最明显的标志就是它有坚强的意志,不管环境变化到何种地步。他的初衷与希望,仍不会有丝毫改变,而终于克服困难,以达到期望的目的。"

坚强的意志,对于导游员胜利完成带团任务有着重大影响。在实践生活中,导游员甩团现象频繁发生,缺乏坚强的意志是其原因之一。导游服务面临复杂的社会环境,而导游的个体因素与复杂的客观因素常引起导游员心理上的冲突,服从导游服务目标,有赖于导游员的意志品质,它体现在:

一是自觉性。导游员要自觉控制自己的某些不良行为。如带团中吸烟、嚼槟榔。

二是果断性。导游员必须明辨是非，办事果断，毫不犹豫地作出决定。

三是坚韧性。导游员带团过程中应具备"绳锯不断、水滴石穿"，不达目的誓不罢休的精神。

四是自制力。瑞士导游专家汉斯·乔治·戈根海姆曾明确指出："我们面前有各种各样的诱惑，金钱、美女、佳肴……"。导游员北野一志先生在《一个中国导游的自白》一书中有一句话："'诱惑'不仅使你难以抵御，更重要的是使你误入歧途"，作为导游员要具备很强的自制力自觉抵制各种诱惑，显示自己良好的心理素质。

(六)稳定的情绪

情绪是个体对外界刺激的主观的有意识的体验和感受，具有心理和生理反应的特征。我们无法直接观测内在的感受，但是我们能够通过其外显的行为或生理变化来进行推断。情绪有两种：消极的情绪和积极的情绪。美国密歇根大学心理学家南迪·内森的一项研究发现：一般人的一生平均有3/10的时间处于情绪不佳的状态。消极情绪不仅对导游员的身体健康十分有害，而且会阻碍导游员带团的顺利和圆满。导游员要学会自我调节情绪，学会情绪转移，千万不能让自己成为情绪的奴隶，否则就会与旅游者发生冲突，从而影响到整个导游服务质量。

"新世界人才之争实为人才的心理素质之争。"导游员要重视并加强对心理素质的培养，在我国的旅游业由亚洲大国向世界大国发展大潮中成为时代的弄潮儿。

任务二　树立良好的导游形象

导入案例

如何树立导游良好形象

凤凰网策划的一个节目"寻找中国人的信仰"。该节目采访了各行各业的人，包括教师、学生、演员、音乐人、保安员、保洁员等，这些人几乎都认为，一个人拥有信仰是多么的重要，但很多人又不知道自己的信仰到底是什么。这个节目从一个侧面反映了中国目前的普遍现象：信仰缺失。因而许多考生考导游证的目的，只是为了导游这个职业可以赚大钱、游景区可免费，也就没什么可奇怪的了。就像许多高考学生争相报考金融等热门专业一样，哪个行业效益好，肯定是最有吸引力的。

当然我们也不能笼统地认为，抱着赚大钱、游景区可免费目的去考导游证的人以及报考热门专业的考生就是信仰缺失。争相去一个有吸引力的行业，本身并没有什么问题，很多年轻人就业目的很明确，就是要去从事那些能挣大钱的行业。如果选择一个行业只将赚钱多少放在首位而不是出于喜欢和热爱，那就不是一种正确的择业观了。一些新导游经常向资深老导游询问，如何能赚到更多的钱，甚至有的新人直接让资深老导游多讲讲进点购物，讲得少了还会被投诉。从这些新导游的言行中，我们不难看出，社会上对导游通过购物拿回扣的"行规"，已经深入人心，以致新人一入行，就迫不及待地想掌握这方面的知识，以此达到入行时想赚大钱的目的。如果我们的导游真抱着这个想法，那不能不说是行业的悲哀了。

要改变这种现象，首先要解决导游的形象问题。这两年各级政府及旅游行政部门，对优秀导游的表彰、宣传，不可谓不重视，但为什么人们记不住文花枝，宁可自己的腿断了也不忘游客的利益？为什么新导游们不争先恐后学先进，而对一些行业赚钱的"窍门"感兴趣？可能我们要检讨一下宣传方式，空洞的花架子式的宣传工程，各地都搞了不少，一些地方这些年搞的导游大赛，现场直播、才艺表演，俨然一场选秀，追求的是热闹、喧哗，让年轻人本来就浮躁的心更加的不踏实，以为这个行业会有一个绚丽的前景。其实任何行业都不是表面看上去那么光鲜的，干久了都是枯燥的，因而更要教育从业人员需有朴实、平淡、从容的心态，一步一个脚印地去实现自己的人生理想。

在信仰普遍缺失的情况下，英雄已经离人们越来越远了，人们更愿意相信身边那些小人物，通过细微的小事，带给人们信心和感动。我在工作中接触过多位导游，但有两位女导游，给我印象最深。一位是去日本时遇到的，她在车上认真地给大家讲解，除了周边的景色，还有中日文化、生活习惯等方面的不同，当游客希望尽快去购物，不想去参观类似博物馆的防震中心时，她坚持说，你们此行安排购物只有两个小时，其余时间都应该看景点，而且防震中心是一个特别值得看的地方，日本是一个地震多发国家，现在已经想出了很多防震的措施，看看应该很有启发。我很喜欢这位导游的诚恳和执着，跟她聊了很多。她其实只是一个兼职导游，有中国团了旅游公司才会请她，平时就是家庭主妇。她大学是学中文的，还在中国实习过。在几天时间里，她细心地为大家服务，每到一个地方住下了，我都接到过她的电话，叮嘱下边的活动时间、集合地点。最后一天，她为了等几个不守时的客人，急得满脸通红，打了无数电话，直到得到客人的确认，她才赶来与我们会餐。团里所有人都向她敬酒，一位男士对她说，"你是个好人，我们会记着你"。另一位导游是去年上海国际旅游交易会后，我去崇明岛碰上的。她也是兼职导游，本职是个药剂师，她把热爱家乡的感情传递给了我们，看得出来，她对崇明岛的一切都那么自豪。她考导游证的想法很单纯，让更多的人了解她的家乡、带着游客旅游。这份兼职工作带给她比预料的多得多的收入的同时，也让她找到了快乐。

写这篇文章，脑子里浮现出上边两位导游的形象时，我突然想到，如果那些想报考导游的人，之前能有组织地安排他们接受这样的导游服务，那么，他们报考导游的目的能否改变呢？

(资料来源：吴晓梅. 中国旅游报，http://www.youkecn.com. 2011-12-18)

问题：导游员应该如何树立良好的导游形象？

导游人员是旅游业的灵魂。旅游的质量、旅游产品的销售、旅行社形象以及旅游目的地形象的推广等，无一不在导游员的掌握之中。导游形象是指人们通过各种感觉器官，对导游员的仪容、仪表、行为举止、导游语言、导游技巧以及各种服务等进行评价而形成的整体印象。树立良好的导游形象是指导游人员要在游客心目中确定可依赖、可帮助他们和有能力带领他们安全、顺利地在旅游目的地进行旅游活动的形象，也就是导游员要成功塑造"民间大使"、"游客之友"、"游客之师"的形象。

一、高度重视第一印象

第一印象就是人们初次对人知觉时所产生的印象。管理心理学认为，第一印象至关重要，人与人之间的交往关系，总是以第一印象为媒介进行的，它在很大程度上决定着人们的态度和行为。一般来说，旅游者在旅游行程开始时对旅游行程能否顺利进行抱着一种怀疑的态度，在初次接触导游人员的时候，既怀有期望又怀有疑虑。导游人员的第一印象常常关联着旅游者的信任，会在他们的心目中留下潜影，成为对你最终评价的参考。所以导游人员要重视树立良好的第一印象，要特别重视第一次"亮相"。导游人员的第一次亮相，至关重要的是仪容、仪表和使用的语言。

(一)导游人员的仪表

导游人员的衣着要整洁、得体，化妆和发型要适合个人的身体特征和身份，并与追求的风格和谐统一。穿着打扮得体能体现出一个人高雅的趣味和含蓄的风度。导游人员衣着打扮不能太艳丽，以免喧宾夺主，引起旅游者的不快。也不要因自己的衣着影响工作，要尽量避免让人用"太"字形容自己的服饰打扮。如果太注意修饰自己，游客可能会想：光顾修饰自己的人怎么会想着别人、照顾别人？但如果衣冠不整、邋里邋遢、不修边幅，游客可能又会想：连自己都照顾不好的人又怎么能照顾好客人？所以导游人员在服饰打扮方面一定要把握好一个度。

此外，神态风度在第一次亮相中也起着十分重要的作用。一个精神饱满、乐观自信、端庄诚恳、风度潇洒的导游必定会给第一次见面的游客留下深刻的印象。

(二)导游人员的仪容

导游人员的仪容主要表现在姿态、动作等方面。导游与旅游者相处，应直率而不鲁莽，活泼而不轻佻，自尊而不狂傲；工作紧张而不失措，服务热情而不巴结讨好，重点关照而非溜须谄媚，礼让三分但不低三下四；友善而非亲密，礼貌而非卑躬，助人不为索取。这样，才比较容易获得旅游者的信任。另外，导游要站、坐、行有度。站立时两脚叉开不超过肩宽，腰板自然挺起，手势柔软，这样会给人一种稳定感、轻松感和亲近感，有利于思想感情的交融。坐的时候双腿基本并拢，头不宜后仰，也不能半躺半坐，以免给人一种懒散无力或自命不凡的感觉。行态美主要在于步履稳健、从容自然，不能摇头晃脑、左摇右摆。

(三)导游人员的语言

语言即导游人员讲话时的声调和音色。俗话说"说得好让人笑，说得坏让人跳"。初次见到游客时，导游员应谈吐亲切自然、风趣幽默、快慢相宜、优美动听，这样容易获得旅游者的好感。因此，导游人员语言表达上应注意以下几点：

(1) 语言要文明礼貌，表达对旅游者的关心和尊重。
(2) 内容要有趣、词汇生动，不失高雅脱俗。
(3) 语速快慢相宜，亲切自然。音量适中、悦耳。

致欢迎词是游客对导游产生"第一印象"的重要组成部分，是展现一名导游的知识素养、语言能力、风度气质、取得信任的第一步。导游人员应当努力展示自己的艺术风采，使"良好的开端"成为"成功的一半"。欢迎词切忌死板沉闷，如能风趣自然，会缩短与游客的距离。

二、维护良好的个人形象

良好的第一印象并不表示导游员就此可以一劳永逸,万事大吉。维护形象贯穿在导游服务的全过程之中,维护形象比树立形象往往更艰巨、更重要。有些导游员只注意接团时的形象,而忽视在导游服务过程中保持和维护良好的形象,与游客接触的时间稍长一些就放松了对自己的要求,比如衣着不修边幅,说话不注意,在旅游者面前夸夸其谈,炫耀自己,哗众取宠,对游客的承诺不兑现,经常不守时等,于是,他在游客中的威信会逐渐降低,工作自然不好开展。旅游者希望导游员能一直保持良好形象,善始善终地为他们提供优质服务。维护良好的印象,导游员应做到以下几点:

(1) 导游员要始终坚持主动热情地对待每一位旅游者。
(2) 善于与旅游者沟通情感,与他们建立友情。
(3) 多向旅游者提供微笑服务、细致服务,使旅游者对导游员产生亲切感。
(4) 要多干实事,少说空话,做到言必行,行必果。
(5) 做到处事不惊、果断、利索,给旅游者以安全感。
(6) 要善于弥补服务缺陷,一丝不苟地做好送行工作。

三、留下美好的最后印象

美国一些旅游专家有这样的共识:旅游业最关心的是其最终产品——旅游者的美好回忆。导游人员留给旅游者的最后印象不好,就可能导致前功尽弃的不良后果。

一个旅程下来,尽管导游员已感到很疲惫,但从外表上依然要保持精神饱满而且热情不减,让旅游者对导游在整个旅程中的表现持肯定和欣赏的态度。同时,导游员要一丝不苟地做好送行工作,针对游客此时想家或留恋旅游景点的心理特点,提供周到细致的服务,不厌其烦地帮助他们,比如选购商品、赠送纪念品、设宴、合影、捆扎行李等,在力所能及的范围内做一些补台工作。致欢送词时要对服务中的不尽如人意之处诚恳致歉,广泛征求旅游者的意见和改进建议,代表旅行社祝他们一路平安,真诚地请他们代为问候亲人。导游员此时的真诚相待是博取游客好感的最佳策略。美好的最后印象能使旅游者对即将离开的旅游目的地和导游员产生较强烈的恋恋不舍之情,从而激起再游的动机,游客回到家乡后,通过现身说法还可以起到良好的宣传作用。

树立良好的导游形象有助于增强旅游者对导游服务人员的信任感,有助于缩短导游员与旅游者之间的心理距离。导游员只有在旅游者的心目中确立了安全感、信任感,最大限度地满足旅游者的需求,才能带领旅游者顺利地进行旅游活动。

任务三 旅游过程的服务心理

导入案例

游客为何如此生气

某旅行社质监部小张在晚上十一点接到了一个投诉电话。游客刘某怒气冲冲地说:"我要投诉你们的导游,这太让我生气了!"

小张马上说道:"先生,请不要着急,先告诉我您的姓名和团号以及导游姓名。如果确有损害游客利益的事情发生，我们一定会调查处理，给您一个满意的答复。"这时，游客才将语气缓和下来，告诉小张他的姓名、所跟团号及导游姓名。随后开始讲述自己被导游遗忘的经历："那天早上我根据旅行社的规定，7:00赶到规定地点集合，但是导游7:15才带我们出发，这也就算了。你们的导游不着工作服、不拿导游旗、不主动联系客人，以致游客们都不知道导游在哪里、什么时候出发。最严重的是，回来时导游竟然将我落在集合地。当时，我已经到达指定地点，提前半小时等候并且签了名，但最后发车时导游竟没有叫我，而且上车的地方也并不是原定的集合地点。我不知道换了上车地点，导游没有主动联系我，也没有找过我，只是以要准时发车为由，就将我落在原集合地点。导游还说，我已经签名了，她不负责任，让我自己坐车回家。还好我买到了末班车票，当晚回到了家。但我还是要投诉你们的导游，并要求旅行社赔偿回来的路费。据我了解，你们的导游是兼职导游，到底有没有培训？有没有导游证？"

小张听后，说道："如你说的是实情，我们一定会给您一个满意的答复，我会马上联系当事导游了解情况，明天就给您答复，好吗？"游客这才将火气降下来，答应明天再联系。

第二天，游客刘某果然接到了小张的电话，小张抱歉地承认，确实是导游失职。并请客人后天到旅行社领取赔偿金，"非常感谢您的建议，我们的导游确实是兼职导游，因为是旅游旺季，培训不够，我们会在以后的工作中改进和完善的。"小张说。

游客刘某拿到了赔偿金，心中的不满也平息了。

(资料来源：陈辉.中国旅游报，http://www.xinzheng.gov.cn. 2011-08-23)

评析： 其实，此例投诉是完全可以避免的。从游客投诉的内容来看，导游有以下工作没做好：不着工作服，不拿导游旗，缺乏专业性；不主动联系、寻找游客，缺乏主动性；工作程序不对，导游不应在集合点签名，而应在车上签名，当发现游客不见时，应主动电话联系，而不能以游客已经签名为由，置游客于不顾，缺乏责任心。

旅游旺季时，一些旅行社往往病急乱投医，请的导游没有导游证，没有经过培训，就仓促上马，甚至没有跟团的经历，没有老导游传帮带，长期下去势必影响旅行社的品牌和形象，进而影响旅行社的经济效益。因而，即便是在旅游旺季，旅行社也应积极主动地培训新导游，告知注意事项，明确工作程序。必要时可将易投诉的事件及对策编辑成册，供导游学习，以避免类似投诉。

一个人到异国他乡旅游，由于生活环境和生活节奏的变化，他们的心理活动也随之发生变化。例如，整个旅游活动中，旅游者始终怀有群体心理、求安全心理、求新求奇心理和懒散心态，但在各个阶段，某些心理特征较为突出。在旅游活动的不同阶段，导游员应注意分析游客的心理活动，了解他们的心理变化和情绪变化对导游工作具有特别重要的意义。只有了解旅游者的真实心理状态，才能向他们提供有针对性的导游服务。

一、旅游初期的旅游者心理与导游服务策略

(一)旅游活动初期阶段：求安全心理和求新心理

1. 求安全心理

旅游者带着美好的憧憬踏上旅途，一路上都在为正在经历和将要经历的新鲜事而激动。

但是一想到就要进入一个陌生的世界，又不免有些紧张，对于此行是不是一切都会非常顺利，似乎又多少有些怀疑。加上人地生疏、语言不通，因而不免会产生孤独感、茫然感、不安全感和惶恐感，存在拘谨心理、戒备心理，怕举手投足犯忌、被人笑话心理。总之，此时的旅游者求安全的心态表现得非常突出，甚至上升为主要需求。

2. 求新心理

在这个阶段，旅游者的另一个突出心理特征是"探新求奇"。旅游过程中，旅游者的注意力和兴趣转移，到处寻找刺激，以满足追新、求异、猎奇、增长知识的心理需求。这在初期阶段显得尤为突出，他们对什么都感到新奇，都愿看、都要问、都想知道。即使是当地人司空见惯、不值得一提的平常事对旅游者来说可能都是一件新鲜事。

(二)初期阶段导游服务策略

导游员在服务初始阶段要努力使旅游者获得外出旅游的"解放感"和"轻松感"，让他们轻松愉快地旅游，尽情地享受旅游给予他们的乐趣。

首先，导游员要给游客良好的第一印象。导游员要给游客留下美好的第一印象，不仅需要富于爱心和善解人意，而且需要善于"表现"。由于导游员与游客的交往一般都是"短"而"浅"的，所以游客对导游员的良好第一印象多来源于导游员"溢于言表"的友好表现。导游员应注重仪容仪表，讲求形象美；注重礼节礼貌，讲求行为美；注重语言表达，讲求语言美。

其次，导游人员要给予游客更多的关心，要设身处地地多为旅游者着想，尽量预见他们可能会遇见的困难，并及时给予帮助，使游客确立安全的信心，感觉生活的便利，让他们带着轻松愉快的心情去享受旅游中的种种乐趣。为满足旅游者的这一需求，导游员要科学地、有针对性地多组织些轻松愉快的参观游览活动并作生动精彩的讲解，耐心回答他们的问题。即使有些问题幼稚可笑，导游员也必须认真回答。在该阶段，旅游者最怕的是遇上一个"哑巴"导游员。

二、旅游中期的旅游者心理与导游服务策略

(一)旅游中期即个性展露阶段：求全心理、懒散心态

随着时间的延长、接触增多，旅游团成员之间，客导之间越来越熟悉，旅游者的神经越来越放松，行为越来越随便，每个人的弱点越来越暴露。这个阶段旅游者的心理特征表现如下。

1. 懒散心态

旅游者的时间概念更差，群体观念更弱，活动过程中更加自由散漫，丢三落四的现象越来越严重，旅游团内部的矛盾逐渐暴露……这些均属于"旅游病"的症状。

2. 求全心理

旅游者在异国他乡总希望享受到在家中不可能得到的服务，希望旅游活动的一切都是美好的、理想的，从而产生生理上、心理上的过高要求。一方面，旅游者都希望得到导游员自始至终的热情、友好的服务，而且这种热情应该是真诚的和发自内心的。热情服务在

工作中多表现为精神饱满、热情好客、动作迅速、满面春风。游客对导游员服务态度的评价，很大程度上是依据导游员是否热情、微笑和有耐心，特别对于导游员在非本职工作范围的"分外"热情服务和帮助，游客会感到更大的心理满足。另一方面，旅游者在此阶段提出的问题范围更广、更深，甚至会提出一些不友好、挑衅性的问题。一旦要求得不到满足，就可能产生强烈的反应，甚至会出现过火的言行。

在旅游活动的这个阶段，最容易出差错，导游员的工作最难。因此，要求导游员精神高度集中，对任何事都不得掉以轻心。

(二) 中期阶段导游服务策略

1. 游客至上的态度

导游人员要有游客至上的态度，充分发挥主观能动作用，主动了解客人的需求和心理，认真观察需求变化，做到听声音、看表情，才能把服务做在游客开口之前。

2. 热爱工作，关心游客

导游员要热爱自己的工作，对游客心理有深切的理解。例如：旅游目的地的种种景观常常会使旅游者因为感到新奇而激动，而导游员对此却早已是"司空见惯"了。对于旅游者来说，也许今生今世就只来这一次；而对于导游员来说，是经常要来，天天要来，甚至是一天要来几次。双方的感受怎么可能一样呢？在这种情况下，导游员必须提醒自己：我并不是"故地重游的旅游者"，而是"为旅游者提供服务的导游员"。设想一下：当旅游者为旅游景观的新奇而激动的时候，如果导游员显得"无动于衷"，甚至是一副"不耐烦"的神情，旅游者将会是多么的扫兴！所以，导游员应该理解游客的心理和情感。

3. 合理安排旅游项目

在服务内容和项目上，应想得细致入微，处处方便游客，体贴游客，千方百计帮助游客排忧解难。例如，在景区游玩，游客自由活动前，导游除了告诉游客集合的时间、地点，还要提醒游客记住车牌号、车型及自己的手机号，甚至指点景区卫生间的位置。这样做使游客感到导游员处处为游客着想，服务细致周到。同时，也免去了多个游客分别来询问的麻烦，节省了游客的时间。

4. 个性化服务

景区周到服务不仅包括规范化服务，而且包括个性服务。游客的需求是多层次的，这些高层次、深层次的要求，往往不是按标准操作的规范服务所能完全解决的。这样，就需要针对不同游客的不同需求特点，力所能及地为他们提供周到、细致的优质服务。导游员没有选择游客的权利，只能给来自不同地域、不同文化背景、不同年龄、性别及不同人格类型的旅游者以旅游的乐趣、舒适和尊严。

三、旅游后期的旅游者心理与导游服务策略

(一) 旅游活动结束阶段：忙于个人事务

旅游后期阶段是旅游者对旅游期间所接受到的服务进行整体的回顾和综合评价的阶

段,也是导游人员对服务工作进行"补火"的关键时段。首先要了解游客此刻的心理,游客的心理是复杂的,如果导游员忽视了这个最后的服务环节,就无法使整个服务工作画上一个圆满的句号,也将使游客带着一些遗憾而离去。

1. 游客的心情既兴奋又紧张

兴奋是因为旅游活动结束后,马上要返回家乡,又可见到亲人和朋友,可向他们述说旅游的所见所闻,同他们一道分享旅游的快乐。此时,由于游客情绪兴奋,头脑不是很冷静清晰,出发前经常容易丢三落四,忙中出错,导游应设法平静大家的情绪并做好提醒工作。

紧张是由于想急切办完一切事宜,还有相当一部分游客表现出难以适应原来家乡社会的心理感受。这时,导游员应想办法放松游客的心情,用旅游的快乐与到家的温馨来引导游客的感觉。把对客人诚挚美好的祝愿说得感人肺腑,让客人带着"服务的余热"踏上新的旅途,使游客产生留恋之情和再次惠顾之意。这样既树立了旅行社对外的良好社会形象,又扩大了潜在客源,势必就提高了旅行社的经济效益。

2. 近因效应的影响

所谓近因效应(recent effect):是指在多种刺激一次出现的时候,印象的形成主要取决于后来出现的刺激,即交往过程中,我们对他人最近、最新的认识占了主体地位,掩盖了以往形成的对他人的评价,因此,也称为"新颖效应"。

旅游后期阶段,游客会将旅游活动中所接受的各方面的服务进行回顾和评价。如果游客对此次旅游活动和所接受的各方面服务持肯定态度,他们会对当地产生依恋之情,希望有机会重游此地,或因此次旅游的良好印象,体会到旅游活动的极大乐趣,引发出他们再去别的旅游景点旅游的动机。如果游客对此次旅游活动和所接受的各方面服务感到不满,如导游员态度差;吃不好、住不好;产品质量差等,都会造成客人心理上极大的不快,这种不愉快的经历会长时间地保留在客人的记忆里,影响着客人及周围的人对旅游的兴趣。旅游服务终结阶段是旅游企业和导游人员创造完美形象、对游客后续行为施加重要影响的服务阶段。

(二)后期阶段导游服务策略

1. 服务更富人情味

在旅游活动结束阶段,导游员要向旅游者提供更加热情周到的服务:安排好游览活动,活动项目宜精不宜多,但要将其搞得更富感情,更有人情味;做好送行工作,力争锦上添花,让旅游者留下深刻印象。

2. 弥补工作

在最后阶段,必要时导游员要做好弥补工作,尽量解决遗留的问题;对旅途中不顺心、有意见的游客,要设法让其发泄出来后离开。做弥补工作时导游员要大方,不要怕麻烦,不要怕代人受过,不要怕丢面子,必要时也不要怕花钱(须经领导批准)。总之,导游员要尽力挽回消极影响。

旅游心理学

总之，导游人员不能忽视旅游终结阶段的服务质量，不能因为临近散团而松懈自己，怠慢了游客，从而影响到客人对整个旅游服务的评价，导致前功尽弃。导游服务工作应该自始至终追求完美。

旅游者的上述心理活动实际上存在于旅游活动的全过程。只是在不同阶段有所侧重而已。而且，上述心理活动虽有普遍性，但不同生活情趣的人在旅游活动各阶段的心理特征不尽相同，加上每个人的情绪变化，这为导游员向游客提供心理服务加大了难度。这要求导游员做个有心人，切实了解游客的心理状况，努力使导游服务更具针对性，以获得更好的效果。

四、正确处理好服务中的缺陷与是非

(一)如果服务有缺陷

所谓旅游服务缺陷是指旅行社没有按协议向旅游者提供应有服务，或在服务过程中多次出现差错。例如，旅游协议上规定团队乘坐空调旅游车，但旅游车的空调却坏了；用餐时服务员不小心把一碗油汤洒在了旅游者身上；团队所住楼层的娱乐设施吵得团员不能入睡，而饭店又不能更换房间等，都属旅游服务缺陷。

旅游服务具有互动性，游客满意源于贴心服务，常常受其与一线服务人员的相互行为的影响。对客人服务时，服务人员往往很难做到令客人百分之百满意，任何细小的疏忽都会降低客人的满意度，影响回头率。在服务过程中发生缺陷，游客是最直接的感知者，服务缺陷会对游客造成一定的不便甚至是重大的损失，这必然会引起游客极大的不满，会使客人产生一种遭受挫折的感受。挫折感强的客人遭受挫折后会有各种各样的挫折后行为，主要表现为逃避或攻击。常见的逃避反应就是退房或退出旅游团，向亲友诉说，把自己的经历写成文字，在互联网或媒体上散布，或者再也不会到这个国家或这个城市或这个酒店了，采取逃避的方式抚平心灵的创伤；常见的攻击反应就是对服务员或当班经理大发雷霆，发泄不满，或者向相关管理部门投诉，甚至诉诸新闻媒体、诉诸法律，要求赔偿和道歉，个别还会发生口头或动手的攻击行为。无论是逃避行为还是攻击行为，对于旅游服务企业和服务人员都是极其不利的，服务缺陷留下的负面影响会一直持续下去并且有可能无限扩大，通过社会各界的交流传播，形成一个相对公认的关于企业服务能力低下的坏口碑，甚至影响到企业的长期经营绩效。

(二)要善于进行补救性服务

所谓旅游服务缺陷的补救是指采取措施消除或尽可能地减少这种服务缺陷所产生的不良后果。作为导游员，当得知或当旅游团向自己反映存在旅游服务缺陷时，首先要立即去核实并了解产生这种旅游服务缺陷的原因；其次是确定这种导游服务缺陷是轻度旅游服务缺陷还是重大旅游服务缺陷；再次是采取得当的措施。

例如，旅游团抵达饭店后，导游员由总台得知团队所订房间还未打扫出来，这样的事故属于轻度旅游服务缺陷。导游员应采取的办法是要求饭店立即投放更多的人力比平时更快地打扫房间出来，必要时还可要求店方向旅游团做如实的说明并致歉意。以下是旅游服务缺陷和补救措施20例，见表6-1，供参考。

表 6-1 旅游服务缺陷和补救措施

序号	服务缺陷内容	服务缺陷等级 轻度	服务缺陷等级 重大	采取补救措施
1	房间没打扫，或打扫不干净	★		依照标准快速打扫
2	浴巾、毛巾不干净或破损	★		更换
3	自来水不干净，无法使用		★	改变或更换住处
4	周围噪声影响旅游者休息	★	★	消除噪声，或更换住处（如不能做到，则成为重大旅游服务缺陷）
5	房间内有老鼠		★	消灭或更换住处
6	电梯出毛病	★		修理，若住高层则换别的住处
7	饭店停电且不知何时恢复供电		★	立即更换住处
8	房间有蚊子	★		消灭或更换住处
9	房间空调有毛病	★		修理、更换住处（如不能做到则成为重大旅游服务缺陷）
10	膳食数量不足	★		改进
11	菜肴口味不合	★		改进
12	餐厅用餐人数过多，拥挤且要等待	★		让旅游者尽早到餐厅，若下次用餐仍将如此则换餐馆
13	旅游车脏	★	★	清扫，换别的车
14	旅游车空调失灵	★	★	修理，换别的车
15	旅游车没有空调		★	换别的车
16	旅游车中途坏了	★	★	设法迅速修理好或更换别的车子
17	旅游线路出现变化	★	★(视情况定)	执行原计划或招待经旅游者同意的替代计划
18	未按要求派导游员，旅游者提出要更换		★	立即更换
19	导游员态度不好	★	★	改进，并向旅游者致歉，必要时更换
20	导游员讲解水平差（旅游者向旅行社反映）	★	★	更换

旅游心理学

(三)如何接待旅游者的投诉

旅游者投诉是指旅游者主观上认为由于旅游服务工作上的差错而引起的麻烦和烦恼，或者损害了他们的利益等情况向服务人员提出或向有关部门反映。在旅游服务过程中，出现偏差是不可避免的。旅游者的投诉是搞好旅游工作，弥补工作中的漏洞，提高管理和服务水平的一个重要促进因素。同时，通过解决旅游投诉，消除投诉者的不良情绪，达到为旅游者构建美好经历的目的。

1. 引起旅游者投诉的原因

旅游服务过程中投诉不可避免，尽管旅游工作者不希望出现这种情况。旅游者的投诉既可能是旅游服务工作中确实出了问题，也可能是由于个人的误解。旅游投诉具有两重性，一方面会影响旅行社的声誉；另一方面，投诉也是商机，能使旅行社从投诉中发现自身的问题。引起客人投诉的原因是多方面的，有主观的原因，也有客观的原因。

(1) 主观原因。主要表现为不尊重旅游者和工作不负责任两种。不尊重旅游者是引起旅游者投诉的重要原因。接待旅游者态度不主动、不热情；不注意语言修养，冲撞旅游者；挖苦、辱骂旅游者；未经旅游者同意闯入房间；拿物品给旅游者不是"递"，而是"扔"或"丢"给旅游者；不尊重旅游者的风俗习惯；无根据地怀疑旅游者；影响旅游者休息等。这些都是不尊重客人的表现，都可能引起客人的投诉。

工作不负责任是客人投诉的另一个原因。主要表现为：导游员光游不导，不讲解，无提示，缺乏时间观念，对客人的要求和建议视若无睹，工作不主动、不认真，忘记或搞错了旅游者交代办理的事情，损坏、遗失旅游者的物品等。

(2) 客观原因。客观原因如因天气或设施检修等原因造成线路变更影响游览计划，旅游车中途故障造成时间耽误，设备损坏，没有及时修好等。

除了以上原因以外，还有服务收费不合理，结账时发现应付的款项和实际消费有出入，旅游安排标准不符合合同规定，遗失了物品，旅游者外出时房间被盗等，这些都可能导致客人的投诉。

2. 旅游者的投诉心理

客人在投诉时的心理表现主要有以下几个方面：

(1) 求尊重的心理。游客作为被服务者、作为消费者，有权利获得价质相符的服务。在整个旅游活动中，游客求尊重的心理一直贯穿始终，而当服务不能令人满意时，投诉更是其获得尊重的重要途径。

(2) 求平衡的心理。游客在遇到不称心的事情后，会产生挫折感，继而会产生抵触、焦虑、愤怒的情绪。只有通过适当的方式将这些情绪宣泄出来，游客才能恢复心理平衡。投诉便是一种最有效的发泄方式，通过口头或书面形式，将自己的烦恼、愤怒表达出来以后，挫折感会减少，心境才能平静、轻松。

(3) 求补偿的心理。游客在遭受了物质或精神损失后，当然希望能够得到一定的补偿，以弥补自己的损失。例如，游客对饭菜质量不满意，希望更换或打折；对于旅行社擅自改变路线、削减项目或降低服务标准，游客希望退还部分费用；被服务员弄脏的衣物希望能免费干洗；遇到交通意外，希望得到赔偿；买到假冒伪劣商品，希望退货；被虚假广告欺骗，希望补偿损失等。

3. 处理游客投诉的心理策略

对待旅游者的投诉要妥善处理，一般可以采取以下策略：

(1) 礼貌接待，耐心倾听。提早起立问候。条件许可的话，可以为游客倒上茶，请他们坐下，以缓和气氛，让交谈变得轻松。游客投诉时，心中一定有怨愤，不发泄出来，情绪无法平静。因此，游客可能说得比较多，言辞也可能很激烈，这是正常的。作为受理投诉的人员，一定要耐心、宽容地倾听游客的诉说，可以适当做些记录，便于以后核实，保持冷静，不能轻易打断，也不要急于解释、辩解，更不能反驳。尤其是在投诉者宣泄愤怒时，接待人员不适时的解释可能会被认为是在推脱或是狡辩，从而招致更多的不满。

(2) 表示尊重，诚恳道歉。无论真相如何，发生投诉，就意味着我们的服务还存在缺陷，并给游客带来了不便与烦恼，他们发牢骚、投诉，是因为他们关心企业，是因为他们确实遇到了问题和麻烦，确实需要我们的帮助，而他们的投诉将有助于我们改进工作。学会站在投诉者的立场考虑问题，以诚恳的态度向他们表示理解、尊重与歉意；注意聆听，注意平息客人的怒气，适当地通过转移话题；以旅游单位代表的身份欢迎并感谢他们提出批评和意见。有时，还可以请职位高的经理或主管来向客人道歉，以示重视。

区别不同情况，采取恰当的处理方式。如果弄清游客的投诉是由于工作人员的差错给客人带来的麻烦，就要诚恳地给客人道歉，并以企业代表的身份对客人的投诉表示欢迎。一般来说，道歉的人应该是企业的重要领导者，以此表示诚意，使客人感到他们的投诉得到了重视，满足其自尊心。

如果发现是由于客人的误会而来投诉，首先对客人的投诉也要表示诚恳的欢迎，然后再解释，消除误解。绝对不能因为发现自己没有错误，就趾高气扬地指责客人。

如果发现是由于工作人员的差错或未履行合同而给客人造成物质损失或严重的精神伤害，首先要道歉；在权限允许范围内，征求客人的意见，并作出补偿性的处理。如果超越了自己的权限，不能马上解决，也要给客人订立一个答复的程序和日期。

如果问题比较复杂，一时弄不清真相，不要急于表达处理意见，要先在感情上给客人以同情、慰藉，记录一下客人的情况，给客人订立解决问题的程序和日期，而且一定要履行承诺。

(3) 完善服务。投诉处理以后，旅游服务企业应做好投诉处理记录和报告，向上级汇报整个过程，对旅游者投诉事件的妥善处理也是教育员工、培训员工的好材料。定期了解客人对投诉处理工作的反映，及时归纳经验，总结工作中的疏漏和不足，并整理成书面意见，呈报总经理或相关部门，以便引起管理者的重视，帮助经营单位不断改进服务工作，完善管理制度。

思考与讨论

1. 导游过程的基本心理服务技巧有哪些？
2. 导游员的基本心理素质应从哪几方面加以培养？

3. 分析儿童旅游团队旅游初期阶段的心理，谈谈如何做好导游服务工作？

4. 在旅游服务的初始阶段、中间阶段、终结阶段，客人有哪些心理特征？如何做好针对性服务？

实 训 题

案例分析：

> 某旅行社导游员小路带团很少有客人投诉，还常常有表扬信。一位同行跟团观察发现，小路带团的诀窍并不在于景观的导游，而在于她和客人的交往。在一次带团中，有位白发老先生咳嗽了一声，小路赶紧上前去问老先生是不是感冒了，要不要去医院看一看，小路关切的询问使老先生很感激，周围的几位游客也都投来赞赏的目光。不久，旅行社又收到了老先生寄来的表扬信。

问题：对小路赢得游客认可的主要心理原因进行分析。

学习情境七　酒店职业心理养成

学习目标：

- 了解酒店从业人员在服务过程中所应具备的基本心理素质和职业意识。
- 了解酒店服务的特点。
- 掌握游客在酒店消费中的一般心理需求。
- 熟练运用酒店服务接待的技能技巧及心理策略。

技能目标：

- 能开展酒店服务中的接待工作。
- 能掌握酒店各环节服务中客我交往的基本技巧和心理策略。

任务一　酒店从业人员的基本心理要求

导入案例

被困枯井的驴子

一天，一个农民的驴子掉到了枯井里，那可怜的驴子在井里凄惨地叫了几个小时，农民在井口急得团团转，就是没办法把它救出来。最后，他断然决定，驴子已经老了，枯井也该填起来了，不值得花这么大精力去救驴了。农民把他所有的邻居都请来帮他填井，大家抓起铁铲，并开始往井里填土，驴子很快意识到发生了什么事，起初，它只是在井里恐慌地大叫，不一会儿，令人很不解的是，它居然安静下来了，几铲土之后，农民忍不住朝井下看，眼前的情景让他惊呆了，每一铲土砸到它身上，它都做了出人意料的处理：迅速地抖下来，然后狠狠地踩紧，就这样，没过多久就把自己升到了井口，它纵身跳了出来，快步跑开了，在场的每一个人都惊讶不已。

评析： 各种各样的困难和挫折都会如尘土一般的落到我们身上，等待、慌惶、抱怨是无济于事的，想从被困的枯井中脱身出来，走向人生的成功与辉煌，那就得将他们统统抖落，重重地踩在脚下。作为酒店服务人员，我们应具有良好的职业素养和意识，要有承受压力和解决问题的能力，让每一次困难、失败都成为我们人生成长历程中的垫脚石。

随着信息化的高度发展和酒店业竞争的日趋激烈，旅游者的酒店消费越来越趋向成熟和理性，个性化需求也越来越呈复杂多样化，对从事酒店服务的员工要求也不可避免地逐步提高。因此，面对如此纷繁复杂的工作环境，服务人员要树立正确的职业意识，养成良好的职业心理素质。

旅游心理学

一、酒店从业人员的职业意识

职业意识就是职业人所应具有的基本素质,是指从业者在特定的社会环境下和职业氛围中,在培训和任职实践中形成的与从事职业密切相关的思想和观念。职业意识是一个社会职业者必备的条件。一个人不论从事什么工作,必须用正确的职业意识引导职业行为、调节职业活动。

酒店行业的从业人员,至少应该具备以下基本的职业意识。

(一)酒店从业人员的角色意识

角色,从某种意义上说,是一种行为规范,一种社会约定,是一种职业化而非个人化的对从事的职业的一种规范。服务是酒店行业的基本特征,是每位酒店从业人员都必须具备的基本角色意识。上自领导层,下至普通员工,不管你在社会环境中扮演何种角色,在酒店工作各个环节中,你扮演的都是服务者的角色,所以要学会顺利转换角色,自觉站在客人的立场上,摆好与旅游者之间的关系,满足他们的合理要求。不能自觉或不自觉地把社会角色带到工作中,影响服务质量。

现在消费者的"上帝意识"都很强,动不动就喜欢投诉,特别一些文明素质本身不高的旅游者,自恃是"上帝",对服务员动辄羞辱、指责,甚至无理取闹。此时,作为酒店员工,应遵从"客人永远是对的"服务原则,要有得理让人的涵养和气度,充分意识到自己所扮演的服务角色作用,把对让给客人,从为酒店争取客源,搞好旅游者关系的角度考虑问题,从容大度处理问题。因为即使有足够的证据证明是旅游者错了,最终受损失的还是酒店。

(二)酒店服务人员的服务意识

所谓服务意识是指酒店全体员工在与一切酒店利益相关的人或组织的交往中所体现的为其提供热情、周到、主动服务的欲望和意识。而且它所提供的服务不管个人职位大小,都要以竭诚服务的态度去面对每一个旅游者,对旅游者尊重、友善、热情,使他们感受到真正的宾至如归。

酒店员工具备服务意识是酒店优质服务的重要保证,是酒店品质的彰显,它能为酒店创造最大化的服务价值,可以最大限度地满足旅游者需求,争取可靠客源。具有酒店服务意识的人,能够把自己利益的实现始终建立在服务别人的基础之上,能够把利己和利他行为有机协调起来,全心全意地为旅游者服务,常常表现出"以别人为中心"的倾向。

酒店员工的服务意识行为还体现在能设身处地地为旅游者着想,时刻注意观察旅游者动向,把服务做在旅游者开口之前,这样更能表现出高水平的服务水准。例如,在大门,就要主动迎接,帮客人记住出租车号码,替客人提行李,热情引导客人;在餐厅,看见旅游者吃面条,主动询问是否需要辣椒酱;家长带小孩来,主动送上小孩椅等,都是主动服务的体现。

服务质量由服务态度、服务知识、服务技能三个部分构成,其中游客对服务态度最为敏感。服务态度的核心是对游客的尊重、友善、热情,也就是礼节礼貌。如果酒店的员工礼节礼貌涵养不高,对游客不理不睬、嘲笑讥讽,甚至态度恶劣,粗暴无礼,那么,即使酒店的硬件设施再好，游客也不会选择再次消费。因此，酒店无论档次高低，都应该把礼节礼貌当作服务工作的重要内容来培训，并形成一定的规范标准，使酒店员工人人都有强烈的礼貌意识，养成彬彬有礼的良好习惯。

典型案例

长安街的雨

在北京的一家四星级酒店，一位老华侨刚刚从国外回来，正在总服务台办理入住手续。办好手续后，他自言自语地说，雨中的长安街一定更美。傍晚六点多钟，他接到一个电话，说是现在下起了蒙蒙细雨，从他房间西边的窗户看出去，就是长安街。原来是总服务台的服务员，她下班在家，正吃晚饭，看见天色有点灰蒙蒙，像是下雨，走到阳台认真一看，果然是下雨。她想起了老华侨自言自语说的话，便打了这个电话。老华侨非常感动。此后每次回国，都住在这家酒店。

(三)酒店服务人员的形象意识

酒店的环境、气氛是构成酒店产品质量的重要因素之一。幽静、雅致、文明的环境、气氛，可以使旅游者倍感舒适，觉得物有所值。而酒店员工的形象是酒店环境构成不可缺少的一部分，是环境气氛的导引者，优雅、得体的服务形象能给旅游者带来欣喜、愉悦，增加对旅游者酒店的认可度。相反，如果酒店员工不注意仪表仪容，如服装不整洁、化妆不得体、行为不规范、工作吊儿郎当等，就会严重地影响酒店的气氛、形象，降低客人对酒店的档次、品位的评价。因此，酒店员工必须有良好的仪表仪容意识，任何时候都要做到大方得体。许多酒店二线部门的从业人员这方面的意识尤其淡薄，酒店管理部门应当重视这个问题。

此外，酒店从业人员还需树立安全意识、公关意识、整体意识、姓名意识、促销意识等。要时刻注意自己的言行，明白自己的一言一行都关系到酒店的企业形象，自觉地维护酒店的形象和声誉。

二、酒店从业人员的心理素质

酒店人员的心理素质的好坏，直接关系到酒店的服务质量。服务质量是酒店的生命。服务质量从根本上说是由旅游从业人员的素质决定的。有良好心理素质的旅游工作者，是酒店发展的重要资源。因此，酒店企业需打造一支具有良好职业心理素质的从业人员队伍。

(一)气质的要求

气质是表现人们心理活动和行为方面的典型的、稳定的动力特征。具体表现为心理过程的强度、速度和灵活性，它对人的实践活动有着重要影响。要做好酒店服务工作，从业人员必须具备以下气质特征。

1. 感受性适当

感受性是指感觉系统对刺激物的感觉能力，即外界刺激达到多大强度时才能引起人的反应。酒店服务工作人员的感受性不能太高也不可太低。

在酒店服务过程中，酒店从业人员的服务工作处在一个经常变化的活动空间，面对的服务对象也是频繁变换的。而且游客存在教育背景、文化涵养、年龄性别等的差异，需求也就有差异，必然会产生一些矛盾。在服务过程中，酒店服务人员如果对矛盾感受性太高，稍有刺激就引起心理反应，那么当游客提出不同的要求或发生突发性事件时，就会刺激服务人员的心理反应，势必造成注意力分散，精力不集中，影响服务表现。相反，如果感受性太低，对周围发生的事物习焉不察，将会使游客感觉受到怠慢，从而对服务工作及酒店不满意。

2. 灵敏性适中

灵敏性是指人的心理反应的速度和动作的敏捷程度。酒店从业人员面对复杂多变的游客还必须具有一定程度的灵敏性，但灵敏性要保持适中。灵敏性过高或过低都不利于服务工作的开展。灵敏性太高，反应速度过快，会使游客产生不稳定或过急的感觉；反之，灵敏性太低，反应迟钝，就会使游客感觉到被冷落、漠视。正常情况下，灵敏性应根据客流量的大小随时调节。

3. 耐受性较强

较强的耐受性是酒店服务人员必备的心理素质之一。酒店从业人员大部分岗位每天的工作内容都具有重复性，基本上是周而复始。这就需要酒店员工有一定的耐受性，能够在重复工作中坚持标准，"同一件事即使做上一千遍一万遍也不会错"，始终如一，并能够在重复中出新彩，不断地提升和改进。如在服务工作中可能会遇到絮叨、挑剔的游客，此时服务人员应表现出较强的忍耐性，做到不厌其烦。

4. 可塑性较强

可塑性是指服务人员对服务环境中出现的各种情况及其变化的适应程度。酒店工作人员每天面对着不同的游客，虽然工作的内容大体相同，工作标准也基本一致，但在实际工作中，不同的游客有不同的需求，甚至同一个游客的需求和生活习惯也是不断变化的，因此酒店服务工作需要根据游客的需求以及环境的变化，适时调整工作程序和工作内容。更重要的是，随时调整好自己的心态，做到即使刚刚被投诉的游客痛骂过，也要面带微笑迎接下一位游客。由此可见，服务人员必须具有较强的可塑性，要适应不同游客的需要，真正提升服务质量和服务水平。

(二)性格的要求

性格是指表现在人对现实的态度和相应的行为方式的比较稳定的、具有核心意义的个性心理特征。性格表现了人们对现实和周围世界的态度，并表现在他的行为举止中，主要体现在对自己、对别人、对事物的态度和所采取的言行上。

不同态度表现为不同行为方式，构成了人的不同性格。由于职业之间存在着差别，对不同职业从业人员的性格要求也不同，比如说，当律师就应具有良好的道德品质，平和成熟的心态，稳定的情绪；当教师就需要为人师表、严于律己。如果没有这些职业性格，律师不会是好律师，教师也不会是好教师。因此，从事每一种职业都有一定的职业性格，好的职业性格有助于更好地完成本职工作。作为酒店从业人员应该具备的职业性格特点基本如下。

1. 主动热情

酒店服务是人对人，面对面的服务。酒店员工本身就是酒店产品的一部分。酒店服务人员在为旅游者服务过程中会产生互动效应，沟通交流得越多，就会发现旅游者更多的需求，甚至会激发出潜在的需求。如果服务人员不热情，即使按照酒店操作程序一丝不漏地执行了，旅游者也不会感到舒服。一名优秀的服务人员，应该处处换位思考，从旅游者的角度出发，做到预期服务，在旅游者开口之前服务，给旅游者以惊喜，让旅游者更多地肯定酒店的服务品质。

2. 诚信友善谦虚

在酒店服务工作中，酒店从业人员只有具有了诚信友善谦虚的良好性格特征，才能够与游客建立和谐的人际关系，保持最佳的服务状态，使游客感到亲切温馨，乐享服务；反之，如果酒店从业人员对人冷淡、高傲、尖酸刻薄，就容易使主客关系紧张，造成游客失望、不满甚至愤怒。

3. 恒心、信心、责任心

具有恒心、信心、责任心性格特征的酒店从业人员在工作中表现为积极努力、认真负责，同时具有极强的服务意识和主动精神，能够快乐工作，提高工作效率。相反，缺乏良好性格的酒店从业人员在工作中往往表现情绪低落，工作懒散，缺乏工作的积极性和创造性，服务效率低下。

在实际的酒店服务工作中，岗位不同，其性格要求也有差异。如客房服务员应具有细致负责、自律严谨等性格特征。餐厅服务员应具有热情外向、机智灵活、沉着自信等性格特征。前厅接待人员应具有主动热情、阳光亲和、善于交际等性格特征。

为了塑造良好的性格，酒店从业人员应通过努力学习、积极参加社会实践等不断加强个人的心理素质修养。

(三)情感的要求

情感是人的心理生活的一个重要方面，它是人对客观事物与人的需要之间关系的反映。当酒店从业人员工作顺利时，他就可能产生兴奋、喜悦、满意等情感体验；当工作不顺利时，他就会产生讨厌、痛苦、不愉快、羞耻等情感。一般来说，积极的情感会产生增力作用，消极的情感会产生减力作用。不管是积极情感还是消极情感都会对人的整个思想行为产生影响。酒店从业人员的情感应具备以下三方面的内容。

1. 崇高向上的情感倾向性

情感倾向性是指一个人的情感指向什么和为什么而引起的。酒店从业人员从事的是服务、引导工作，在对待工作、游客的热情方面，应当是建立在维护游客利益、维护酒店利益、维护国家利益的基础之上的；而不应该是只想自己获利，坑害游客，欺宰游客，以致损害集体利益。

2. 情感的深厚持久稳定性

稳定而持久的情感是与情感的深厚性、淳朴性联系在一起的。情感建立越持久，积淀就越丰富、越醇厚、越稳定。酒店是一个交流的场所，从业人员应有一种较持久稳定的情感控制在对工作的热情上，而不能靠一时冲动。只有这样，服务人员才会把积极的情感投入到为游客服务上。服务员应对工作保有持之以恒的热情，对工作的态度应始终如一。

3. 情感的效能性

情感的效能是指情感在人的实践活动中所发生作用的程度。情感的效能的强度影响着服务人员行动的效果。情感效能高的服务人员能够把任何情感转化成促使其积极学习、努力工作的动力；而情感效能低的则会空有愿望，嘴上说说，少有行动，甚至从来不会付诸行动。

(四)意志的要求

作为酒店服务人员，要想在复杂的接待服务环境中把自己锻炼成一名优秀的服务员，要想不断克服由各种主客观原因造成的心理障碍，就要不断发挥主观能动作用，增强自己的意志品质。

1. 自觉性

意志的自觉性是指人对其行动的目的及其社会意思有正确而深刻的认识，并能自觉地支配自己的行动，使之服从活动目的的品质。

有自觉性的人首先会确定自己工作的目的、目标，并经常对照目标检查自身行为，正确地对待自己所取得的成绩与进步，有自觉性的人往往对自己定以高标准、严要求。

在酒店服务工作中从业人员要坚持自觉性，加强对游客的主动服务。所谓主动服务是指服务人员要掌握服务工作的一般规律，善于观察分析游客的心理需求和特点，主动从游客的神情和举止了解其需要，及时产生行动，服务于游客开口之前，至少在游客开口之后要马上服务，以满足游客的要求。

2. 果断性

果断性是指一个人能迅速有效地、不失时机地采取决断的品质。服务人员必须具备驾驭复杂事态的能力，迅速权衡，全面考虑，准确判断，决不能优柔寡断、草率行事。

3. 自制力

自制力是指一个人善于管理自己情感、行为的能力。自制力强的人在对待游客上善于控制自己情绪、举动，使之符合自觉的目的，能做到无论与何种类型的游客接触，也无论发生什么问题都能做到镇定自若，善于把握分寸，以礼待人；在对待工作上，遇到困难繁重的任务不回避、不推脱、不感情用事。

4. 坚韧性

坚韧性是指在执行决定的过程中，以坚忍不拔的毅力、顽强不屈的精神，克服一切去实现既定目标。酒店从业人员就应当具备这样的品质，做事认真执着，锲而不舍，善始善终。坚韧性应贯穿在服务工作的全过程。

(五)出色能力的要求

服务人员的能力是直接影响服务效率、服务效果的重要心理特征，也是影响酒店企业服务水平的主要因素。

1. 敏锐的观察力

服务人员最使游客佩服的本领，就是能把游客最感兴趣的某种需要一语道破并设法满足。要达到这一良好效果，服务员必须具有敏锐的观察力。为了做好酒店服务工作，服务人员需要细心观察，善于捕捉游客无意流露或有意传递的每一点信息，然后根据当时特定的背景去分析游客的真实意图，从而运用各种服务心理策略和灵活的接待方式来满足游客的消费需要。

小贴士

如何提高服务人员观察能力

(1) 仔细倾听：听游客说什么，怎么说，话中的含义是什么。

(2) 细心观察：观察游客的穿着打扮，动作、姿势的含义，可能会说什么话。

(3) 尽量少讲：尽量少讲，避免说错话，多提问题，但不能自己说出答案。

(4) 不要把游客留下的第一印象当作信条加以肯定。

(5) 做好事先准备：先回想对这类游客的了解，希望他作出什么反应，然后确定自己该怎么说，怎么做，才能达到目的。

(6) 注意谨慎：服务员如已了解游客的作风，为了在以后服务中还能影响他，绝不要告诉他你觉得他如何如何。

(7) 保持超然：服务员保持超然会使自己冷静，处于优势，不易被人控制。如果一起凑热闹，服务员容易暴露自己的本性。

2. 透彻的分析能力

在酒店服务中，服务人员应具有透彻的分析能力，善于看到事物的本质，分析游客的好恶倾向，以及引起情绪变化的原因，并因势利导，积极采取恰当方式和策略。

3. 超强的预测能力

预测能力是根据事物的发展规律，推测和预测未来的能力。酒店服务中，服务人员善于运用自己的眼睛、耳朵等感官观察，揣摩出游客的一些心理服务需求，提早决定要采取的服务策略。

典型案例

体贴的小张

5月21日晚上11点多，某洗浴中心二楼服务员小张正在值班，接到前台通知，210房间上客。很快，三位游客慢悠悠地来到了二楼。小张微笑着迎上前去，热情问好，主动接过游客公文包、手牌，帮游客打开房门，礼让游客进入房间。放好公文包后，又帮助游客打开电视，询问游客有没有特别爱好的频道。游客顺口说都市频道，小张便迅速把电视调到都市频道。这时候，听到一位游客说累死了就想睡觉。小张想，游客是不是还没有用晚餐，现在已经接近午夜，也许游客忙碌了一天，最需要洗一个舒服的热水澡，吃一顿美味佳肴？想到这儿，小张便询问游客是否需要用餐，游客说一直忙生意还没顾上吃饭，小张便向游客推荐了餐厅几道特色菜肴，并告诉游客可以现在把菜点一下，厨房半小时后会做好放到房间，并建议游客可以先去冲洗个热水澡，回来刚好用餐。游客采纳了小张的建议。在游客去洗澡的同时，小张及时安排厨房做菜，并在房间把餐桌准备好。午夜时分，三位游客洗完澡后回来，就看到了摆上餐桌的丰盛的菜肴，对小张大加赞赏，并给小张让烟、劝酒。小张婉言谢绝，并请游客慢用，如果有需要尽管叫他。

半个小时后，游客要离开，小张随即帮游客拿行李、协助游客取鞋、结账，游客结完账后，拿出20元给小张，小张谢绝了，但是游客执意要给，并说这是你应得的。细心的游客看了小张的工号牌，夸奖小伙子不错，有前途，下次还让你服务！这一切被当值经理看在眼里，小张送走游客后，当值经理表扬了小张的热情服务，并在值班记录上进行备注，建议对小张进行奖励。次日，小张的行为受到了公司通报表彰。

4. 良好的记忆力

良好的记忆力对搞好服务工作是十分重要的，它能帮助服务员及时回想在服务环境下所需要的一切知识和技能，如服务标准、当时行情、价格标准、游客须知等，做到有问必答。具有良好素质和专业能力的服务员不但能准确掌握各种游客在风俗习惯上的不同，还能熟记与游客日常所需的其他业务知识，此外，在酒店服务中，记住游客的姓名是非常重要的，当游客第二次进入酒店时，服务员就能以其姓氏打招呼，那么会使游客备感亲切，加深对酒店的良好印象。

小贴士

如何强化服务人员记忆力

(1) 明确记忆目标；
(2) 集中精力，力求理解；
(3) 反复运用，起到复习之效；
(4) 讲究科学的记忆方法；
(5) 灵活而稳定的注意力。

在酒店服务工作中，服务人员要善于分配注意力。在服务岗位上，注意力应保持相对稳定、平衡，适时灵活转移，克服过分集中与分散的弱点。在酒店服务过程中，服务人员的精力应集中到为游客服务上来，聚精会神地听取游客的意见，做到动作迅速快捷、耐心周到地为游客服务；同时，服务人员的注意力应相对稳定在一定范围内，在接待一位游客时，还要注意其他游客的情况。

5. 较强的交际能力

酒店服务是一种特殊的人际交往活动，服务人员作为服务角色，应主动加强与游客的交往，加深对游客的了解，通过与游客的交往，创造出亲切、随意的交往环境，增强与游客的情感交流，提高他们对酒店的忠诚度，并采取游客所乐于接受的方式进行服务，提高服务的满意度。

在酒店服务工作中，要提高服务人员的交际能力，必须做好以下几方面工作。

(1) 重视给游客的第一印象。服务人员讲究仪表仪态美、微笑服务、真诚待客，为游客树立一个完善的服务表现。

(2) 要有较强的言语表达能力。在酒店服务过程中，服务员要有简洁、流畅的语言表达能力，主要有两方面的要求：一是要准确表达内容，做到礼貌、言简意赅，表述清晰，语句通顺连贯，意思明确；二是要注意措辞严谨、明确，表意清楚，配以适当的肢体语言、感情表达到位

(3) 要有面对和处理各种突发事件和矛盾的应变能力。在酒店服务过程中，主客双方的矛盾是经常发生的，服务人员要沉着，善于抓住机会，正确驾驭各种态势，灵活处理问题，做到既不损害酒店声誉、又能维护游客利益。

(4) 要有吸引游客，促其消费的销售能力。在酒店服务过程中，服务人员要有与游客建立融洽感情的本领，要有满足游客要求的能力，要善于推销本酒店的服务优势、特色，促使游客主动消费，并吸引游客再次消费。

总之，酒店从业人员应具有的素质和能力是一个相互制约的多元化综合体，酒店从业人员要想拥有这样的能力和素质，只有通过不断的学习、实践、积累才能达到。

任务二　酒店主要环节心理服务技巧

导入案例

微笑的魅力

在内地一家酒店，一位住店台湾游客外出时，有一位朋友来找他，要求进他房间等候，由于游客事先没有留下话，总台服务员没有答应其要求。台湾游客回来后十分不悦，跑到总台与服务员争执起来。公关部年轻的王小姐闻讯赶来，刚要开口解释，怒气正盛的游客就指着她鼻子尖，言词激烈地指责起来。当时王小姐心里很清楚，在这种情况下，勉强作任何解释都是毫无意义的，反而会招致游客情绪更加冲动。于是她默默无言地看着他，让他尽情地发泄，脸上则始终保持一种友好的微笑。一直等到游客平静下来，王小姐才心平气和地告诉他饭店的有关规定，并表示歉意。游客接受了王小姐的劝说。没想到后来这位台湾游客离店前还专门找到王小姐辞行，激动地说："你的微笑征服了我，希望我有幸再来饭店时能再次见到你的微笑。"

评析：游客住店时普遍存在要求被尊重的心理，不管是对本人还是来访者。本案例中的王小姐能充分理解游客，尊重游客心理，最终也得到了游客的认可。微笑，已成为一种各国宾客都理解的世界性欢迎语言。微笑服务是酒店服务中永恒的主题，它折射出丰富的精神内涵和微妙的情感艺术：热忱、友谊、情义、信任、期望、诚挚、体谅、慰藉、祝福……

随着社会经济的发展，我国旅游业得到了蓬勃发展，而酒店作为为旅游者提供食、住、娱、购以及会晤、交谈等综合服务的场所，自然成了旅游业不可或缺的一部分。近年来，

酒店间的竞争呈日趋激烈状态，酒店的服务也成了吸引旅游者消费的可靠资源。如何提高服务品质，尽可能地满足旅游者的需求，从而得到心理日趋成熟理智的旅游者的认可，是每一个酒店发展需思考的问题。为此，酒店管理中必须注重酒店服务人员的服务意识、技巧的培养，为旅游者提供全方位的服务，增加个性化服务项目，主动、灵活、快捷地满足旅游者需求。

一、前厅服务心理

前厅是酒店的综合枢纽，是旅游者到店、住店、离店全过程集结的场所，是各种信息的集散中心，前厅部负责接待，推销及出售酒店产品、完成入住和退房工作，调度酒店业务经营、协调酒店的对客服务等。前厅服务的范围涉及机场和车站的接送服务，客房预订服务、门童行李运送服务，信息咨询服务，票务代办服务，电话通信服务，商务中心服务、退房服务等，前厅的核心任务是在完成前厅各项服务过程中，促使前厅服务与酒店其他服务，诸如客房服务、餐饮服务、安全服务等方面共同构成酒店的服务，表现为服务链条的紧密衔接，避免推诿、扯皮等现象，强调服务到位，使旅游者对酒店留下满意、深刻的印象。

前厅是旅游者产生首因效应的场所，前厅服务的优质会使旅游者产生良好的第一印象，增加旅游者的信任感、认同感，使旅游者迅速融入到酒店情景中来，并为后续的服务沟通打下了很好的基础。反之，如果前厅服务不到位，势必影响旅游者对酒店的选择和评价，也势必会影响到酒店的外部形象和长期利益。

前厅也是旅游者产生近因效应的场所，旅游者离店手续的办理在前厅，根据近因效应原理，人们识记一系列事物时对末尾部分项目的记忆效果优于中间部分项目的现象。旅游者如在离店过程中需求得到了满足，有利于旅游者对酒店持续保持美好的体验感，提高旅游者对酒店的忠诚度、美誉度。

(一)对前厅服务的心理需要

前厅是旅游者了解酒店的第一个视角，前厅服务无论在酒店管理人员眼中，还是在旅游者的心目中都显得举足轻重。前厅服务人员要充分了解旅游者的心理需求和变化，引导旅游者感知酒店良好品质，为旅游者营造愉悦的心理，使旅游者迅速适应"入乡随俗"的环境变迁。

1. 方便快捷服务的需要

前厅是旅游者必经的一个环节，但不是他们的目的所在，对于旅游者而言，最重要的目的是休息。经过旅途奔波进入酒店，旅游者渴望迅速安顿下来，缓解旅途疲劳，为接下来的安排做好准备，所以旅游者希望所有的手续能尽快办理。如果此时服务人员办事拖沓，极易引起旅游者的烦躁心理。在前台服务中，服务人员一切要以旅游者为中心，熟悉业务，具体服务过程中不能让旅游者感到手续烦琐；另外，前台服务的大忌是不能对旅游者乱指使。如果出现这种情况，既是效率差的表现，也容易让旅游者感到未受到尊重，对酒店的整体印象打折扣。而且这种时候容易给人一种服务员高高在上的感觉，主客位置也发生了颠倒，有"店大欺客"之嫌。作为前台服务员一定要把握好这一点。

游客离店时也有着一种急切的心理，有的是为了赶车，有的是旅游之后想家的愿望强烈等，所以离店结账手续办理过程要准确、快捷，使游客能迅速离店，游客只对结果感兴趣，快速准确办理手续才是他们真正所需要的。

2. 了解信息的需要

人们外出旅游，就是到不同于常住地的地方体验一种不同的生活，感受不同的风土人情，领略不同的美景美食。他们到达目的地之后，迫切想知道这地方主要的旅游观光景点、商场、购物中心名称、交通情况、本地生活习惯及爱好、忌讳等，以满足自己的好奇心理。因此，前厅一定要准备好相关信息资料，服务人员也要熟悉和掌握一些基本信息，包括各种常用交通工具的时刻表、价目表、里程表，本地的详细地图、交通地图、旅游地图及全省、全国地图乃至世界地图，本市、本省乃至全国的电话号码簿及世界各主要城市的电话区号，本酒店及所属集团的宣传册，酒店当日的活动安排，本地主要娱乐场所特色及其地址和电话号码等。服务人员要熟悉一些的信息资源，包括本酒店的服务项目、营业时间及收费标准，主要活动场所，本地风俗、习惯、特色等。

前厅服务人员在接待时，一方面要主动介绍本酒店的房间分类、等级、价格以及酒店能提供的其他服务项目，让旅游者心中有数；另一方面，如果想要旅游者了解其他方面的知识，比如本地风景名胜、土特产品等，服务人员也要热情、耐心的介绍。此外，前厅服务最好和旅行社业务以及土特产专店业务结合起来，把旅行社和土特产专店的服务项目、特色产品的有关资料准备好，以供咨询、索问、使用。利用这个机会，可以冲淡旅游者在前台办理手续过程中等待的无聊感。

3. 美观舒适的需要

随着经济的发展和生活水平的提高，人们对环境的要求也在提高，审美观也在提高。前厅就是酒店的门面，一般来说，进入酒店，对酒店的感性认识会在一定程度上影响对酒店的整体酒店的整体印象，环境的好坏直接影响对酒店品质的认定。所以酒店的前厅环境设计要美观雅致、清洁整齐，尽量营造温暖、舒适、和谐、欢迎的气氛，让每一位来酒店的旅游者能备感温馨、亲切、备受欢迎、尊重，从而对酒店留下深刻的印象。

4. 个人信息保密的需要

游客来酒店住店，都希望个人的基本信息和隐私能得到保护，前厅服务人员应了解游客的这种心理需求，不随意泄露游客的信息，也不能随意透漏游客的房号等，除非得到游客的允许，否则不可将来访者带至游客房间。

5. 求尊重公平的需要

每个人都渴望被他人尊重，这是再自然不过的事情了，对于旅游者而言也不会例外，旅游者一进入酒店，首先接触的就是前台的接待人员，服务人员热情温暖的接待就体现出对旅游者的尊重，良好的首因效应也会随之发生。其次，旅游者都希望自己的要求和意见有人倾听，需要的服务能及时准确地提供，当他们的要求得到了服务人员的尊重和满足时，宾客之间和谐信任的关系就会建立，也就为以后发生的所有关系确定了基调。

随着现代文明的发展，追求公平是人们的普遍心理需求。在旅游、商务活动中存在消费档次高低之分，但求公平、求合理的心态是一致的。根据贝斯(Robert J.Bies)和莫格(J.S.Moag)提出了交往公平性的概念，在交往过程中，如果人们觉得他人对自己不友善或得不到应有的尊重，就会感到十分不公平。前厅是旅游者体验公平的第一窗口。旅游者在和前厅人员交往过程中如受到公平对待，服务人员友好、诚实、移情、敏感和有礼、一视同仁地对待每位旅游者、耐心地听取旅游者的意见并快捷地提供准确的服务，会对酒店的服务效果作出良好的评估。如果旅游者觉得自己在服务消费时遭受不公平的对待，他们就不愿意再接受酒店的服务。有些不会去投诉，但心里已产生拒绝心理，这样酒店不但没有机会为这些客户提供补救性服务，还会因为他们不利的口头宣传失去大量的客户。因此，酒店在前厅服务中必须为旅游者提供公平的服务，让旅游者感知的优质服务，赢取客户的信任。

(二)前厅服务的心理策略

前厅是酒店的门面、代言人、窗口，做好前厅服务工作，是整个酒店服务成功的关键。要做好前厅服务工作，最重要一点就是要给旅游者留下良好的第一印象和最后印象，前厅服务人员必须重视对旅游者的接待和送别工作。

1. 做好总台接待工作

总台服务工作的内容主要包括：预订客房、入住登记、电话总机、行李寄存、贵重物品及现金保管、收账结账以及建立和保管档案、接待旅游者的咨询、处理入住后的问题、推销会员卡等。总台作为酒店服务的中枢，其工作既重要又复杂，要做到准确、高效，力求万无一失。

2. 创设优美舒适的环境

人们外出旅游或进行商务活动的同时，也在享受和体验异地文化的特色，因此，在前厅服务过程中，前厅环境美化、装饰布置等方面首先要有吸引力，给人留下良好的第一印象，从而增强对酒店的认可度。同时，优美舒适的前厅环境将使旅游者愉悦、舒畅。

前厅的功能布局分为前厅外环境，大门区、服务区、休息区、酒店营业点、公共卫生间等，前厅设计的特色化理念是通过前厅空间内的造型、造景、色彩运用和材料选择体现特色，并通过特定文化主题渲染前厅独特的环境气氛，满足旅游者的心理需求，烘托出一种安定、亲切、整洁、舒适、高雅的氛围，使旅游者一进入酒店就能感觉到宾至如归、轻松舒适、高贵典雅。

全美旅馆协会会员汤姆·F. 郝林认为，对于旅馆的环境和一切服务设施都应考虑到：当你这家旅馆出现在旅游者面前时，他们脑海里对它总的感觉是什么，要求是什么，以及向往和渴望的是什么？汤姆·F. 郝林认为旅游者需要的是现代化的生活方式，但同时又受到世界上具有民族特俗的迷人魅力的吸引。他们既要享受时代感，又要领略特殊感；既要文化，又要娱乐。在郝林设计的旅馆里，有热带花卉、热带灌木丛、家庭式游泳池、钢琴酒吧以及中美洲琴乐队等，这充分说明汤姆·F. 郝林重视环境对人的心理作用。

总之，酒店前厅的环境设计既要体现时代感，又要体现地方民族感，布局要简洁合理，各种设施有醒目、易懂、标准化的标志，使旅游者一目了然。

3. 提升服务人员素质

前厅是酒店的窗口，窗口作用的体现不仅在于环境给人的第一印象，更在于前厅服务人员的优质服务，而服务品质的体现是通过服务人员的良好素质展现出来的，所以加强服务人员仪表、言语、服务技能等的培养是现代酒店管理的必修课。

前厅服务人员仪表的美应与环境的美相辉映。对前厅服务人员的外表要求是：身材挺拔，五官端正、面容姣好；化妆淡雅，饰物适当；服饰美观得体、具有识别性；讲究个人卫生。在工作岗位上的要求：以整洁、大方、得体、优雅的仪表去吸引旅游者，与旅游者打交道时要热情、主动、端庄、有礼，接待时要熟练掌握礼貌用语，了解不同国家、民族的风俗礼仪，给旅游者营造亲切、自然的氛围。

语言美是服务成功的润滑剂，前厅服务人员的语言直接影响、调节着旅游者的情绪。服务人员要掌握语言美的艺术，语气要诚恳、谦和；语言要亲切、准确；声音要悦耳、清晰，让旅游者在陌生的环境中得到尊重和关注。另外，为了使语言能够为旅游者接受和理解，服务人员应尽可能多熟悉几种外国语言以及我国一些地方方言，以便与旅游者交流。

服务人员除具备语言美、仪表美等基本素质外，还要具有娴熟的服务技能，只有掌握了服务技能才能保证服务质量。如果不精通业务，动作不熟练，服务态度再好也不能满足旅游者的要求。

4. 提供周到的服务

在市场竞争日益激烈的今天，要想留住旅游者，赢得旅游者的心，酒店还需从扎扎实实的前厅服务入手，提供有内涵的、周到的服务，让旅游者感到方便、舒适、温暖，由此也能窥视到酒店的管理水平和服务规格。

周到的前厅服务体现在很多方面，比如为旅游者开关车门，记住出租车号码，细心地留纸条给旅游者，以帮助能找回旅游者遗漏在车上的物品；记住旅游者的名字，微笑与招呼；留意旅游者的生日等特殊日子，提供个性化服务等。要做好周到服务，酒店就要从专业、细致的角度尽可能地为旅游者着想，解决旅游者的不便，为旅游者提供超乎想象的服务。为保证服务周到，很多酒店在大厅设了大堂经理，主要用来处理各种日常和突发事件，解决遇到的各种难题，协调各方面的关系，或是处理旅游者的投诉等。实践证明，前厅大堂经理的工作不仅能使问题得到快速解决，而且能使旅游者感受到酒店对其的关心和尊重。

随着现代设施的开发和引进，周到服务不仅体现在前厅服务人员的服务态度等"软"服务上，而且也可从现代科学技术应用等"硬"服务标榜出来。比如用于总台服务的电子计算技术、大厅里的电报电传等通信设备以及打字复印设施等。总之，酒店大厅如能满足旅游者所需要的一切必要的服务，才真正体现了服务的周到性。

二、客房服务心理

客房是酒店的基本设施，是酒店为游客提供外出旅游住宿、暂时留居服务的主要部门。游客在酒店的大部分时间都是在客房中度过的，客房服务质量的好坏，包括服务态度是否热情、房间是否清洁、设施是否完善等，都会引起游客的评论，它是构成游客对酒店印象的重要组成部分。同时客房租金收入也是酒店营业收入的主要组成部分，是酒店一切经济活动的枢纽，客房服务水平的好坏直接影响酒店客源的多少。因此，搞好客房服务对酒店而言非常重要。

(一)对客房服务的心理需要

客房是游客住店的主要场所，客房对于游客而言就是"家"，他们来到酒店就期待有一个舒适的、方便的住宿环境，并希望能得到热情周到的服务，以满足自己的物质、精神、文化享受。酒店应根据游客的心理需求，采取有针对性的措施提升服务品质。

1. 求清洁整齐的心理

在酒店停留期间，客房是起居休息的地方，游客对客房的要求较高，特别是清洁卫生方面，达到了高度一致。因为客房内的用品多人重复使用，所以大部分游客把清洁整齐作为酒店客房服务的"第一需求"。同时清洁整齐是反映酒店服务质量和档次的一个重要指标，保持其整齐卫生也是酒店应尽到的最起码的义务。酒店整洁的标准应该是使游客产生信赖感、舒适感、安全感、使游客能放心地使用。

客房服务人员应该具备清洁卫生方面的专业知识和技能。在清理客房前要了解房态，一般情况下，要选择游客不在的时间进行房间清理工作。如果有特殊要求，可以随机处理。游客也都不习惯服务人员在面前转来转去忙个不停，在整理中的忙乱和弄起的灰尘也会让他们感到厌烦。整理客房时要看门栓上的标志，在无特殊标志的情况下，服务人员按常规次序打扫房间，进入房间要先轻轻敲门或按门铃，报称服务员，待允许后方可启门进入，如果三四秒后客房无人回答，再轻敲三下并报名。重复三次仍没有回答时，方可用钥匙慢慢把门打开。进房后，无论游客是否在房间，都不要将门关严，清理时要将正在清扫的标志挂在门栓上。

另外，服务人员可采取一些措施来增强旅游者心理上的卫生感和安全感。首先视觉上要感觉到无污染、无灰尘，嗅觉上要感觉到空气清新无异味。另外，可做一些提醒标识。比如，在更换后的物品上贴上"已更换"，在清理后的物品上贴上"已消毒"等，让旅游者产生放心的心理。

2. 求安全的心理

安全需要是居住酒店时最基本的要求之一，游客身在异地他乡，举目无亲，又多带有钱财物品，所以在住宿中求安全的心理突出。一个让游客感觉不到安全的酒店，是不可能选择住下去的。在住宿期间，游客希望保障自己的人身和财产安全及其在酒店的隐私权，希望能够精神愉快，希望在不可抗拒的意外出现时酒店能及时采取有效措施。因此，酒店应有完善的防火、防盗、保密等安全设施和安全措施。服务人员在没有得到召唤或允许的情况下，不能擅自进入游客房间，更不能去干扰。有事或清扫服务时要先敲门，在得到游客允许后方可进入，工作完成后需即刻离开。进行日常清扫服务时，绝对不能随意翻动游客的物品，进入房间时切不可东张西望，要从多方面加强服务，使旅游者感到安心和放心，从而产生安全感。

3. 求舒适的心理

环境舒适是指客房的各种设施齐全、质量完好，给人一种放松、踏实、美的享受。经过旅途劳累，游客住进酒店就都希望客房能提供舒适的休息环境。而且客房是游客在酒店停留最久的场所，游客的各种感觉器官以及情感和意志等心理活动，会对客房内各种设施作出反应。当这些反应适应游客需要时，便会产生愉快、满足的心理，感到舒适宜人；反之，就会产生烦躁、不满情绪，进而影响游客的情绪和消费行为。

客房服务不仅要让游客感觉像在家里一样舒适，而且要让其感到比家里还要舒适。要达到这个目的，酒店需要做几方面的努力：一是提高服务人员的服务水平和质量；另一方面还应注意相应硬件设施的提供，比如床上用品、室内生活设施的配备，现代科技产品的引用等；此外，还可从"软"设施入手增加客房的舒适度，比如房内的装饰，房内气温的调适等。

4. 求宁静的心理

客房的主要功能是用于游客休息，客房的宁静是保证这一目的的实现的重要因素。由于现代都市生活的丰富性，一些游客可能喜欢过夜生活，而白天睡觉，所以，酒店客房的宁静不单单指夜间，即使没有游客休息的情况下，客房也要保持宁静。给游客创造一个舒适、踏实的环境，同时也可使新进的游客自觉遵循安静规则。

保持客房宁静就要从防止和消除噪声入手。首先要做到酒店硬件设施本身不产生噪声，选择产生噪声小的设备，保证设备隔音性，阻止噪声的传入和传导。其次是软件上也要消除噪声，服务员在工作时需做到"三轻"——走路轻、说话轻、操作轻。"三轻"不仅能减少噪声，而且能使旅游者产生文雅感和亲切感。服务人员还要用自己的言行去感染那些爱大声说笑的旅游者，用说服、暗示等方式引导旅游者自我克制，放轻脚步，小声说笑。因此，酒店要加强注重对服务人员行为习惯的培养，对其进行经常性的培训和严格的制度约束，促使服务人员养成良好的职业习惯。

5. 求方便的心理

方便也是游客对客房的一种需求，客房是游客远在他乡的"家"，尽管这个家是临时的，但由于生活习惯的影响，对家的方便性功能要求是没有减少的，加上出门在外，人生地不熟，很多东西又不能随身携带，所以更希望酒店客房能提供各种方便，他们希望客房内有常用的生活与卫生用品，有多种服务项目，如洗衣服务等，需要什么只需打个电话即可。如果游客在客房服务中感到生活起居方便，就会感到愉悦，得到安慰，消除身心疲劳和不安，形成积极的消费心理；反之，在心理上就会沮丧，产生不满情绪，导致提前离店或投诉。

方便是指房间设施的实用价值及其完善的服务项目。酒店要从三个方面着手满足游客的方便心理。一是设施齐全，要为满足游客需要而设计和配备设施，客房的内生活用具要齐全。给游客创造一个正常生活、学习、工作场所；二是服务项目完善，包括客房送餐服务、洗烫服务、擦鞋服务、代请保姆服务、网络服务、会议服务等，客房服务项目越多越能满足游客的多样性要求，也越能反映出酒店的服务水平；三是使用便利，游客入住酒店，没有很多时间来研究各种设施的使用方法，所以客房一般要安装操作方便的设施，如有操作程序较复杂的，客房要提供使用说明。另外，客房设施质量要有保证，如果设施质量差或出现损坏，游客使用会感到不便，降低对酒店服务品质的评价，容易出现投诉。

6. 求尊重的心理

尊重是人的一种较高层次心理需要。游客住进酒店希望自己是受欢迎的人，希望见到服务人员热情的笑脸，听到服务人员真诚的问候，得到服务人员热情的服务；希望服务人员尊重自己的人格，尊重自己的意愿，尊重自己的朋友、游客，尊重自己的生活习俗、宗教信仰，尊重自己对房间的使用权等。客房服务人员在提供优质服务的同时，应在服务工作中给游客留出更多的私密空间，不可过多地打扰游客，根据游客的个性需要为其提供服务。客房服务人员在所有时间和所有地点要绝对尊重每位游客，坚信"游客永远是对的"，诚挚地关心和爱护每位游客。要尊重来自不同的国家和地区游客的各种风俗习惯、宗教信仰和隐私权，使游客感觉到被理解、重视；要适当使用尊称，满足游客的自尊心理和希望被接纳、受欢迎的渴望；记住游客的姓名，用名字称呼游客，给游客宾至如归的感觉，缩短交往心理距离；尊重有心理缺陷和发生了严重过失的人，针对这些特殊游客给予更细心、耐心的服务，处处为其提供方便；热情公平接待来访游客，主动热情招呼好来访游客，征得游客同意后礼貌地关照他们办好来访手续，带他们进入游客的房间，对不同层次的游客要公平对待，不能用世俗的眼光看待来访者。

(二)客房服务的心理策略

客房是酒店里最重要的部门，和游客的联系也最密切。搞好客房服务管理工作，将会直接影响酒店的运行与管理，同时也会影响饭店的形象及经济效益，因此，搞好客房服务对旅游业来说非常重要。

1. 提供良好的客房服务"硬"环境

(1) 确保客房的清洁卫生。清洁卫生的客房环境被宾客视为最重要的需要。它既作用于生理，也反映在心理活动方面，不论是什么样的游客，也不论在客房内外的任何角落以及任何时间，清洁干净的需求始终是存在的。清洁卫生工作一般认为是客房服务的首要任务。

保证客房的清洁首先要保证客房及各种设施、用具的卫生，即使是空房间，也要时刻保持清洁，随时准备迎接旅游者；其次，茶具、餐具、浴盆、马桶等要严格消毒，必要时贴上"已消毒"标签，电话机拨号盘、台灯的灯罩等要擦拭干净；另外，服务员自身也要做到服装整洁，同时要熟悉各国的旅游者对洁净方面的习惯和要求，防止用自己认定的或本国的一般卫生习惯及标准对待清洁卫生工作。

(2) 保持客房的舒适宁静。保持客房的宁静，防止和消除噪声，给旅游者提供一个舒适的环境。

(3) 保障客房的安全。为满足宾客的安全需要，首先在客房管理上应有安全管理措施作保证，如防盗措施、防火措施、财物保管措施等。其次，服务人员应提高警惕，要注意检查房间的安全情况，发现可疑人员要立即报告安全保卫部。此外，要让游客懂得发生意外事故时的应急措施，懂得防盗报警系统和防火报警系统的使用方法。

(4) 服务设施规范齐全。为满足游客多方面舒适的要求，客房的设施设备要齐全，且要保证品质优良，以此能反映出酒店的等级规格。

2. 创设优质的客房服务"软"环境

酒店不仅要为游客提供优良的"硬"环境，满足游客的安全、方便、卫生等心理需求，同时也要从服务态度、服务技巧等方面满足游客被尊重的心理需求。

(1) 服务态度优质化。服务态度是服务人员思想觉悟、服务意识和业务素质高低的集中表现，是做好客房服务工作的第一步。客房服务态度优质化主要体现在主动、热情、礼貌、耐心、细致、周到。

① 主动热情服务。主动的服务态度是指服务于游客开口之前，它是客房服务员服务意识强烈的集中表现。主动服务要做到主动迎送、引路，主动问候，主动介绍服务项目，主动递送和保管钥匙，主动叫电梯，主动照顾老弱病残游客，主动征求游客意见等。

热情服务是指服务人员在服务活动过程中对游客所表现出来的热烈、积极、主动、友好的情感或态度。在客房服务过程中，服务员不仅要精神饱满、面带微笑、语言亲切、态度和蔼，努力帮助游客消除陌生感、拘谨感和紧张感，使其心理上得到满足和放松。而且要举止大方、不卑不亢、乐于助人、不辞辛苦，极力为游客排忧解难，取悦游客。

② 文明礼貌服务。文明礼貌的服务，可以使宾客获得宾至如归之感，客房服务通过文明礼貌表现出对游客的尊重、理解和善意。服务人员要自觉讲究礼貌礼节，切实做到礼貌接待、文明服务。如与游客讲话用礼貌用语；与游客相遇或相向行走，让游客先行；为游客服务时要聚精会神，彬彬有礼；操作时轻盈利落，避免干扰游客等。

③ 耐心细致服务。耐心细致是指不厌不烦，根据各种不同类型的游客的具体要求提供优质服务。客房服务人员在工作繁忙时要有耐心，不应急躁；对爱挑剔的游客要不厌烦，耐心解释；对老弱病残的游客照顾细致耐心；游客有意见时耐心听取，有问必答；游客表扬时要不骄不躁，大方致谢。

④ 及时周到服务。及时周到是指客房服务人员能在最短的时间内提供游客所需的服务，并做到细致入微。为此，服务人员要"眼观六路，耳听八方"，随时观察游客情况，主动了解游客的不同需要，尽量予以满足。根据每个游客的需要、兴趣、性格、习惯等个性特点，及时准确地确定满意的服务方式。服务周到还要求处处为游客着想，提供细致入微、准确具体的服务，包括转达留言、叫醒服务、送餐服务、洗送客衣等，以及提供信笺、信封、针线包、墨水、圆珠笔、节目单、电话号码本、本地风土人情宣传册、本地交通手册等。

(2) 个性化服务。个性化服务是指提供有针对性的服务内容和服务方式，以满足游客求新、求奇、求变的要求。个性化服务有利于凸显酒店经营的特色，展现出酒店的核心竞争力，客房服务的个性化是获取游客积极评价的途径之一。

酒店客房服务人员要掌握个性化服务技巧，认真分析游客的需求心理，完善客房档案，针对不同层次的游客提供各具特色的个性化服务。对于较低层次需求的游客，我们要让其体验到舒适感和安全感；对于较高层次需求的游客，我们要让其分享到亲切感和美感；对于更高层次需求的游客，我们应当使游客获得一种高贵感，让他们感到自己是酒店名副其实的尊贵游客。另外，在提供优质的个性化服务时，客房服务人员要学会调整好自己的心态,服务必须是发自内心的,而且要真诚、主动、热情、友善,处处为游客着想,建立良好的服务感情;此外,服务人员要讲究礼节礼貌,不断提高服务意识,扩大知识面,增强应变能力,实现效率服务。

三、餐厅服务心理

在住店旅游者基本的需求"食、住、行、游、购、娱"中,食占第一位,食是我们维持生命的第一需要。而作为经营"食"的餐厅服务无疑成了酒店服务中一个重要环节,餐饮产生的收入也约为酒店收入的1/3,好的餐饮及其服务不仅是酒店的产品,而且是一种旅游产品,是一种可以引来客源、建立品牌的资源。酒店餐厅承担宴会、酒会、冷餐会、茶话会、零点、包餐、酒吧等各项任务,它不仅为住宿的旅游者服务,也为非住宿的旅游者服务,餐厅服务人员要最大限度地满足旅游者的需要并提供优质服务,深入分析旅游者的心理,了解旅游者需求。

(一)对餐厅服务的心理需要

1. 求清洁卫生心理

清洁卫生的就餐环境,能使游客产生安全感和舒适感。随之生活水平的提高和饮食舆论的影响,游客对餐具、食品、饮食环境卫生的关注度也越来越高。餐厅服务要重视清洁卫生,确保游客不受病害的威胁和感染,满足游客的心理需求。

为确保餐厅卫生,酒店要做好以下几方面的工作:①餐厅服务人员要严格遵守卫生工作条例,身体健康,整洁干净;②餐厅环境应整洁雅静、空气清新、地面洁净、四周无污染、桌椅摆放整齐,台布口布洁净无瑕;③餐具应严格消毒,无破损;④食品应新鲜卫生,加工场地要功能分区,严禁使用过期食品。

2. 求快速便捷心理

一般来说,旅游者到餐厅用餐就希望能得到快速便捷的服务,不愿长时间等待。心理学的研究表明,期待目标出现前一段时间使人体验到一种无聊甚至痛苦。从时间知觉上看,对期待目标出现之前的那段时间,人们会在心理上产生放大现象,觉得时间过得慢,时间变得更长。如果餐厅上菜时间过长,既会影响旅游者的行程安排,给旅游者带来不便;也不适应现代生活的高节奏要求;同时对于饥肠辘辘的旅游者而言,会让其难以忍受甚至发怒;还会让好面子的旅游者感到被怠慢、被冷落,尊严受到侵害,而去投诉酒店。

餐饮服务要做到了解、理解旅游者求快速便捷的心理需求,并尽可能地使旅游者得到满足。及时安排旅游者就座,准备好茶水;对于急于就餐的旅游者,推荐快餐食品或加工时间短的菜品;上菜前这段时间不要让旅游者干坐着,可打开电视,送上报纸杂志,也可根据旅游者的消费金额,免费提供一些小菜;对谈生意的旅游者,第一道菜要快上,然后放慢上菜的速度,给旅游者留出谈话时间;集中精神工作,注意旅游者细小动作,及时满足旅游者需求;结账要迅速及时,旅游者用餐结束,账单要及时送到,不能让旅游者久等。

3. 求安全心理

旅游者安全问题也是餐厅不可忽视的，一般来说，旅游者在安全方面对餐厅是比较信任的，认为发生事故的可能性是极小的，但是，根据马斯洛的需求理论，"安全"确实是旅游者最基本的需求。在餐厅偶尔会发生汤汁洒在旅游者的衣物上，破损的餐具划伤手、口，路面打滑引起摔跤，甚至出现用餐时吊灯脱落击伤旅游者，屏风挂破衣服等事故。凡此种种，造成的后果是难以补救的。

4. 求知求味求美心理

旅游者来到一个地方，都希望能品尝到当地的特色风味佳肴，能了解到当地正宗特色佳肴或名菜、名点方面的寓意、来历、做法、特色、保健、营养等知识，以满足追新猎奇的心理需求。有些旅游者甚至把能吃到地方风味作为选择旅游目的地之一。美国著名的餐饮评论家菲里奇曼就曾经对他的朋友说过，他在中国的很多酒店都用过餐，但是最令他难忘的还是"四川饭店"名菜——怪味鸡，他觉得非常好吃。他甚至对他的朋友说，为了吃这道菜，就算专门乘飞机去都不在乎。可见地方特色的风味饮食对旅游者的吸引力。此外，旅游者也注重对餐厅环境美的追求，餐厅的设计、服务员的衣着外貌、菜肴的色香味形意以及盛菜肴的器皿等，都会给旅游者带来愉悦。餐厅要从"厅美、人美、菜美、器美"来满足旅游者的心理需求。

5. 求价格心理

旅游者初到一个地方，人生地不熟，很担心价格上会吃亏受骗，在进入餐厅消费时也是如此，旅游者希望能享受到价格合理公正，定价明确的产品。一方面，在宾客心目中，餐饮品种价格是否合理，多是以自己能否接受为基点的。只有认为菜点制品价格合理时，才会实现消费；否则，就会拒绝消费或寻找价格适宜的餐厅。另一方面，餐饮产品价格高低制约着旅游者消费兴趣和欲望。对于追求高价位的旅游者，他们是为了满足自己的精神需求，提高身价，会选择高消费，如果价格偏低，反而会不满意。对于追求物美价廉的旅游者，求价廉心理突出，十分注意价格，价格偏高，就会抑制他们的消费欲望。对于按质论价的旅游者，讲求"一分钱一分货"，希望价格与质量能匹配，如果感到出现偏差，就会降低对酒店的评价，影响再次消费。对于享受型的旅游者，他们来酒店餐厅用餐，是为了满足舒爽心理，很在意餐厅的环境、设施、菜品、服务等，而不过分计较价格的高低。因此，为了满足宾客对餐饮服务价格需要的差异，餐厅应采取一些切实可行的价格策略。

6. 求尊重心理

餐厅是一个公共场合，游客社会交往活动较多，求尊重公平心理表现得更为强烈。每位游客都希望自己是受欢迎的、受公平对待、受尊重的，而不是受冷落、受嘲笑的游客。在就餐过程中，他们不希望因为外表、财势或消费金额上不同而受到不同的接待，不希望自己的风俗习惯、生活习惯被忽视等。因此，作为服务人员，要善于观察，尽可能的根据游客需求特点提供合适的服务。

(二)餐厅服务的心理策略

做好餐厅服务，就要了解游客的饮食心理，尊重游客习俗习惯、宗教信仰，根据不同游客的口味情况，生产能满足不同需求的旅游饮食产品；要注重餐厅环境的美化；注重传统产品的传承、特色产品的创新与开发；做到服务迅速，灵活简便。

1. 打造优雅的餐厅形象

餐厅的形象直接影响旅游者的消费心理，优雅的环境、独特的设计可激发旅游者的消费欲望，同时也能让消费者更信任餐厅服务的品质，产生良好的印象效应。餐厅应十分重视环境的变化，注重视觉、听觉、嗅觉等形象的结合。

(1) 雅观别致的视觉形象。

餐厅的建筑外观、餐厅的内部环境、餐厅服务人员的仪表服饰、餐厅的命名等都要能吸引旅游者的眼球，产生积极消费心理，并给人留下深刻印象。餐厅的建筑外观要讲究风格迥异、色调和谐、造型独特、门面凸显、标注醒目；餐厅内部装饰与陈设布局要整齐和谐、清洁明亮、古朴大方、高雅舒适，使旅游者赏心悦目。餐厅的整体设计要体现主题思想，或高贵、或典雅、或自然、或中式、或西式、或古典、或现代，色彩、格调、布局要根据餐厅设计的主题来选定。在选择色彩时，要了解不同的色彩所产生的心理效果。餐厅的光线也要与餐厅的主题相协调：宴会餐厅要光线明亮，呈金黄色；西餐厅要光线柔和，并采用可调节开关，以便营造温馨的气氛；酒吧光线要幽静、闪烁，显示迷人情调；正餐厅呈乳白色、黄色。另外，餐厅光线还要与季节相吻合，如夏天以冷色为主，冬天以暖色为主。此外，餐厅的布局颜色一般以红、黄为佳，有利于促进旅游者食欲。为了达到餐厅环境的协调，餐厅的装饰物和服务人员的着装要与餐厅氛围一致。餐厅的名字是餐厅的风格特色的标志，取名要雅观准确、言简意赅。

(2) 优美悦耳的听觉形象。

优美的听觉形象能使人产生愉悦、舒畅的效果，能让旅游者在轻松的环境中享受美食。酒店餐厅一般具有公共性，就餐人数较多，噪声也较大，为了不影响旅游者的食欲和情绪，餐厅要尽量采取措施消音或减少噪声，要注意选用那些有吸音和消音功能的材料，尽量减少硬装修，因为硬装修对噪声起到一种扩大作用。另外一个办法就是加大餐桌之间的距离，减少旅游者之间的相互影响。餐厅中使用轻松悦耳的音乐，一来可掩饰和冲淡噪声；二来调节旅游者用餐的心情和速度。

(3) 清新愉悦的嗅觉环境。

在餐厅中，由于各种菜肴的气味、各种酒味和烟草味等多种气味混合在一起，给人是不愉快的感觉。所以，要注意餐厅空气的调节，保持空气清新，可适当喷洒清香剂，掩盖餐厅油烟、菜酒等的味道，另外可从温度、湿度调节改善餐厅嗅觉环境。

2. 创造美好的食品形象

食品是餐厅提供的主要产品，也是游客在就餐时主要关注的内容，而中餐素以色、香、味、形、名、器俱佳著称于世，强调内在美和外在美的结合。因此，餐厅提供食品需充分考虑这两种因素，既重品质又重形象的美感。餐厅要从鲜、色、形、味、异等方面入手，创造美好的食品形象。

(1) 色泽佳。

"先色夺人"就是讲的色对于游客的诱惑力,色是游客鉴赏食品时最先反应的对象。在人们的生活经验中,食物的色泽与其内在的品质有着固定的联系。清醇的色泽会使游客产生质量上乘、产品新鲜的感觉,激发游客的食欲。食品除了讲究色泽鲜艳外,还要讲究色彩的对比和调和,要做到色调和谐美观。此外,由于种族与文化背景的差异,游客在颜色的喜好上存在着一定的差别,服务员应了解不同国籍、宗教、民族、风俗的游客对颜色的禁忌,有针对性地调配食物色泽,以避免游客的反感,把服务"失误率"减到最低程度。

(2) 造型美。

我国的餐饮食品讲究色香味形器俱美,它不但要求具有食用价值,更应是一件艺术作品。食品优美的造型、逼真的形象能使游客产生强烈的感官刺激,给人以美的享受。通过烹饪大师的切、雕、摆、制、烹等技艺,配上与菜式相得益彰的餐具,使游客一见则喜、一见则奇、一食则悦。

(3) 风味新。

味道是菜肴的本质特征之一。由于食品的口味具有周期性,人们常吃同样口味的食品就会感到枯燥、乏味。根据游客在餐饮需要方面的这种心理特点,餐厅在确定菜点品种时应求新求异,讲究花样翻新,并要保持本地特色,使游客在口味上体验到最佳效果。

3. 创造完美的服务形象

服务是餐厅除食品之外的另一个主要项目,餐厅服务形象与游客的就餐心理有着紧密联系,优质完美的服务,可以给游客营造一个和谐、融洽、轻松的氛围,使人能在心情愉悦中用餐,也更容易增强游客对餐厅的好感。可以想象,如果餐厅只提供可口的饮食,而服务态度却是冷冰冰地,我相信即使是再美味的食品,游客吃着也不会开心。

4. 文雅的员工形象

市场的竞争带来了酒店餐饮行业文化的竞争,餐饮服务人员形象是酒店文化的载体。优雅独特的员工形象,能使游客提高对餐厅的认可度。为此,服务员应是形象仪表美与气质心灵美的和谐统一。在体态容貌上应端庄大方,穿着服饰上应整洁美观,行为风度上应稳重文雅。

(1) 娴熟的服务技能。

餐厅的服务形象还表现在娴熟的服务接待的技能方面,在服务中,服务人员要微笑迎送游客,迅速、热情地引领游客入座,并要领坐恰当,要注意观察游客的特征,根据情况,领坐因人而异,对于老弱病残的游客和年轻的恋人,宜安排在僻静方便之处;对于穿戴时髦的游客到来,应当把他们引领显眼地方就座;服务员在为游客引领和安排座位时应因人而异,满足游客的自尊心。当用餐人员较多时,服务人员要合理分配自己的注意力,为每位游客提供恰当的服务。另外,服务人员要善于判断游客的就餐需要,根据游客的年龄、性别、宗教信仰、习俗、民族、偏好等介绍适当的食品,在介绍时要全面、细致、客观、适当、耐心,热诚地为游客着想。

(2) 得体的服务语言。

语言是一门艺术,餐厅服务员应掌握灵活的语言技巧,餐厅服务得体语言表现为"尊敬、主动、明了、愉悦、兑现"，要尽量避免"口语化"、"厌烦"、"窃笑"、"旁听"、"盯瞅"。优雅、甜美、尊重的接待语言，会使游客体验到宾至如归。

思考与讨论

1. 怎样理解职业意识？酒店服务人员应具备怎样的职业意识？
2. 酒店从业人员的心理素质要求主要有哪些？
3. 游客在前厅服务中有哪些心理需求？服务人员应如何应对？
4. 提供怎样的服务才能满足游客的客房服务心理需求？

实训题

王小姐和她的朋友乘坐的出租车刚刚停在国际大酒店大堂门口，面带微笑的门童立刻迎上前去，并躬身拉门问候道："欢迎光临！"王小姐和她的朋友们谈笑风生地走下了出租车，当门童正准备关门时，忽然发现前座上遗留了一部漂亮的手机，于是扭头对正准备进酒店的王小姐说："小姐，您是否遗忘了手机？"王小姐一听，停止了说笑，忙说："哎哟，是我的手机，谢谢，谢谢。"门童将手机递还给客人，同时又写一张小条子递给了王小姐，这张小条上写着这辆出租车的号码，然后门童迅速引领客人进了酒店大堂。

王小姐来到前厅接待处，接待员礼貌地问候道："你们好，欢迎光临国际大酒店，请问有没有预订？"王小姐说："我们早在十天前已经预订了一个三人间。"接待员随即请王小姐出示证件，并熟练地查阅预订，立即为客人填写了入住登记表上的相关内容，并请王小姐预付押金和签名，最后说："小姐，你们住在1501房，这是你们的房卡与钥匙，祝你们入住愉快。"

在王小姐办理入住登记手续时，行李员恭立在她们的身后，为客人看护着行李箱。行李员带着客人刚来到1501房间的门口，客房服务员便迅速走了过来，微笑着躬身说，"你们好，欢迎光临，请出示房卡"，"请这边走"，服务员来到 1501 房门口敲门并报："Housekeeping、Housekeeping、Housekeeping"，王小姐诧异地说："不是没有人吗？""这是我们的服务规范。"客房服务员打开房门后，开始介绍客房设施与服务，行李员将客人的行李放到了行李架上，同时发现客人将西装脱下随手扔在了床上，便走过去将客人西装挂进了壁橱。客房服务员和行李员询问道："王小姐还有何需要帮助？"王小姐高兴地说："不用了，谢谢你。""祝你们在本酒店居住愉快！"然后两个服务员告辞退出。

王小姐和她的朋友经过了一天的旅行，已经非常疲惫了。当她们躺在柔软的床上，听着悠扬的音乐，欣赏着舒适豪华的室内装潢，回忆着进入酒店的整个过程时，王小姐满意地对朋友们说："这真是星级酒店的服务啊！我们要的不就是这种感觉吗？"

1. 这个案例中，酒店服务的成功做法体现在哪些方面？酒店满足了王小姐的什么心理需求？
2. 结合实际，谈谈这个案例对我们的启发。

学习情境八　旅游购物心理

学习目标：

- 了解旅游者对旅游购物的基本心理需要。
- 熟悉旅游购物服务接待的技能技巧。
- 掌握旅游购物心理的个体差异、影响因素和旅游商品销售服务的心理策略。

技能目标：

- 能开展旅游购物活动的接待工作。
- 能够运用适当的方法引导和影响旅游者的旅游消费行为。

任务一　旅游购物心理概述

导入案例

导游员擅自带团购物

地陪李小姐负责接待一个来湘的台湾旅行团。在长沙旅游的第三天下午，该团完成当天活动计划后准备返回饭店，傍晚将乘坐 17:48 的火车前往北京继续旅游。在旅游车上，李小姐与司机商量后说："今天我们的行程很宽松，为了让大家更好地领略湖南风土人情，我特意为大家增加了一个活动项目——前往××作坊参观湖南刺绣。"

刺绣作坊附近设有商店，个别游客十分喜爱手工生产的刺绣，却发现这里没有定点商店标志，因而对是否购买犹豫不决。李小姐解释道："这家作坊新开张，还来不及申报定点商店。但产品货真价实，绝对值得信赖！我们在这里必须停留 2 个小时，大家还是利用这段时间去挑选满意的刺绣商品作为纪念吧。我与店方商量过，为表达对台湾同胞的情谊，各位只要出示我发给大家的购物卡，就可以在原价上打七五折。"在她的劝说下，游客们纷纷购买。

在游客们返回饭店下车时，李小姐说："朋友们请注意，稍晚我们就将前往火车站。各位此行没有要求行李服务，请大家自己将行李准备妥当。各位请下车。"游客们下车回房后，李小姐核实了离境的车次时间后，与司机商量决定 17:00 送游客前往火车站。然后，李小姐向饭店前台通报了本团的离店时间，并结算了房费。

离店引导游客上车时，李小姐清点人数无误并提醒游客交还房卡和结清饭店自费账目，经领队和全陪同意后通知司机开车。随后李小姐致了热情洋溢、规范完整的欢送词，博得游客们的一片掌声。到达火车站停车场后，李小姐说："朋友们，现在是 17:30，大家所乘车次已经开始检票了。请抓紧时间，拿好自己的行李物品进站。再见！"接下来，李小姐让游客下车并在旅游车门口挥手作别。

问题：地陪李小姐在接待该团的工作过程中，做错了哪些事？

旅游心理学

旅游购物服务是旅游服务的一个重要组成部分，提供丰富的旅游购物资源，对于满足旅游者的生理和心理需要，发展旅游经济，繁荣旅游市场，具有不可低估的作用。一方面，发展旅游购物是提高旅游整体经济效益的重要途径，是增加外汇收入和就业机会，振兴地方经济的重要手段之一。另一方面，旅游购物的发展，可以使世界各国人民加深对旅游目的地国家和地区的历史文化、民族传统的了解。中国社会调查事务所曾在北京、天津、上海、广州、武汉五地进行的市场调查显示，77%旅游者表示在旅游时肯定会购买商品，14%表示在旅游时偶尔会购买商品，只有9%表示不会在旅游时购买商品。旅游购物在旅游消费中存在较大的增值空间，各旅游地必须在开发具有特色的旅游商品的同时，研究旅游者购物心理，加强购物服务工作，满足旅游者的购物需要。

一、旅游购物心理的含义

(一)旅游购物

旅游购物作为旅游消费中弹性最大的一个环节，在旅游产品构成要素中挖掘经济效益的潜力最大。长期以来，旅游业发达的国家和地区都十分重视发展旅游购物，以期最大限度地扩大旅游收入。关于旅游购物的概念众说纷纭，国内外学者在购物旅游的专题研究中指出，旅游购物不仅仅包括旅游者购买商品的行为，也包括旅游者为购物而四处观光的行为，提出："旅游购物是指游客在旅游目的地或在旅游过程中购买商品的活动以及在此过程中附带产生的参观、游览、品尝等一切行为"；"旅游购物是旅游或旅游业的一个领域或要素，指以非营利为目的的游客离开惯常地，不管是以购物还是以其他为旅游目的，为了满足其需要而购买、品尝，以及在购买过程中观看、娱乐、欣赏等行为，旅游购物作为一种旅游行为，对当地社会文化、经济、其他领域以及旅游政策都产生影响"等。

参照国内外学者对这一问题的研究结果，我们认为现代意义上的旅游购物是指旅游者为了旅游或在旅游活动中购买各种实物商品的经济文化的行为，它不仅包括专门的购物旅游行为，还包括旅游中一切与购物相关的行为总和。但不包括任何一类游客出于商业目的而进行的购买，即为了转卖而进行的购买。旅游购物包括旅游商品、旅游购物设施和人员三大要素，这些要素的不同组合，形成了千姿百态的购物活动。

(二)旅游购物心理

旅游购物是旅游过程的一个重要环节，也是旅游体验的组成部分。随着旅游活动的日常化、大众化，旅游已经成为人们普遍的消费方式。旅游者除了多看多跑、饱览秀色、饱尝美食，还要大包小包地购物，旅游购物成为常见的活动，旅游者对旅游商品的需求层次在不断提高，相对于单纯的产品本身，旅游者更关注的是旅游产品以外的东西。旅游商品的表现形式，旅游者参与旅游购物过程，感受旅游商品后面的旅游文化、目的地文化等对旅游者来说有更大的吸引力。完美愉悦的旅游购物体验行为成为旅游商品的一部分，因此，旅游购物心理是指旅游者在旅游购物过程中发生的一系列极其复杂的心理活动，既包括旅游者对旅游商品成交的数量、价格等问题的一些想法及如何付款、选择什么样的支付条件等极其微妙的心理活动过程，也包括旅游者在旅游购物过程中对旅游商品蕴含的旅游文化、旅游目的地文化、旅游购物设施以及与旅游服务人员交往的心理体验和感受。

二、旅游购物心理特征

"购"是"游中乐趣",是旅游活动中不可缺少的一环。许多外国人在中国的小城镇旅游都要买点小商品,但后来大部分弃掉了,问他们为何?他们说购物时接触当地人,是了解当地人的好机会,同当地人"讨价还价",其乐无穷,购物过程所获乐趣,甚至胜过所购商品本身。作为导游,应当明确,协助"购物"是导游的责任之一。做好"导购"工作不仅能满足旅游者的需要,也能为旅游企业和旅游目的地带来较好的经济效益。由于旅游活动的特殊性,旅游者在购物过程中的心理活动与一般的消费者相比既有共性,也有其特殊性,概括起来,主要表现在以下几个方面。

(一)求纪念心理

旅游中的求纪念心理非常传统和典型,人数比例也较大。一般持有这种心理的旅游者对那些具有民族特色、地方特色、审美价值和纪念意义的旅游纪念品和工艺品都非常感兴趣,选择购买它们留作曾到过某地旅游的纪念或凭证,为曾到某地旅游过的一种证明,以便日后可以由此勾起美好的回忆,加深对旅游经历的感受,或者作为礼物馈赠亲友,以此增进彼此友谊,提高自己的声望,甚至还能满足一些人的炫耀心理。如旅游者在西安买一些兵马俑复制品,到南京雨花台买雨花石,到江苏宜兴买紫砂壶,到苏州买刺绣工艺品,到广东肇庆买端砚,游长江三峡买三峡石等,都具有较大的纪念意义。在其他国家和民族,这种现象也是很常见的。如日本人外出或旅游归来都有赠送礼品的习俗,如果远游归乡没有礼物赠送,则被认为是没有礼貌的。

(二)求新异心理

求新异心理是指旅游者追求旅游商品新颖、奇特与应时的心理倾向。明末清初的戏曲理论家李渔说:"物唯求新",指出了旅游者购物的基本动机。"喜新厌旧"是消费领域中的一种主要心理现象。当然,某些特殊的商品,如文物、古董、珍藏的艺术品除外,但这些商品"物以稀为贵"仍符合旅游者求新异的动机。对新奇事物的追求是人们好奇心的表现。好奇心人皆有之,是旅游动机之一。在旅游购物中,好奇心会起到一种导向作用。人们在旅游地看到一些平时在家看不到的商品时,就会产生好奇感,激发旅游者的购买欲望。很多旅游者好奇心强,喜欢标新立异,追求自我价值。时尚、新颖或独特的商品都能满足他们追新猎奇和追求个性的心理。如杭州的龙井茶、海南的椰子、云南的民族服饰等。而一些外国游客常常对中国的稀奇古玩、工艺美术品感兴趣。具有这种购买心理的旅游者极易受情绪的支配,容易受到广告宣传和社会潮流的影响。

(三)求实心理

旅游者外出旅游,把自己从"第一现实"中解脱出来,暂时走进有些虚拟的"第二现实",但他并不是完全离开现实生活的人,为现实生活打算也是许多旅游者的正常行为。旅游者求实心理的特点是特别注重旅游商品的实用性、实惠性。旅游活动中一旦发现价廉物美、经久耐用、使用方便的商品,就会购买。他们在购物时不易受外形、包装、商标和广告宣传的影响,比较注重传统和经验,注重品牌,挑选时仔细慎重,精打细算。如一些地方特色的风味食品，既可自己食用，又可赠送亲友，而且价格合适，最为实用。又如，有的日本和东南亚游客到中国旅游，喜欢购买中国的名贵中药，如六神丸、地道丸和人参等，这些都是从实用的角度考虑的。在实用心理支配下所产生的购买行为主要与旅游者的个性特征有关，与旅游者的收入水平并无直接关联。

(四)求美心理

所谓求美心理，是指旅游者寻求情感满足的心理，这是一种完全没有功利性，以注重旅游商品的欣赏价值和艺术价值为主要目的的购买心理。具有这种购买心理的旅游者特别注重商品的外观、造型和艺术美，注重商品对人体的美化作用、对环境的装饰作用和对精神的陶冶作用；对具有民族特色、地方特色和审美价值的旅游商品，对具有色彩美、造型美和艺术美的旅游商品兴趣极大，不太关注商品的实用价值和价格，如张家界民族特色的服装、饰物、挂包、盆景，香格里拉的银刀、银护身佛盒、银制八宝图，海南的"岛服"、椰雕贝壳工艺品、珍珠饰品、黎苗织锦等。

(五)求名利心理

这是一种借购物来显示和提高自己身份、地位、威信为主要目的的购买心理。持有这种心理的旅游者在选购商品时不太重视其消费支出，往往不惜高价购买具有保存价值的工艺珍品、名人字画或传世古董等，格外看重购物所表现出的社会象征意义。如著名画家陈逸飞曾在周庄画了一幅《故乡的回忆》的油画，在美国石油公司董事长阿曼德·哈默的画廊中展出，这幅画描绘了姑苏的小桥流水、江南的田园风光，将美国观众带到了神话般的境地。后来哈默先生用重金买下这幅画，送给了邓小平同志，周庄由此成为著名的旅游区。2009 年，一则中国人在法国旅游购物创下世界第一的消息引发了人们的热议。据全球最大的消费退税运营商环球退税公司的调查显示，在法国购买退税商品排行榜上，中国游客在法国购买的免税品总额达 1.58 亿欧元，比排在第二位的俄罗斯多出 0.47 亿欧元。这则调查数据映射的正是中国旅游者追求名利的心理。

(六)求尊重心理

求尊重心理会始终贯穿旅游者购物的全过程，他们希望服务人员能热情地接待，热情回答询问，百问不厌；希望服务人员能任其挑选商品，百拿不厌；希望服务人员对旅游者一视同仁，尊重他们的爱好、习俗和生活习惯，提供货真价实的旅游商品，满足他们的自尊心，激发其购买欲望。

典型案例

一年前，我跟团去香港三日游，也许是深知内地游客喜好购物的心理，接待我们的导游小姐非常卖力，几乎马不停蹄地带我们走街串巷四处购物。一次我们去九龙一家珠宝店采购，一路上，导游小姐不厌其烦地向我们介绍老板是香港的珠宝大王，什么"最负盛名"、"最有信誉"……还说，到了香港不去金店枉此一游。我相中了一款名为"时来运转"的白金项链，正在犹豫之际，导游小姐过来了，她夸我识货、有眼光，经不住她的一再鼓动，我终于掏钱买了下来。价格可不便宜，16000 港币，还算是打了八折的。

回到住地后，同团的一位行家告诉我：你被宰了，像这样的项链上海也有，价格不会超过一万元。听他这么一说，我十分后悔，于是吵着要导游小姐陪我去退货。她先是不肯，后来又说晚上去商量商量。结果第二天一早，她塞给我一条金脚链，说是人家送的。我当时心一软，也就算了。现在想想，真是亏吃大了。怪谁呢？权当是吃一堑，长一智，今后出游买东西再也不听导游的了。

(资料来源：江苏旅游诚信网，http//www.jslycx.gov.cn)

评析：这是黑心导游串通奸商诱骗游客购物和故意欺诈的行为。旅途购物是旅游的一大要素，也是很多游客的需求，但旅游购物中游客一定要理性消费，越是导游极力推荐的购物店越要小心，价格较贵的商品最好在正规品牌旅游商店购买，买完后一定要保留发票、收据或购物票等证据，以备日后投诉。

三、旅游购物心理个体差异

旅游者购物的全过程是人的认知活动、情感活动和意志活动综合作用的结果，也就是说，旅游者在购买活动中要经历感觉、知觉、记忆、思维、想象、情感、意志等过程。但是，不同的旅游者在具体的购买活动中所表现出来的行为特点却具有很大的差异。作为消费者的旅游者，他们所处的群体称为旅游消费者群体，按照社会心理学的解释，社会群体是指人们在相互交往的基础上所形成的团体或组织，处于这个团体或组织中的成员一般在心理上意识到其他成员，并具有相互认识和同属于一群人的感受。在行为上相互依赖，交互影响，并具有互补性。具有同一特征的旅游消费者，在旅游行为、旅游消费心理及习惯等方面有许多共同之处。根据多种特征对旅游消费者进行区分，就形成了多个互不相同的消费者群，如可以根据地理因素、生物学因素、社会经济因素和消费者心理等因素将旅游者分为不同的消费群。对于不同旅游者的购物心理差异，本教材按旅游消费者群体的年龄、性别和性格差异进行分类。

(一)不同年龄旅游者购物心理特征

1. 儿童旅游者的购物心理特征

少年儿童群体，根据年龄阶段可分为婴儿期(0～3岁)、幼儿期(又称学前期，4～6岁)、童年期(学龄期7～11岁)和少年期(学龄晚期，12～15岁)等几个阶段。儿童心理是一个人的心理从产生到初步成熟整个过程中反映出来的心理现象，儿童时期也是人一生中心理发展变化最快的时期。儿童时期的旅游者消费心理特征主要表现为以下几个方面。

(1) 认识旅游商品的直观性。

消费直观性心理是儿童旅游者的普遍消费心理。由于儿童的逻辑思维还不成熟，对事物的认识主要由主观刺激引起。据有关调查，大部分儿童购买旅游食品首先是看外包装，其次是其他小朋友在吃；第三是包装内有奖品；第四是味道好。对于旅游商品的其他特性，如营养、质量等方面考虑得很少，具有直观性、表面性、情感化的特点，所以带有一定的盲目性。

(2) 购买旅游商品的依赖性。

由于年龄和经济来源的原因，儿童旅游者消费中总是带有很强的依赖性。因为年龄小，认识旅游商品的能力薄弱，大多数儿童在购买旅游商品时，自己还拿不定主意。所以，消费依赖心理十分明显。随着年龄的增大，依赖的程度会逐渐减弱，但不可能完全消失。同时也因为自己没有直接的经济来源，一切购买活动都依赖于父母，有事先征得家长同意的心理定式，多数购买活动由家长代劳。因此，这一时期的儿童旅游购物心理与家长、老师的引导和同学的影响关系很大。

(3) 选择旅游商品的模糊性。

儿童在旅游购物活动中常常表现出一种左顾右盼、犹豫不决的心理。一方面因为儿童自我意识水平较低，对自己的心理活动、行为认知和调节能力还处在较低水平；另一方面，因为儿童生活经验缺乏，对购物活动生疏，不会挑选商品，且在公共场合有些胆怯，因此，儿童在旅游购物活动中常常表现出犹豫不决、琢磨不定、无所适从的心理。

(4) 旅游消费需求的好奇性。

好奇心理是儿童时期鲜明的特征。对新鲜事物的敏感性和好奇心是人的一种本性，儿童在旅游购物活动中要经常接触到从未接触过的一些事物，所以好奇心理特别强烈。他们天真、幼稚，尤其对旅游购物点销售的卡通小动物、卡通人物或需要动手制作的有趣玩具、新鲜的食品等特感兴趣。

(5) 旅游消费心理的可引导性。

消费的可引导性也是儿童旅游购物消费心理的一大特征。儿童的自我意识尚未完全形成，对客观世界的认识不充分，自己的思维和决策能力不强，消费依赖心理还比较浓，受周围环境因素，尤其是同学、同伴的影响比较明显；同时，电视广告、儿童电影、动漫电视剧、书籍等也会一定程度上影响儿童的消费心理，其内心有一种消费引导的需求。因此，旅游购物活动中家长对于儿童消费活动的引导显然很重要。

2. 青年旅游者的购物心理特征

青年通常指年龄在 16～39 岁之间的人，青年群体十分庞大，构成也颇为复杂。人们常常把年龄在 16 至 20 岁的人看作是处在青年初期，处在这一时期的青年人生理发展已趋成熟，心智渐趋成熟，其消费心理日趋复杂。到了中、后期阶段，青年人具备了丰富的文化知识、社会阅历和生活经验，社会接触广泛，信息沟通迅速，具有相应的经济能力，其消费心理愈加丰富。与其他消费群体相比，具有鲜明的心理特征。

(1) 追逐新潮时尚。

青年人充满朝气、思维活跃、富有想象、追逐新潮，有冒险精神和创新欲望。反映在消费心理方面，表现为追求新颖和时尚。对旅游商品的造型和外观要求款式新颖、色彩绚丽、造型别致，能反映时代潮流和审美需要；对旅游商品的结构和性能要求有高新科技和现代生活气息。因此，许多青年旅游者成为新旅游产品的最早尝试者和最有力的推广者。

(2) 追求个性张扬。

青年人处在少年向中年的过渡时期，少年期的未成熟心理与中年期的成熟心理共存，体现自我意识、主张独立自主和张扬个性自我是青年人独特的心理特征。随着生理发育的成熟和社交面的扩大，青年人希望形成完美的个性形象，追求标新立异，强调个性色彩，表现"与众不同"的心理较之"追求流行"心理更为强烈。表现在旅游购物活动中，则是消费倾向性从不稳定向稳定过渡。因此，他们更喜欢具有特色、能体现自我个性的旅游商品，并把所购商品与自己的性格、兴趣、爱好联系在一起，甚至与自己的身份、职业、理想等联系在一起，十分关注旅游商品的品位和档次，商品内涵的审美情趣与品味，比如，一些高科技含量的旅游纪念品和一些 DIY(do it yourself)旅游商品十分受青年旅游者欢迎。

(3) 注重情感直觉。

青年人的情感丰富而强烈，特别是16～25岁的青年人，他们虽然有了比较强的思维能力和决策能力，但个性心理还不稳定，容易受客观环境和社会信息的影响，易冲动，情感因素常常左右着自己的行为。在这种心理的影响下，青年旅游者的购物决策过程中，情感和直觉因素起着相当重要的作用。尤其是当理智难以决定时，情感和直觉往往成为决定因素，冲动性购买多于计划性购买，往往忽略旅游商品的综合性，片面强调款式和颜色。同时，青年旅游者在消费中的情感"两极性"心理也非常明显，某种旅游商品只要符合个人需要和兴趣，就会引发肯定的情感，产生偏爱和追求之心；反之，就会产生一种否定和抵触的情感，厌恶并拒绝这种商品。

(4) 追求实用性。

青年旅游者在追求新潮时尚、体现个性张扬的同时，对另一些与此无关或相关性不大的一般旅游商品或日用品，则追求其实用性和科学性，讲究商品货真价实。这反映了青年趋于成熟的消费心理。

3. 中老年旅游者的购物心理特征

(1) 中年旅游者的购物心理特征。

人们一般把40～60岁之间的人群称为中年人，中年消费者是家庭消费的主要决策者和实施者，同时也左右着未独立子女及老年人消费的决策权和购买权，是生理、心理成熟的人，个性丰富而稳定。他们有自己的消费观念，掌握了较高的消费技能，养成了协调的消费习惯。因而，他们的消费是一种成熟的消费，理性占据了主导地位。表现在旅游购物活动中，他们重视旅游商品的品牌和档次，但更看重商品的质量；他们重视旅游商品信息的接受，更重视理性分析，多方比较、谨慎审视、精心挑选；他们注重个人的兴趣爱好，讲究个性化消费，也很注意与经济条件、周围环境、个人身份和地位相协调，有极强的自我意识和参与意识。成熟和理性是中年旅游消费者的重要心理特点。

(2) 老年旅游者的购物心理特征。

老年消费群体一般是指60岁以上的人。老年人的生理和心理同中青年相比发生了明显的变化，由于体力较差，不像其他群体的人有更多的自己选择服务的能力，其旅游购物心理特点主要表现为：第一，他们希望得到优质服务，希望看到商场服务人员的礼貌待人和细心周到的服务，如详尽介绍旅游商品，语言行为有礼貌等，但并不希望有超出他们自尊的服务。碰到服务质量差，或受到冷遇，会产生一种"失落感"，甚至会激动。第二，老年人多具有怀旧心理，年龄越大，怀旧心理越强烈。怀旧心理是习惯性的典型表现，是对过去习惯的一种追忆。老年人喜欢回忆过去，那些能令人"发思古之幽情"的旅游商品能够赢得他们的好感，相信旅游目的地的传统特色商品，呈现习惯性消费心理，一般的广告宣传和促销手段很难改变其购买习惯。第三，老年旅游者一般把旅游商品的实用性作为购买商品的第一目的。他们比较强调旅游商品的实用性、舒适性、安全性。同时，根据自身的生理特点，他们还注重旅游商品的便携性和多功能性。此外，老年旅游者还会偏爱旅游目的地具有保健功能，有益健康的旅游商品。

(二)不同性别旅游者购物心理特征

1. 男性旅游者购物心理特征

由于男性和女性的生理与心理发展特征不同，在家庭生活中的地位不同，对旅游商品的认知程度不同，在其购物心理和行为上各有不同特点。相对女性来说，男性旅游者的消费需求一般比较贫乏，旅游购物量少，不太关注时尚，购物意愿较弱，更多地注重旅游商品的功能和效用，购买决策理智，不过分挑剔，不计较价格，表现豪爽，购买迅速。

2. 女性旅游者购物心理特征

女性旅游者与男性旅游者在旅游活动中的最明显的差异之一，是她们更愿意借外出旅游之机购买所需要的商品。因此，人们常常可以看到，女性旅游者旅行归来总是满载而归。女性旅游者的消费心理和行为特征表现如下。

(1) 审美心理。何为美？这是一个很难解释清楚的问题，每一个人都有自己的理解。女性因为情感丰富，更善于理解和把握它，并在旅游购物活动中表现得淋漓尽致。女性更擅长于购买流行性、装饰性商品，如衣服、鞋帽、装饰用品、化妆品和熟食品等，这些旅游商品或者本身就是美的象征，或者就是包装美。

女性审美心理的另一个突出表现是追求时尚，引领流行。美是商品能够流行的一个重要因素。现代人越来越认同流行，就是因为在流行中我们能够发现其中的美，可以获得美的享受。女性尤其是青年女性，总是以先驱的姿态出现，追求比别人美，使自己更突出、更亮丽。大多数旅游商品的流行也是跟着女性审美观念的变化而变化的。

(2) 情感特征。情感丰富是女性的一大特征。女性的内心世界很丰富，细腻而敏感，遇事容易动感情。这种心理特征也明显地表现在消费过程中。女性一到商场，感官就特别灵敏，旅游商品的外观、形象和情感特征是女性首先关注的，即便是细微的优点和美感，都很容易抓住女性的心，唤起她们的某种情感。而且，可能就是因为对那一点"细微之处"的喜爱而产生购买的欲望，以至于可以忽视旅游商品的价格、性能等方面的因素，如纪念品造型新颖、包装华丽、气味芬芳、悦耳的音乐，都能够激发女性的情感，产生购买冲动。

(3) 实用心理。消费的实用心理在中老年女性中普遍存在。尽管审美、情感等心理因素常常左右着女性的消费行为，但就多数女性而言，理性还是主要的，在旅游购物过程中，实用心理常常占主导地位。比如，即食性旅游食品是否含防腐剂和色素，服装是否会缩水和褪色等，这是女性购买时要考虑的。

女性消费实用心理的形成与我国的消费传统有关。在我国，历来有"勤俭持家"的美德，在家庭特别是女性中代代相传。大多数女性都继承了这一传统美德，遵循着"精打细算、量入而出、少花钱、多办事"的消费原则，养成了一种精于计算的性格和价廉物美、实用方便的消费心理倾向。

(4) 有较强的自我表现意识。女性旅游者比较愿意显示自己所购买的旅游商品，渴望得到别人的赞扬和认可，以满足自己的自尊心。

学习情境八 旅游购物心理

(三)不同性格类型旅游者的购物心理特征

旅游者的性格特征是多方面的,从不同性格特征的角度出发,可以分出不同的性格类型。

1. 根据旅游者心理活动过程的特点

可以分为理智型、情绪型和意志型。理智型旅游者有独立的思维能力,逻辑思维发达,处理事务比较冷静、沉稳、客观,抵御外界信息干扰的能力较强。旅游购物时喜欢根据自己的实际需要和购买经验作出决定,不易冲动,有较强的自我控制能力。情绪性旅游者感情丰富,喜怒哀乐溢于言表,控制能力较差,爱感情用事,容易冲动。一般是在喜欢、赞美等各种感情支配下进行的,容易受外界影响,进行冲动性购买。意志型旅游者做事目标明确,善于自我控制,一旦作出消费决定,一定会排除外界各种因素的干扰完成购买行为。

2. 根据旅游者的独立程度

可以分为顺从型和独立型。顺从型旅游者缺乏个人主见和独立的决策力,容易受外界、他人和广告的影响,消费态度比较随和,喜欢随大流。独立型旅游者自信心强,比较任性,作出判断坚定,行动果断,不受外界干扰。在旅游购物活动中处于主动地位,能积极提出问题、思考问题和解决问题,不盲目从事,能从容应付和适应突发情况,但难免带有一定的主观性和片面性。

3. 根据旅游者的心理活动倾向性

可以分为外向型和内向型。外向型旅游者开朗乐观,容易对各种事物表示兴趣,热情较高,喜欢提意见、征询意见,与人交流,能很快适应各种消费环境,较快地作出消费决策,完成消费行为。内向型旅游者稳重、谨慎、沉静,喜欢自己观察体验、分析判断,不轻易相信他人,不善于与人交往,消费决策和行为的过程比较缓慢,但有自己的独立见解和主张。

典型案例

> 6月12日至17日,张女士参加了某旅行社组织的港澳双飞六日游,14日,导游员带领大家来到了合同约定的香港某商店购物,经服务人员的推荐,她花4000元购买了一台据称是600万像素的摄像机,同时,商场开出了发票,但票面上只注明了商品的名称和价格。旅游结束后,她才从说明书上得知该摄像机只有300万像素,认为受到了商家的欺骗,于6月19日找到了旅行社,要求由他们负责退货。旅行社刘女士爽快地答应了这一要求,并告知近日还有一个港澳游的旅游团队,可以让此团的导游员帮助解决,并让她保留好相关票据和实物,等待旅行社的通知。等待多日的她一直未接到旅行社的电话;此间,还主动多次联系该社,却一直未找到刘女士,问及其他工作人员时,被告知此事只能找刘女士解决。
>
> 旅行社辩称:8月30日,张女士找到旅行社的经理时,已告诉她摄像机由于超过香港方面规定的退货期限;而且张女士未提供依据证明她受骗了,故不能帮助她解决。再说刘女士已经不在旅行社了,当时答应她这要求属刘女士的个人行为,旅行社不承担相应的

责任。

(资料来源：浙江旅游品质网，http://www.96118.org.cn)

评析：张女士持有的发票上并没有注明摄像机的像素指标，也未有其他证据证明商店当时承诺该摄像机为 600 万像素。虽然购物是在旅行社与旅游者约定的商店，但由于张女士没有证据证明其购物是在受欺骗的情况下发生的，因此，旅行社没有过错，不承担必须为她退货的责任。作为旅行社质检部经理的刘女士在离开旅行社前，答应协助张女士向香港商店退货，该承诺表明，旅行社与旅游者之间由于承诺而为其设立了一项义务，应当帮助旅游者退还摄像机。

案例启示

第一，在出境旅游中由于相当一部分游客带有购物目的，而且国外商品琳琅满目，在当地导游的宣传促销下，游客很容易"冲动消费"，买到质次价高的商品。因此，游客在外出旅游中应该保持冷静头脑，做成熟的消费者，从实际需要出发，慎重购买贵重物品，不能轻易相信别人的鼓动和介绍，"货比三家，三思而后行"。一旦购买商品后，应要求商家出具详细的发票，尤其是对商品的质地、成分、规格和主要功能等要有详细地说明，并仔细浏览产品说明书。

第二，尽管游客在境外购物，大多数情况下属于自愿的个人消费行为，但考虑到游客的实际情况，旅行社可以协助游客与境外商店解决。在这过程中，旅行社要谨慎承诺超出承担责任的事项，切忌不负责任的承诺，一旦承诺，则要及时与客人沟通情况，对承诺的事情要切实负责到底，妥善处理，以维护旅行社的诚信声誉及品牌等无形资产。

第三，作为旅游定点购物商店，在经营中应以诚信经营为本，维护本商店的声誉及品牌等无形资产，切忌欺诈。

任务二 旅游购物心理的影响因素与对策

导入案例

去年我带我妈跟团到香港去玩，回来时，我们在珠海入关，导游顺道就把我们带进了一家珠宝行。店员热情地接待了我们，在交谈中，店员看似漫不经心地问我们是哪里人，当得到徐州人的答案时，店员惊呼道："啊呀，我们老板就是徐州人，老乡啊！"果然，一会儿老板就出来了，一口一个老乡，感叹异地闻乡音真是缘分！原本老板表示要请大家吃午饭以尽地主之谊，在得知因为行程安排我们必须赶在中午前离开时，老板当即拍板："让利老乡，所有珠宝一折。"我们这个旅游团里阿婆阿公比较多，大家一听这么便宜，个个都欣喜万分，争先恐后地购买。上了火车，我们还在美滋滋地念叨这次遇上老乡捡了个大便宜呢，却听到隔壁那个北京的旅行团也在说什么老乡一折优惠。怪了，那老板明明是咱徐州老乡啊！结果，几个旅游团的人一对就发现有问题。一个火车上，但凡去过那家店的，都享受了老板的"老乡优惠"，同样的珠宝从两千到八百，价格差异惊人。显然，其中必有猫腻。一下火车，我们整个团就急忙找了个地方做珠宝鉴定，结果发现我们买的东西全是假货。

学习情境八 旅游购物心理

后来我们整个团联合起来向旅游公司投诉，并且向媒体和有关部门举报，旅游公司迫于舆论和有关部门的压力，最终同意退货。

问题： 影响旅游者购物的心理因素有哪些？

旅游购物是旅游活动的六大要素之一，是参观游览活动的重要补充，一次成功愉悦的旅游购物能使旅游者的旅游活动内容更加丰富多彩，情绪得到积极调整，从而加深旅游者在整个旅游活动中的愉悦感和满意感；反之，一次失败的旅游购物往往带来旅游者更多的抱怨和不满，甚至会扼杀旅游者旧地重游的欲望。旅游商品能增加旅游者积极的心理效应，研究旅游者购物心理的影响因素对提高旅游者的购物满意度意义重大。

一、旅游购物心理的影响因素

旅游者的购物消费行为总是发生在一定的社会情境和社会文化下，它除了受到来自个体内部心理因素的影响以外，同时还会受到个体以外的社会文化、社会阶层、参照群体和旅游购物环境等因素的影响。

(一)影响旅游者购物心理的主观因素

旅游者购物一般有两种情形：一种是事先想到要买什么，购物动机明确，因此在旅游活动中处处留意，寻找能满足他需要的商品；另一种是事先没有什么打算，只是在游览过程中遇上他喜欢的商品，对此产生兴趣，价格合适，激发了购买欲望，从而形成了购物行为。不管在上述的哪种情况下，旅游者购物会受到以下几种主要心理因素的影响。

1. 旅游者的需要和动机

一般而言，那些能够满足旅游者个人需要并符合旅游动机的商品容易被纳入旅游者的知觉世界，成为旅游者购物知觉的焦点。如大陆旅游者到香港旅游购买的名牌化妆品、皮鞋服装等主要集中在那些有产地优势、价格优势、名牌优势的优势商品上，这些商品往往能满足旅游者求时尚流行、便利高效和追求艺术美感等心理需要；同时，购物场所、购物同伴、与店主之间的相互交往等旅游者购物过程中的附带性活动能给旅游者留下难忘的旅游经历，旅游者从中获得物质与精神的双重享受，这影响并促进着旅游者购物行为的发生。

2. 旅游者的学习

(1) 旅游购物学习(实践)可以培养旅游者稳定的学习心态，积累购物经验。人类的大多数行为方式都是通过学习获得的。旅游者在学习过程中有几个要点，即：自身内驱力、外部诱因、提示、反应、强化。旅游者是否发生学习活动，取决于旅游者是否产生一定的需要，通常我们把旅游者的特定需要称为旅游者购物的内驱力，外部诱因称为旅游商品，外部诱因与自身内驱力的结合程度决定着旅游者旅游购物学习动力的大小。提示是指旅游者在决定如何对外部诱因作出反应时的指导线索。当旅游者的旅游购物行为结果与其预期结果相一致时，旅游者的购物行为会得到强化，否则，将会弱化。例如，某旅游景点街道路边叫卖"削价"旅游特色商品，许多人抢购，某旅游者在"从众"心理驱使下学着别人讨价还价后买下一件，回去后发现所购商品"名不符实"，下一次当他再看到众人抢购"削价"商品时，他是绝不会再挤上去"学习"了。

(2) 泛化原理影响旅游者的购物心理。某一特定的刺激所引起的条件反应，与这种特定的刺激相似的刺激也会产生这种反应的现象叫泛化。如某消费者学习了用某种阿司匹林治愈头痛，就会联想到与阿司匹林功能相似的药也能治愈头痛。旅游市场经济下，出于追求最大利润，瓜分市场份额的需要，"李逵"、"李鬼"随处可见。泛化原理是造就旅游企业与企业之间相互竞争的心理机制，小企业常用它来降低大企业的市场份额。旅游者要注意"泛化"现象的负面影响，以保证自己购买的旅游商品(服务)货真价实，称心如意。

此外，旅游者早期基本的学习对其具有深刻的影响。弗洛伊德认为，人"生命一开始几年的学习体验对将来说是一个关键"。旅游者可以在同伴之间互相学习，也可能受到父母的"传递"养成购买特定商品或品牌的习惯，并反映在旅游消费活动中。

3. 旅游者的记忆

(1) 记忆影响旅游者的购买决策。旅游者实现购买决策时，要依靠各种信息，其中一部分信息是从记忆中搜索。记忆能力的强弱，记忆的准确性，可以影响旅游者对信息的使用。旅游商品的名称、商标、包装、广告都是旅游者回忆的主要内容。特别是商品的商标，是旅游者识别购买商品的主要标志。

(2) 科学记忆能帮助旅游者把握各种信息，购买到称心如意的商品。人们购买一般生活用品，主要依靠无意中注意有关商品的价位、质量作出购买决策；购买大宗商品或高科技产品，主要依靠有意记忆完成对商品品牌、价位的选择。旅游者是否善于运用记忆策略对旅游购物非常重要。旅游者要善于把无意记忆的内容、对象转化为有意记忆。借助相关媒介、如旅游报纸、旅游网络或他人经验等，使旅游者占有较为全面、系统的商品信息，经过分析、综合，从而作出较为科学的旅游购买决策。

4. 旅游者的态度

在大多数情况下，对某种产品和服务持有肯定态度的人就会倾向于购买该种产品与服务，因此，通过了解旅游者的态度，就可以有效地把握其购物偏好，偏好则直接影响到旅游购物决策过程。例如，有些旅游者的购物态度是要买最具地方特色的旅游产品，他们又认为只有在旅游景点才能购买到最具代表性、性价比高的产品，对这些旅游者来说，在景区购物点购买商品将是一种自然选择。态度能够使人们对相同或相似的事物产生大致相同的行为，从而避免了对每一项新事物都以新的方式作出反应，可以节省时间和精力。

(二)影响旅游者购物心理的客观因素

1. 社会文化

作为宏观社会环境的主要方面，社会文化是社会影响一个人最重要的方式之一，是个人在一定社会中所学习到的核心价值观、信念、规范、态度与其他的有意义符号的一个综合体。社会文化与旅游者的购物行为之间的关系是一种双向影响的关系。一方面，旅游商品和旅游者所处的社会文化越是相容，或者在其价值优先顺序上比较靠前的商品和商品营销活动，通常也越能够被旅游者接受；另一方面，商品本身及其营销活动也可以塑造一种社会文化，例如饺子型的小挂坠是国外旅游者非常喜欢的饰物，因为饺子与中国最盛大的传统节日春节密切相关，它不仅是中国饮食文化的载体，也是传统风俗的象征。

社会文化对旅游者购物行为的影响体现在各个层面。例如，社会文化影响旅游者的思考模式，有些民族比较富于感情，因此，理性的思考模式可能不是很明显，所以情感的诉求会比理性的诉求更容易打动人们。

在商品替代方案的评估上，不同文化下所着重的评估标准也不相同。例如，在用餐的选择上，西方旅游者认为餐厅气氛的重要性远胜于美食，而国内的很多旅游者则可能把美食置于气氛、甚至卫生条件之上。

在旅游购物行为上，我们也可以看到文化对旅游者的影响。例如，欧美和日本的旅游者很少出现讨价还价的行为，而我国及港澳台等地的旅游者购物时讨价还价相当普遍。

2. 社会阶层

人们往往依据职业、经济收入、教育程度等划分社会阶层。从消费心理学角度看，旅游者的购物行为会因其社会阶层而异。一般而言，人们会形成哪些商品适合哪些阶层消费者惠顾的看法，并倾向于购买与自己社会地位相一致的商品。例如，社会上层的人，购物时倾向于求美、求新，注重品牌和款式，社会下层的人，则倾向于求实、求廉，注重物品的实用价值，要求所购买的商品价廉物美。俗话说："人同此心，心同此理。"旅游者的购物行为，有时候也会超越他们所属的阶层，表现出不同阶层的相似性，或者受其他因素的制约，与他们所处的社会阶层关系不大。例如：对时髦的关心程度，就与社会阶层没有多大的联系，不同阶层的旅游者，都可能追逐同一种旅游产品与服务。

3. 参照群体

参照群体实际上是个体在形成购买或消费决策时，用以作为参照、比较的个人或群体。参照群体指家庭、朋友等个体与之具有直接互动的群体，也涵盖了与个体没有直接面对面接触但对个体行为产生影响的个人和群体。参照群体的活动、价值观与目标等都会直接或间接地影响着旅游者的购物行为。例如，旅游市场营销中的"名人效应"、"专家效应"、"'普通人'效应"等，就是指影视明星、体育明星、政治领袖或其他公众人物的言行举止，均可作为旅游者购物决策时的参考和指南。旅游者会观察这些参考群体的消费行为，并加以学习，同时也会受到该参考群体的消费意见影响，而采取相类似的标准来形成自身的消费行为决策。

4. 旅游购物环境

旅游者所处的物质环境和社会环境都会影响其使用商品的动机及对商品的评价，其中物质环境中的旅游商店形象被认为是影响旅游者购物心理的一个非常重要的因素。商店形象是指消费者基于对商店各种属性的认识所形成的关于该商店的总体印象。这种印象的获得受多种因素的影响，一些重要的维度包括：定位、地理位置、商品适配性、售货人员的知识和亲和力。这些商店的特色与旅游者的特性相结合，有利于预测旅游者的购物心理偏好。

首先，旅游商店内商品的摆放对旅游者选择特定的商品和品牌具有重要影响。显然，一种商品越容易被看到，越方便拿到，旅游者购买它的可能性越大。研究表明：最好的货架位置是与视线平行的位置，接下来依次是与腰部或膝盖平行的位置。

其次，店堂布置与店内环境和气氛也是紧密联系在一起的。宽敞的过道、错落有致的商品陈列会给人心旷神怡的感觉,反之会给人造成杂乱和压抑感,使人产生不快的心理倾向。例如,装修成红色的旅游商店容易使人紧张,而蓝色的装饰格调则能传递一种冷静的感觉;浅色调给人宽敞、宁静的感觉,而亮色调则会使人兴奋;将试衣间的荧光灯照明改成用粉红灯光照明,有修饰脸部曲线和淡化皱纹的效果,会使女性顾客更愿意试穿和购买服装。

另外,旅游商店的背景音乐会对旅游者的购物产生一定影响。研究显示:旅游者在商场购物步行速度的快慢会受到音乐节奏的影响。这种影响是潜意识的,人们走路的频率倾向于与音乐的节奏相一致。

旅游商店销售人员的服饰、发型、服务用语、行为风度等也会影响旅游者的购买决策行为。销售人员的装扮会传递给旅游者商品的形象信息,构成商品的整体印象;文明、礼貌的服务用语,举止得体的行为风度会影响旅游者的情感和心情。此外,导游对旅游者购物进行积极正确的引导,尤其是导游对旅游商品的讲解服务会增强旅游者对旅游商品的认知。例如,导游真实、客观地介绍商品的基本特征、商品的产地、质量、使用价值和文化艺术价值等商品知识,有助于旅游商品的推销,满足旅游者的购物愿望。

小贴士

外出旅游购物需要注意事项

一、出门在外,买点地方特产和纪念品之类,体验异地消费情趣,是游人的普遍心理。地方特色商品,不仅具有纪念意义,而且正宗,有价格优势,消费者值得购买。如杭州的龙井、海南的椰子、云南的民族服饰、西藏的哈达等,购买后留作纪念或送给亲朋好友,都称得上快乐。

二、切忌贪便宜。对于景区内及路边小店的土特产、纪念品,应货比三家,讨价还价,才不至于吃亏。因为,景区内和路边小店出售的物品,价格一般比当地市镇商店的标价贵得多。假如你喜欢随大流,凑热闹,显阔气,出手大方,那就"宰"你一刀没商量。

三、以小型轻便为首选。有些特色商品,体积笨重庞大,随身携带很不方便,不宜购买。人在旅途,游山玩水、乘坐车船并不轻松,行李包越少越好。有些物品还可能易碎,稍不小心中途摔坏,更不必为此花冤枉钱。

四、相信自己的判断。现在的旅游市场经过净化,大部分导游都能遵守职业道德,不会歪动游客的钱袋。但是,有少数导游却想尽办法把团队拉到给回扣的商店,任意延长购物时间,乐此不疲地为游客介绍、选购物品,殊不知这一系列的安排是一个大陷阱,游客被温柔地宰一刀却还被蒙在鼓里。

五、切莫轻信天花乱坠或闪烁其词的广告宣传,随团出游必须选择透明度高、信誉佳、服务好的旅行社。这样,你的行程就有保障。否则,按计划乘坐的豪华大巴就可能成为普通客车,下榻的星级宾馆改为入住招待所,六菜两汤变为四菜一汤。

六、在香港游览,无论观看海洋公园的海豚表演还是欣赏港九两岸夜景的游船上,总有一些先生、小姐主动前来为你拍照。如果你不婉言谢绝,那么,当离开观光场地时,这些先生、小姐会准确地把吊着你头像小照的钥匙圈交给你。当然,索价也会吓你一跳。此时此刻,想后悔都来不及了。

(资料来源:http://lxs.cncn.com,2011-06-16)

二、旅游购物服务的心理对策

旅游市场面对的游客是多层次的,不同收入层次、不同社会阶层、不同文化背景和消费习惯决定了不同的消费心理需求。因此,旅游商品在开发、生产和采购上应更加丰富、多样化,以满足不同消费群体的需要。

(一)开发品种丰富的特色旅游商品

1. 开发有纪念性、艺术性与实用性的商品

旅游是一种异地、异时、异常的消费活动,受时空的制约;另外,旅游又是一种心理的体验,一种精神的享受。为了这种活动、体验、享受能持续下去就需要有一种象征性的纪念物来替代,旅游购物就能满足游客的这一要求。游客对商品的期望具有纪念性、艺术性与实用性,其中纪念性比经济性重要,艺术性比实用性重要。把旅游商品设计得美观大方、款式新颖、工艺精巧,就会得到游客的认同。如果四大绣品从供人欣赏的镜框里走出来,在妇女的衬衫、围巾等上面大做文章,比如,在绸衫的领子、胸前、袖口上扎几朵桃花、梅花、兰花等,显得秀丽、高雅,价格适中一点,将会成为各年龄段的妇女喜欢的紧俏货。以竹制品来看,四川自贡的"龚扇子"用细如麻丝的竹丝编织而成,质薄如绢,极其精美;福建宁德竹丝枕柔软具有弹性。这类工艺品具有较高的艺术、观赏、实用价值,日后升值乃势在必然。

2. 开发具有本国优势、民族特色与地方风格的旅游商品

特色是旅游商品区别于其他商品的最主要的特征,虽然不同的旅游者对旅游商品的兴趣各有侧重,但绝大多数旅游者最感兴趣的仍是有特色的旅游纪念品,能够真正代表和体现当地文化特色且新颖独特、不可替代的物品。要使其具有独特性,设计者就要多用当地的自然风光、历史传说或典型的建筑来设计旅游商品的造型与图案,并用当地特产材料制作,以突出民族特色与地方风格。开发特色旅游商品,还应该挖掘民族文化内涵,文化内涵越深,销售潜能就越大。文化内涵增加了商品的美学韵味,提高了价值,增强了魅力。例如:红豆工艺品具有丰富的文化内涵,老年人会因之沉湎于往事激情的回忆中;年轻人则借助红豆传情达意;海外华人用以寄托思归的夙愿;外宾深谙红豆商品的中国文化价值,抢着去购买。此外,旅游商品的包装应科学、合理、轻便、安全,要充分利用美学原理,充分利用心理活动中的联觉与错觉现象,与商品特性相适应,以保护商品,方便游客携带、使用、长途运输和储存。包装要精美。

(二)积极正确地引导旅游者购物

1. 选择诚信经营的购物商店

旅游者在旅途中的购物行为具有随意性、仓促性和非经验性,受到旅游行程安排的限制和旅游活动动态性的影响。旅游购物的选购、决策时间短,旅游者容易受各种环境因素的诱导。旅游商品的品种、特色,导游的导购,经营者的促销,大众传媒的宣传等,都可能促使旅游者产生购买意向,作出购买决策。旅游者的从众心理比较突出。所以,在选择

团队购物商店时，旅行社必须认真审核其工商营业执照及相关许可证件，并与商家签订诚信经营合同，确保游客放心购物。同时，旅行社应当尽量安排旅游者到旅游协会推荐的团队消费商店购物，到能够签订服务承诺和履行服务承诺的店家购物。

2. 科学引导旅游者购物

正确引导旅游者购物，我们应该从提醒旅游者自我保护入手，即郑重告诫游客不要到非旅游定点商店去购物。这是一个行之有效的方法，合乎旅游者参与购物活动的心理规律，容易为旅游者接受。现在有些导游人员引导旅游者购物过于直截了当，连一点必要的铺垫都没有，一上来就"引导"游客购物，很容易引起他们的反感和抵触。鲁迅先生在《药》中写过一个经典的细节：华老栓为儿子买药，把老伴递过来的银元仔细地收在内衣口袋里，一路走来，不时用手在上面按一按，感受一下硬硬的还在。写得非常传神。我们有些导游人员好心引导游客购物，结果却每每将游客引导成了华老栓：只要导游人员一提购物，甚至不用提购物，只要在不是景点的地方一停车，就引起游客下意识地把手在衣兜里按一按，证实那"硬硬的还在"，几乎成了一种条件反射，把购物从乐趣变成了负担，实在是有违旅游的初衷。

介绍旅游定点购物商店时，导游人员应该把定点商店的功能、环境、特点、保障等重要信息向旅游者作出全面而准确的介绍，同时要和那些经营管理不规范的商店进行比较，告诫其不要到小商小贩的地摊上购物。客观真实地为旅游者介绍商品，认真履行保护旅游者的职责，把保护旅游者和保护消费者权益的责任统一起来，重点保护旅游者的知情权。

尊重旅游者作出的购物选择。导游人员应该保证旅游者的购物选择是在完全自主、自愿的基础上进行的，保证旅游者的购物选择不受到某种故意传达给他们的错误信息的误导，保证旅游者作出的购物选择是在充分了解相关信息之后的行为。

(三)营造舒适的购物环境

1. 合理布局景点景区的旅游购物网点

旅游购物具有很强的偶然性，购物环境对旅游者的购买行为和旅游服务人员的工作效率具有极大的影响。好的购物环境让人感到心情舒畅、愉快悠闲，会促进旅游者的购物行为；反之，则会使人产生厌烦、焦躁、抵触情绪而急于离开。目前，大多数景点景区的旅游购物点布局零乱，流动性摊点盛行，给旅游者购物活动的顺利开展带来了一定的障碍。因此，各地旅游管理部门应统筹安排，合理规划旅游销售市场。例如在著名景点景区的出入口处聚集若干旅游购物商店，形成一条旅游购物商业街；在景区内游人比较集中的一些景点，采用店铺经营，建立购物街、购物商城等专门性经营场所；对游览线沿途的购物摊点建设统一的购物场所集中经营，以便景区管理处规范其经营行为；在旅游者进出旅游目的地的车站、码头、机场附近以及主要旅游宾馆饭店内，以直营或承租经营的方式设立旅游商品专柜或旅游购物商店；在一些大型商场、大型超市内开设旅游商品专柜，在旅游者足迹所到之处广设旅游购物网点，将旅游购物的偶然性变为更多的机会。

2. 优化旅游购物商店的环境布置

正因为旅游购物商店的形象现在已经被认为是影响旅游者购物心理的一个非常重要的

因素，因而店面设计者都非常关注氛围，也就是"为激发购物者的特定反应，而对空间或其他各种因素进行有意识的设计。"

(1) 讲究商店招牌设计。

招牌是旅游商店的名字，是用于识别商店、招揽生意的牌号。个性鲜明的名称、独特的造型设计和具有典型色彩的招牌不仅便于旅游者识别，还能通过一系列感官刺激，吸引旅游者的注意和喜欢。首先，招牌名称要反映经营特色和传统；其次，招牌要能吸引旅游者的注意，激发旅游者的兴趣，如采用霓虹灯灯箱做成的招牌，在夜晚格外醒目，容易引起人们的注意；第三，招牌要突出商店的特殊信息，如可在招牌醒目位置标明本店曾经获得过的"旅游购物定点商店"、"旅游购物示范商店"、"消费者购物放心商店"等荣誉称号。

(2) 讲究橱窗布局。

独特、富于美感的橱窗设计不仅能吸引旅游者的注意，还能烘托出商品的卓越品质。试验证明：美观得体的橱窗设计能提高顾客的购买欲，是影响零售业绩的主要因素之一。不同商店会采取不同种类的橱窗，但总体来说，橱窗的性质取决于所陈列商品的性质。例如，首饰与服装相比，放置首饰的橱窗空间小，橱窗里可以放置镜子，红布和柔和的灯光来烘托它的高档，而且高度要以顾客的平均视平线为标准，方便顾客就近观察物品。另外，旅游购物商店的橱窗临街的一面应采用透明玻璃，借助灯光、文字和色彩的衬托，通过艺术造型形象生动地向顾客介绍商店的经营范围、服务水平，展示本商店的特色商品，引起旅游者的注意和兴趣，激发其购买欲望，从而起到宣传作用。

(3) 创造良好的环境氛围。

环境氛围既包括人们的听觉、视觉、触觉等感觉器官感受到的音乐、光线、气味和颜色等物质性环境因素，也包括旅游商品和旅游商店所蕴含的精神性环境因素。旅游购物环境氛围的创造应从以下几个方面着手：一是根据所销售商品的特色配置相应的背景音乐。通常情况下，当上午八九点商店的客流量少时，放些舒缓的音乐，降慢旅游者的逛店速度，促使其购买更多的物品；在中午十一点左右客流量大时，播放节奏较快的音乐，促使旅游者加快购物频率，收银员加快收银速度。二是合理利用光源，科学配置照明。三是注意保持店内良好的通风，保证没有油漆味、霉味等异味。四是合理利用色彩，创造和谐、特色鲜明的环境氛围。五是强化文化氛围。旅游者在旅游购物过程中总是希望获得与商品相关的知识，获得的知识越多，越能激起其对商品的兴趣，因而，旅游购物过程中应重视与旅游者的情感沟通和交流，给予旅游者以人文关怀，注重构建体验型旅游购物环境。例如，长沙旅游经营机构应注重营造富有长沙湖湘文化特色的旅游购物环境：菊花石销售商店应主动给旅游者介绍菊花石的来历和菊花石雕的制作工艺；导游人员应带领旅游者参观湘绣博物馆，了解湘绣发展的历程，欣赏稀世绝伦的湘绣精品，参观湘绣生产工艺，并由技术人员做相关工艺介绍，激发旅游者的购物兴趣，使购物行为变成一项体验性、知识性的旅游活动。

(四)掌握不同年龄、不同性别旅游者的购物心理

大多数旅游者没有明确的购物目的，旅游购物中有的是被商品广告和商品陈列所吸引而产生兴趣，有的是在浏览商品时被游客争相购物的情景所感染，或是被服务人员的热情

介绍、殷勤服务所感动而加入到购物行列,服务人员可以通过观察、分析作出判断。不同年龄的旅游群体,由于他们的社会阅历和心理成熟程度的差别,形成了各具特色的消费心理及购买行为,旅游服务人员要善于根据旅游者个体心理与行为的差异提供相应的服务。

针对青年游客热情、主观、追求时尚、勇于创新、注重情感和直觉等心理特点,旅游服务部门要提供反映时代潮流以及具有创新意识的纪念品和工艺品,注重商品外观、造型、工艺、品牌、包装和广告等方面的感染力,尽量展示能让旅游者直观感受到商品的魅力,服务人员应该多向他们推荐和介绍反映时代潮流,具有高新技术含量的旅游商品,满足他们追求时尚、展示个性的购物心理需求。针对老年游客自尊、猜疑、务实、优质服务、习惯性消费等心理特点,商店推出的旅游商品必须注重内在质量与外在形象的统一,给他们以实实在在的感觉;不轻易调整旅游商品价格和改换品牌;在销售过程中提高服务员的服务质量,尽量减少老年顾客购物的等候时间,耐心地做好售前的介绍服务工作、热情的接待服务和周到的售后服务,以便提高老年旅游者的满意程度。对于儿童则以采用好奇、形象和逆反心理的服务手段更为有利,这是由于儿童的心理特点多呈现"依赖、模仿、随意"等特征。针对女性顾客比较敏感和自我意识强的心理特点,旅游服务部门应采取符合女性旅游者消费心理需求的措施,及时推出适应时代潮流的时尚商品和有实际效用的旅游商品和日用品,适当宣传商品独特的优点,积极地调动情感,促进其冲动性购买。在其购买过程中,服务员要注意维护女性旅游者的自尊心,不失时机、恰当地给予其赞扬和肯定,服务用语要规范化、礼貌、有艺术性,耐心、细致、周到地提供良好的服务,以博得女性旅游者的青睐、信任和喜爱。

此外,还应建立和促进有信誉的相关鉴定行业的兴起。由于假货在商品市场的泛滥,使得游客在购买商品时,存有疑虑,犹豫不决。特别是对那些价值昂贵的商品如玉器、银器(饰)、瓷器等,更是慎之又慎。这时候,如果有权威行家或有信誉部门鉴定,出具证书,游客就会放心购买。

总之,购物是旅游者旅游消费行为的重要一环,在旅游购物服务中要做到"十心十意",即:与顾客接触要有信心,观察顾客要留心,关心顾客要真心,利益要让顾客动心,产品演示要细心,与顾客沟通要耐心,把握好顾客的好奇心,善用顾客的从众心理,对待异议要用心,对顾客的购买决策要有平常心。

小贴士

什么样的旅游商品让人心动

一名身着满族服饰的女子神态悠然地手拿针线,纤细的双手"指挥"着线丝在绸布上跳着灵巧的舞步,转瞬间,一幅颜色绚丽、绣工精细的北方满绣映入了笔者的眼帘,围观的中外游客啧啧称奇。这是在近日落幕的黑龙江省旅游商品(纪念品)成果展示设计大赛上现场表演满绣的一幕。

特色纪念品受游客喜爱。

"这种北方满绣就是我们梦寐以求的黑龙江特色纪念品!"一位外地游客由衷地说。笔者在本届旅游商品成果展示大赛上了解到,像北方满绣这样能够体现旅游文化内涵和民族特色的旅游商品非常受游客欢迎。

近年来,黑龙江省充分利用特有资源,依托民俗文化,开发了一批多样化、民俗化、规模化的名优产品。目前，已形成了以木制品、麦秸画、草编、亚麻、桦树皮、鱼皮等为主的特色手工产品系列，以铜座龙、铜镜、玛瑙等为主的民俗、历史文化产品系列，以木耳、蘑菇、山野菜、果实类等为主的山土产品系列，以版画、雕刻、剪纸、编织等为主的现代工艺和传统工艺产品系列，以传统的黑龙江三宝(人参、鹿茸、貂皮)和新三宝(林蛙油、熊胆制品、蜂胶)等为主的保健品系列，以黑龙江野山葡萄、蓝莓、黑加仑果酒为主的果酒系列旅游商品。

其中，哈尔滨的水晶工艺品、齐齐哈尔的满绣、佳木斯的玉米叶手工编织品、大庆的抽油机模型、鸡西的木雕画、双鸭山的水晶地球仪、七台河的橡木制品、鹤岗的保健荷苞、黑河的桦树皮工艺品等，都充分利用了黑龙江的特有资源，极具民间特色，已经成为旅游商品市场的畅销产品。

大赛期间举办了旅游商品生产厂家与经销商、旅游景区对接洽谈会，现场销售旅游商品20多万元。

旅游商品质量日渐提升。

在今年的旅游商品成果展示设计大赛上，旅游商品不但琳琅满目，种类繁多，而且商品做工精巧细腻，特色鲜明，质量和档次明显高于往年。

如七台河市勃陶实业有限公司生产的"黑陶旅游纪念品"，做工精细，并在原黑陶制品的基础上有很大的改进和创新，充分体现了黑土地的特色；哈尔滨工艺美术有限公司生产的麦秸画系列工艺品，做工细腻考究，色泽绚丽；兴隆林业局工艺美术制品厂的桦木制品，充分利用黑龙江的桦树皮资源，非常实用。

主办单位的调查显示，黑龙江省旅游商品生产和销售的产业化链条正在逐步形成，旅游商品和纪念品销售额在全省旅游收入中的比重正在提高。

积极壮大旅游商品市场。

黑龙江省克东县雅梅绣庄是一家生产及销售纯手工制作满绣艺术品的专业店，拥有齐齐哈尔、克东、克山三个生产基地，专业绣娘达到500多人，绣品销往海内外，供不应求，已成为齐齐哈尔市的旅游文化名片。

黑龙江省通过大力开发旅游商品、纪念品市场，不但推动了当地旅游业的发展，还提供了大量再就业的机会，尤其是解决了部分下岗女职工的就业。

黑龙江省旅游局局长薄喜如表示，黑龙江省旅游部门今后将围绕绿色食品、林木资源、土特产品、冰雪特色、民族文化、异域风情等，大力开发有黑龙江地方特色、民族特色和文化内涵的旅游商品、旅游用品、旅游装备，加大对旅游商品生产企业的扶持力度，推动龙江旅游商品市场再上新台阶。

(资料来源：http://www.cnr.cn)

思考与讨论

1. 影响旅游者购物心理的因素有哪些？
2. 结合实践，谈谈旅游者购物心理的特点主要有哪些？如何做好个性化的旅游购物服务？

管理心理篇

学习情境九　旅游企业的团队心理

学习目标：

- 了解团队和团队精神的含义。
- 熟悉团队的类型、发展阶段和高效团队的特征。
- 掌握团队建设的心理机制和团队人际关系的协调。

技能目标：

- 能运用团队建设的有关知识来分析旅游企业团队精神的塑造，搞好人际协调。
- 能够把团队建设和人际协调的有关理论运用到旅游工作岗位。

导入案例

> 小张担任一东南亚旅游团的地陪。旅游团到了饭店后，小张就和领队商谈日程安排。在商谈过程中，小张发现领队手中计划表上的游览点与自己接待任务书上所确定的游览景点不一致，领队的计划表上多了两个景点，且坚持要按他手上的景点来安排行程。为了让领队和游客没有意见，小张答应了。在游览结束后，领队和游客较满意。但小张回旅行社报账时却被经理狠狠批评了一顿，并责令他赔偿这两个景点的门票费用。
>
> 问题：本案例中地陪小张的做法有何不妥？假如你是小张，你将如何协调自己与对方旅行社领队之间的不同意见？
>
> 评析：旅行社所下达任务单上游览景点与游客手中计划书上景点不符，这种情况的出现，基本上有两种原因：一为双方在洽谈过程中发生误会；二是对方旅行社为掩盖其克扣游客费用而采取"瞒天过海"的一种手段。导游员碰到这类问题时，必须弄清真相，不然，或者会给旅行社带来损失，或者会导致游客有意见。本案例中，导游员小张就是因自作主张随意答应了游客的要求，结果导致旅行社利益受损，吃力不讨好。

导游员碰到这类问题，处理的步骤是：首先，应及时与旅行社联系，请旅行社负责人指示应按哪份计划实施接待；如确认按我方旅行社计划单上所规定的景点游览，则除了重点游览、讲解规定景点外，应尽量能让游客看到没有安排的那些景点，并做必要的指点、讲解；其次，如果游客愿意自费游览不能安排的景点，在收取费用后，应予满足。

相传佛教创始人释迦牟尼曾问弟子："一滴水怎样才能不干涸？"弟子们面面相觑，无法回答。释迦牟尼说："把它放进大海。"一个人再完美、再厉害，他只是"一滴水"，只有集体、团队才是"大海"，一滴水只有放进大海才永远不会干涸，一个人只有把自己融入集体才最有力量。著名管理大师罗伯特·凯利说过："企业的成功靠团队，而不是靠个人。"企业强大的竞争力不仅仅在于员工个人能力的卓越，更重要的是取决于员工整体通力合作的团队精神。如今，越来越多的企业在招聘人才时把团队精神作为一项重要的考查指标。如何有效地进行团队心理建设，培养团队精神，研究团队中的人际关系心理，对团队内外关系进行心理分析等，在旅游企业的经营管理中，起着越来越重要的作用，甚至直接影响处于激烈竞争中的旅游企业的生存和发展。对旅游企业团队心理的分析和研究，有助于旅游企业的经营管理，有助于旅游企业的生存和发展。

任务一　团队概述

一、团队与团队精神

(一)团队

关于团队，有一个例子可以说明：每年美国的职业篮球大赛结束后，都会从各个优胜队伍中选最优秀的球员，组成"梦之队"赴各地比赛，以制造又一波高潮。但"梦之队"总是胜少负多，令球迷失望。为什么？其原因就是他们不是真正的团队。虽然他们都是每队最顶级的球员，但是因为平时不属于同一球队，无法培养团队精神，所以无法形成有效的团队出击。

什么是团队？团队是指由两个或两个以上的人组成的集体，他们的知识、技能互补，并承诺于共同的行为目标，保持相互负责的工作关系，共享共同的绩效。管理学家罗宾斯认为：团队就是由两个或者两个以上的，相互作用，相互依赖的个体，为了特定目标而按照一定规则结合在一起的组织。团队的目标没有成员的交流和合作是无法完成的，当团队形成之后，其成员必须很快发展出合适的能力组合来完成团队目标。

团队的主要特征是：团队成员有经常的相互作用；相互作用的人把自己确定为团队的成员；其他人会把这些发生作用的人看成是属于同一群体。这些指出了团队的客观性，也指出了团队的心理特征。

(二)团队精神

对于团队精神，目前还很少有明确的界定，综合中外学者的研究成果，可以作如下界定：团队精神是团队成员为了团队的利益与目标而相互协作、尽心尽力的意愿与作风，是大局意识、协作精神和服务精神的集中体现。

团队精神主要包含以下三方面的内容。

(1) 在团队与其成员之间的关系方面，表现为团队成员对团队的强烈归属感与一体感。归属感与一体感来源于团队利益目标与其成员利益目标高度一致。团队与成员结成一个高度牢固的命运共同体，在潜移默化中培养成员对团队的共存意识与深厚久远的情感。

优秀的旅行社企业文化是旅行社适应竞争、保持长盛不衰的根本保证。由于旅行社产品的综合性和旅游企业的服务性特点，使得优秀的旅行社企业文化必须具有协作性和人性化特点。

因此，旅行社要通过营造良好的旅行社企业文化氛围和塑造良好的旅行社企业文化形象来加强企业文化建设，使得旅行社员工树立共同的价值观念和行为准则，在旅行社内部形成强大的凝聚力和向心力，增强员工对旅行社的归属感和荣誉感。

(2) 在团队成员之间的关系上表现为成员间的相互协作，共为一体。团队成员彼此视对方为"一家人"，互敬互重，相互宽容，容纳各自的差异性、独立性，发生过失时，大义容小过；工作中相互协作，生活上彼此关怀；利益面前互相礼让。团队成员在互动中形成了一系列行为规范，和谐相处，充满凝聚力，追求整体绩效。例如，导游员与司机合作时，导游要尊重自己的合作伙伴，事先应和司机尽心研究接待计划、征求司机对整个游程的意见和建议。与司机合作过程中，导游员与司机共同研究日程安排，征求司机对日程的意见。旅游线路有变化时，导游员应提前告诉司机，协助司机做好安全行车工作。如帮助司机擦清挡风玻璃，帮助司机倒车掉头，帮助司机进行小修理，在行车途中不与司机长时间的闲聊等。尊重司机，与司机同甘共苦。如为司机倒茶送水，安排好司机的住宿用餐等。

(3) 在团队成员对团体事务的态度上，表现为尽心尽力全方位的投入。旅游团能顺利地完成旅游活动，离不开全陪、地陪、领队、景区景点导游员和司机等人员的辛勤工作，特别是全陪、地陪、领队的密切合作，精诚团结是旅游团成功旅行的重要保证，在组织旅游活动中他们必须互相协作，彼此补台。比如，当旅游活动中出现问题，地陪、全陪与领队之间出现意见分歧时，地陪应主动与他们沟通，力求尽早消除误解。并非地陪的原因出现问题的，如航班延误，更换旅游项目等，一些缺乏耐心的全陪或领队会冲着地陪发火，此时，地陪不能与他们针锋相对，公开冲突，更不能当众羞辱，适时给其台阶下，事后仍要尊重他，继续合作。应牢记：忍耐是一种美德。

二、团队的构成要素

团队有几个重要的构成要素，总结为5P。

(一)目标(Purpose)

团队应该有一个既定的目标，为团队成员导航，知道要向何处去，没有目标，这个团队就没有存在的价值。

小贴士

自然界中有一种昆虫很喜欢吃三叶草(也叫鸡公叶)，这种昆虫在吃食物的时候都是成群结队的，第一个趴在第二个的身上，第二个趴在第三个的身上，由一只昆虫带队去寻找食物，这些昆虫连接起来就像一节一节的火车车厢。管理学家做了一个实验，把这些像火车车厢一样的昆虫连在一起，组成一个圆圈，然后在圆圈中放了它们喜欢吃的三叶草。结果它们爬得精疲力竭也吃不到这些草。

这个例子说明在团队中失去目标后，团队成员就不知道上何处去，最后的结果可能是饿死，这个团队存在的价值可能就要打折扣。团队的目标必须跟组织的目标一致，此外还可以把大目标分成小目标，具体分到各个团队成员身上，大家合力实现这个共同的目标。同时，目标还应该有效地向大众传播，让团队内外的成员都知道这些目标，有时甚至可以把目标贴在团队成员的办公桌上、会议室里，以此激励所有的人为这个目标去工作。例如，旅行社的目标设定应让每个成员都有机会参与，其目标设定必须是大家都能接受的，此外，个人目标必须和团队目标能相容共处并且能够相互支援。若每个人都能参与选择目标，则其投入的程度将会大大提高。

(二)人(People)

人是构成团队最核心的力量。两个(包含两个)以上的人就可以构成团队。目标是通过人员具体实现的,所以人员的选择是团队中非常重要的一个部分。在一个团队中可能需要有人出主意,有人定计划,有人实施,有人协调不同的人一起去工作,还有人去监督团队工作的进展,评价团队最终的贡献。不同的人通过分工来共同完成团队的目标,在人员选择方面要考虑人员的能力如何,技能是否互补,人员的经验如何。

(三)团队的定位(Place)

团队的定位包含两层意思:团队的定位,团队在企业中处于什么位置,由谁选择和决定团队的成员,团队最终应对谁负责,团队采取什么方式激励下属?个体的定位,作为成员在团队中扮演什么角色?是订计划还是具体实施或评估?

(四)权限(Power)

团队当中领导人的权力大小跟团队的发展阶段相关,一般来说,团队越成熟领导者所拥有的权力相应越小,在团队发展的初期阶段领导权是相对比较集中。团队权限关系的两个方面:

(1) 整个团队在组织中拥有什么样的决定权?比方说财务决定权、人事决定权、信息决定权。

(2) 组织的基本特征。比方说组织的规模多大,团队的数量是否足够多,组织对于团队的授权有多大,它的业务是什么类型。

(五)计划(Plan)

计划的两层面含义:

(1) 目标最终的实现,需要一系列具体的行动方案,可以把计划理解成目标的具体工作的程序。

(2) 提前按计划进行可以保证团队的顺利进度。只有在计划的操作下团队才会一步一步地贴近目标,从而最终实现目标。

三、团队的类型

根据团队存在的目的和拥有自主权的大小可将团队分成三种类型。即:问题解决型团队、自我管理型团队和多功能型团队。

问题解决型团队。问题解决型团队的核心点是提高生产质量、提高生产效率、改善企业工作环境等。在这样的团队中成员就如何改变工作程序和工作方法相互交流,提出一些建议。成员几乎没有什么实际权利来根据建议采取行动。

自我管理型团队。自我管理型团队是由 10～15 名具有必要的专业技能、人际关系技能、发现解决问题的能力和决策能力的成员组成,团队内部实行自我管理、自我负责、自我领导、自我学习的运行机制,共同实现团队目标。自我管理型团队模式最早起源于 20 世纪 50 年代的英国和瑞典,在美国,金佰利、宝洁等少数几家具前瞻意识的公司在 20 世纪 60

年代初开始采用自我管理型团队模式,并取得了良好的效果。随后很久,日本引入并发展成为强调质量、安全和生产力的质量圈运动,到80年代后期美国借鉴并创造性地把团队模式发展到了一个新阶段。在这20年里,企业所采用的团队类型在不断变化着,以求得最佳效果,很多公司已逐渐从关注于工作团队,转变为强调员工参与决策和控制决策的实施,其中以团队成员自我管理、自我负责、自我领导、自我学习为特点的自我管理型团队越来越显示出其优越性,也逐渐被主流接受。施乐公司、通用汽车、百事可乐、惠普公司等都是推行自我管理型团队的几个代表,据估计,大约30%的美国企业采用了这种团队形式。

多功能型团队。多功能型团队也叫跨职能团队,由来自同一等级、不同工作领域的员工组成,他们走到一起的目的就是完成某项任务。

多功能型团队是一种有效的团队管理方式,它能使组织内(甚至组织之间)不同领域员工之间交换信息,激发产生新的观点,解决面临的问题,协调复杂的项目。但是多功能型团队在形成的早期阶段需要耗费大量的时间,因为团队成员需要学会处理复杂多样的工作任务。在成员之间,尤其是那些背景、经历和观点不同的成员之间,建立起信任并能真正的合作也需要一定时间。例如,麦当劳有一个危机管理队伍,责任就是应对重大的危机,由来自于麦当劳营运部、训练部、采购部、政府关系部等部门的一些资深人员组成,他们平时在共同接受关于危机管理的训练,甚至模拟当危机到来时怎样快速应对,比如广告牌被风吹倒,砸伤了行人,这时该怎么处理?一些人员考虑是否把被砸伤的人送到医院,如何回答新闻媒体的采访,当家属询问或提出质疑时如何对待?另外一些人要考虑的是如何对这个受伤者负责,保险谁来出,怎样确定保险?所有这些都要求团队成员能够在复杂问题面前作出快速行动,并且进行一些专业化的处理。

四、团队的发展阶段

(一)形成期:从混乱中理顺头绪的阶段

主要特征:

团队成员由不同动机、需求与特性的人组成,此阶段缺乏共同的目标,彼此之间的关系也尚未建立起来,人与人的了解与信赖不足,尚在磨合之中,整个团队还没建立规范,或者对于规矩尚未形成共同看法,这时矛盾很多,内耗很多,一致性很少,花很多力气,产生不了效果。

此阶段的领导风格应采取控制型,不能放任,目标由领导者设立(但要合理),清晰直接的告知想法与目的,不能让成员自己想象或猜测,否则容易走样。关系方面要强调互相支持,互相帮忙,此时期人与人之间关系尚未稳定,因此不能太过坦诚,例如刚到公司的小伙子,领导问他,你有何意见没有?他最好回答,我还需要多多学习,请领导多指点。如果他果真认认真真地指出缺点与问题,即使很实际,也许会得不到肯定与认同。此时期也要快速建立必要的规范,不需要完美,但需要能尽快让团队进入轨道,这时规定不能太多太烦琐,否则不易理解,又会导致绊手绊脚。

(二)凝聚期:开始产生共识与积极参与的阶段

主要特征:

经过一段时间的努力,团队成员逐渐了解领导者的想法与组织的目标,互相之间也经由熟悉而产生默契，对于组织的规矩也渐渐了解，违规的事项逐渐减少。这时日常事务都能正常运作，领导者不必特别费心，也能维持一定的生产力。但是组织对领导者的依赖很重，主要的决策与问题，需要领导者的指示才能进行，领导者一般非常辛苦，如果其他事务繁忙，极有可能耽误决策的进度。

此阶段的建设目标是：挑选核心成员，培养核心成员的能力，建立更广泛的授权与更清晰的权责划分。

此时期的领导重点是在可掌握的情况下，对于较为短期的目标与日常事务，能授权部属直接进行，只要定期检查，与维持必要的监督。在成员能接受的范围内，提出善意的建议，如果有新人员进入，必须尽快使其融入团队之中，部分规范成员可以参与决策。但在逐渐授权的过程，要同时维持控制，不能一下子放权太多，否则回收权力时会导致士气受挫，配合培训是此时期很重要的事情。

(三)激化期：团队成员可以公开表达不同意见的阶段

主要特征：

借由领导者的努力，建立开放的氛围，允许成员提出不同的意见与看法，甚至鼓励建设性的冲突，目标由领导者制订并转变为团队成员的共同愿景，团队关系从保持距离，客客气气变成互相信赖，坦诚相见，规范由外在限制，变成内在承诺，此时期团队成员成为一体，愿意为团队奉献，智慧与创意源源不断。

阶段建设目标：建立愿景，形成自主化团队，调和差异，运用创造力。

这时领导者必须创造参与的环境，并以身作则，容许差异与不同的声音，初期会有一阵子的混乱，许多领导者害怕混乱，又重新加以控制，会导致不良的后果，可以借助第五项修炼中的建立共同愿景与团队学习的功夫，可以有效地渡过难关，此时期是否转型成功，是组织长远发展的关键。

(四)收割期：品尝甜美果实的阶段

主要是借由过去的努力，组织形成强而有力的团队，所有人都有强烈的一体感，组织爆发前所未有的潜能，创造出非凡的成果，并且能以合理的成本，高度满足客户的需求。此阶段应努力保持成长的动力，避免团队老化，运用系统思考，综观全局，并保持危机意识，持续学习，持续成长。

五、高效团队的特征

团队形式并不能自动地提高生产率，它也可能会让管理者失望。幸运的是，近来一些研究揭示了与高效团队有关的主要特征。

(一)清晰的目标

在打造成功团队的过程中，有人做过一个调查，问团队成员最需要团队领导做什么，70%以上的人回答——希望团队领导指明目标或方向；而问团队领导最需要团队成员做什么，几乎80%的人回答——希望团队成员朝着目标前进。从这里可以看出，目标在打造成功团队过程中的重要性，它是团队所有人都非常关心的事情，可以说："没有行动的远见只能是一种梦想，没有远见的行动只能是一种苦役，远见和行动才是成功团队的希望。"高效的团队对所要达到的目标有清楚的了解，并坚信这一目标包含着重大的意义和价值。而且，这种目标的重要性还激励着团队成员把个人目标升华到群体目标中去。在有效的团队中，成员愿意为团队目标作出承诺，清楚地知道希望他们做什么工作，以及他们怎样共同工作，最后完成任务。

(二)高明的领导

高明而卓越的领导是创建良好团队的重要条件。在团队中，如果缺乏一位高明的领导者，往往会让其他成员无所适从，团队的凝聚力也将大打折扣甚至不复存在。作为团队的"领头羊"和"主心骨"，领导在制订政策、作出决策、指导工作、协调关系等方面发挥着十分重要的作用。古书《韩非子》说："下君尽己之能，中君尽人之力，上君尽人之智"。一名优秀的团队领导者不一定非得指示或控制，高效团队的领导者往往担任的是教练和后盾的角色，他们对团队提供指导和支持，可以带领所有成员朝着同一个目标和方向努力，善于发现其他成员的优点，乐于欣赏他们的优点，集思广益，最大限度地把大家的积极性、主动性和创造性发挥出来，并善于营造一种相互欣赏、相互信任、相互支持、相互协作的良好的团队氛围。

(三)相互的信任

典型案例

三只老鼠的故事

有三只老鼠一块去偷油喝，可是油缸非常深，油在缸底，他们只能闻到油的香味，根本就喝不到油，愈闻愈垂涎。喝不到油的痛苦令他们十分焦急，但焦急又解决不了问题，所以他们就静下心来集思广益，终于想到了一个很棒的办法，就是一只老鼠咬着另一只老鼠的尾巴，吊下缸底去喝油，他们取得一致的共识：大家轮流喝油，有福同享，谁也不可以有自私独享的想法。

第一只老鼠最先吊下去喝油，他想："油就只有这么一点点，大家轮流喝一点也不过瘾，今天算我运气好，不如自己痛快喝个饱。"夹在中间的第二只老鼠也在想："下面的油没多少，万一让第一只老鼠喝光了，那我岂不要喝西北风吗？我干嘛这么辛苦地吊在中间让第一只老鼠独自享受一切呢！我看还是把它放了，干脆自己跳下去喝个淋漓痛快！"第三只老鼠也暗自嘀咕："油是那么少，等它们两个吃饱喝足，哪里还有我的份，倒不如趁这个时候把它们放了，自己跳到罐底饱喝一顿，一解嘴馋。"

于是第二只狠心地放了第一只的尾巴，第三只也迅速放了第二只的尾巴，他们争先恐后地跳到缸里头去了。等他们吃饱喝足才突然发现自己已经浑身湿透，加上脚滑缸深，他们再也逃不出这个美味的油缸。最后，三只老鼠都困死在这个油缸里。

信任，就像精致的瓷器，是浴火而生，看起来很美，很坚硬，但却很脆弱，它需要花大量的时间去培养而又很容易被破坏，一旦出现裂纹，很难修补如初。没了信任，企业内部的沟通成本惊人，由于沟通不到位，产生的损失也是惊人的。执行的结果，经常是把复杂的事做简单了，把简单的事又搞复杂了。因此，团队成员间相互信任是有效团队的显著特征。信任一旦深入人心就会变成一种力量，能够激发团队成员，释放创造性贡献，并使得团队工作既有效率又有乐趣。

信任形成的五个维度：

(1) 正直：诚实、可信赖；
(2) 能力：具有技术技能与人际关系；
(3) 忠实：愿意为别人维护和保全面子；
(4) 一贯：可靠、行为可以预测；在处理问题时，具有较强的判断力；
(5) 开放：愿意与别人自由分享观点和信息。

其中，正直程度和能力水平是一个人判断另一个人是否值得信任的两个最关键的特征。

组织文化和管理层的行为对形成相互信任的群体内氛围很有影响。如果组织崇尚开放、诚实、协作的办事原则，同时鼓励员工的参与和自主性，它就比较容易形成信任的环境。

(四)一致的承诺

高效的团队成员对团队表现出高度的忠诚和承诺，为了能使群体获得成功，他们愿意去做任何事情。我们把这种忠诚和奉献称为一致的承诺。

对成功团队的研究发现，团队成员对他们的群体具有认同感，他们把自己属于该群体的身份看作是自我的一个重要方面。因此，承诺一致的特征表现为对群体目标的奉献精神，愿意为实现这一目标而调动和发挥自己的最大潜能。

(五)良好的沟通

毋庸置疑，这是高效团队一个必不可少的特点。群体成员通过畅通的渠道交流信息，包括各种言语和非言语信息。此外，管理层与团队成员之间健康的信息反馈也是良好沟通的重要特征，它有助于管理者指导团队成员的行动，消除误解。高效团队中的成员能迅速而准确地了解彼此的想法和情感。

(六)谈判技能

以个体为基础进行工作设计时，员工的角色由工作说明、工作纪律、工作程序及其他一些正式文件明确规定。但对于高效的团队来说，其成员角色具有灵活多变性，总在不断地进行调整。这就需要成员具备充分的谈判技能。由于团队中的问题和关系时常变换，成员必须能面对和应付这种情况。

(七)内部支持和外部支持

支持要成为高效团队的最后一个必需条件就是它的支持环境。从内部条件来看，团队应拥有一个合理的基础结构。这包括：适当的培训，一套易于理解的用以评估员工总体绩效的测量系统，以及一个起支持作用的人力资源系统。恰当的基础结构应能支持并强化成员行为以取得高绩效水平。从外部条件来看，管理层应给团队提供完成工作所必需的各种资源。

学习情境九　旅游企业的团队心理

任务二　团队建设的心理机制

导入案例

想想团队里最缺的是什么

旅游团内的矛盾和冲突，是一个让导游员"伤脑筋"的问题。有一天，经理让大家说说究竟是什么原因。

小张说："依我看，是现实与计划不符，团队出事多半都和它有关。"

小刘说："现实与计划不符嘛，恐怕不可能完全避免。事实上，它也不一定就会产生大的矛盾。依我看，服务方面是主要原因。你们说，哪一件投诉不是和服务水平低有关？"

经理说："小刘说对了一半。你们几位很少有游客的投诉。可是团队里的矛盾还是不少吧？"

小洪说："有许多问题出在得不到有关方面的配合，像民航、车站、车队、酒店、餐厅，还有交警……你们说，游客意见最大的旺季，是不是相关单位最不信守合同的时候？"

小何说："我想，你们说的都有道理，但是，有了这些问题是不是就一定会引起轩然大波？我看还不能这样说。不是说'外因通过内因起作用'吗？我想，可能还要从旅游团的内部找找原因。我也没有想清楚。但是我有一个感觉，团队里的游客谁都不服谁，这就特别容易引起矛盾，就好像是一堆干柴，沾火就着！"

小洪说："小何，游客原来都是不认识的，凭什么谁服谁呀，你说偏了吧。"

"一堆干柴，沾火就着——这个比方打得不错。"赵先生说，"假如这一堆柴不是干的，而是湿的，那就是有几个火星落在上面，也不至于一下子就成了熊熊烈火呀！那么，这堆干柴是什么呢？我看，这堆干柴就是'谁都不服谁'。在社会心理学中这种现象叫'社会尊重不足'，在旅游团里这种现象特别普遍，也特别严重。游客都觉得自己没有得到应有的尊重，所以，遇到什么事就都不肯让步，要在事情的争执上争一口气！这样一来，彼此之间有一点差异，本来可以相容的也不能相容；有了一点小的矛盾，本来可以化解的也偏要把它放大。刚才提到的计划与实际的差异，服务水平低，有关方面不配合，这些问题不是没有办法解决的，但是，客人要争口气，就会引起轩然大波。"

（资料来源：http://www.exam8.com/zige/daoyou/fudao）

问题1：本案例中赵先生所说的"社会尊重严重不足"现象在旅游团队中是怎样形成的？
问题2：联系实际谈谈"社会尊重严重不足"现象会给团队旅游活动带来怎样的障碍？

建设团队的心理机制，关键在于在团队成员之间创造统一感和归属感，形成相互理解、相互尊重、合作有爱的工作氛围，使团队成员为自己的团队而感到自豪。

一、共生效应

人若长时间在一起共同生活，彼此之间就会互相影响，就会在脾气、禀性、兴趣、嗜好等方面产生相近似的地方，甚至会产生同样的结果，这就是"共生效应"。它是个体与个体或个体与群体之间相互依存、相互激励的社会心理现象。

"共生效应"源自自然界的共生现象，指的是在植物界中，有一个相互影响、相互促进的现象，即一株植物单独生长时，往往没有生机，显得矮小，长势不旺，甚至枯萎衰败，而众多植物在一起生长时，却能生长得郁郁葱葱，挺拔茂盛。共生效应现象不仅存在于自然界，在我们人类群体中，也存在着"共生效应"。犹太经典《塔木德》中，有一句名言：和狼生活在一起，你只能学会嗥叫。在英国，有一所名叫"卡文迪许"的实验室，它在1901—1982年间，先后造就了大批科学家，其中有25位荣获诺贝尔奖，这个实验室因此名声大振，成为各国莘莘学子向往的"圣地"。为什么卡文迪许实验室能造就这么多人才呢？这是因为这里的科学家倡导并形成了密切合作的风气，打破了"文人相轻"的怪圈，使共生效应在其中起到了积极的作用。

晋傅玄在《太子少傅箴》中说："近朱者赤，近墨者黑"就说明了这种情形，这也是我国关于"共生效应"最早的理论。既然"近朱者赤，近墨者黑"与"君子交多仁义""近小人则多鄙"，那么"共生效应"就应当引起我们的重视。

一般来说，"共生效应"有家庭、学校及班级的"共生效应"，有社会"交友效应"，也有民族、社会和国家的"共生效应"。和那些优秀的人接触，你就会受到良好的影响。每个人离不开他人，同时又都是他人生存和发展的条件。

建立团队，最重要的是在认知上形成一种强烈、积极的统一感和归属感。团队成员互相认同，把自己的团队看成是"我们"，而不仅仅是一群人的集合体。这种"我们感"是根源于人类的本性，人类是社会性的，在相互依存的家庭的群体中成长起来的我们与他人或朋友合作时才会感到安全。团队正是依靠了人的这种心理基础，同时，团队建设也应创造这样一种环境，使每一个成员认同这个团队，通过团队成员之间的互相交流、互相协作、互相影响、互补促进来提升团队整体素质，共生共存，最大限度地发挥团队的"共生效应"。

二、情绪认同

情绪认同是客观存在的社会心理现象，它是指群体内的每个成员对外界的一些重大事件与原则问题，通常能有共同的认识与评价，并产生共同的态度体验。在团队中，每个成员把自己与其他成员视为同一，体验他人的情绪如同体验自己的情绪，这种有效的情绪认同便可以改变他们的行为：虽然危险只危及某一个人，但是团队所有成员都会采取一致的行动共同面对危险。这主要是由于各成员有一个共同的目标，彼此间存在一致的利害关系。有时尽管群体认识不一定符合事物的本来面貌，但每个成员都能信以为真。认同感尤其在个人对外界事物信息不灵，情况不清，情绪不安时会强烈地影响个人的认知。

真正的团队特征是，在团队成功或者失败时，团队成员有共同的感受、有情绪上的温暖和同情，为每一个人的成功而自豪和高兴，相信自己的团队是名副其实的工作集体。

有效的情绪认同，取决于个人是否把自己与其他成员视为同一，同一到什么程度以及个人对待群体中的其他成员的态度积极到什么程度。

三、心理相容

心理相容是指一个团体或集体中的成员之间心理上的相互理解、接纳和协调，或指人们在言谈、举止、思想观点、个性品质、风度、气质等方面能为对方心理上所接受，至少在某一个具体方面被对方认可。心理相容是人们正常相处的重要的心理成分，是集体活动能顺利进行的重要社会心理条件；心理相容能使人们关系和谐一致，反之会使双方感到别扭、合不来，甚至产生埋怨、嫉妒或怨恨。

心理相容是成员产生相同感受的基础。人们观点和信念的一致性是心理相容产生的最主要原因。而群体内成员相互间物质利益分配的合理性是心理相容的根源。心理相容对于群体极为重要，它在很大程度上决定着群体的风气、领导的风格、目标的实现、工作效率的高低和群体成员的心理健康、情绪反应、能力反应和人格的健全。

四、共同信仰或观念

大雁南飞的时候，总是喜欢排成"一"字或"人"字飞行，在这种团队结构中，每一只鸟扇动的翅膀都会为紧随其后的同伴平添一股向上的力量。因此，雁群中的每个成员都会比单飞的时候增加超过70%的飞行效率，而且，一只雁领头飞累了，它可以退下来，会有新的雁顶上去。而虽然累了，因为在队伍后部飞行可以节省体力，也不会掉队，这样，共同的信念和不懈的坚持，大雁团队能顺利地到达目的地，完成长途的飞行。

一个企业家将他的员工带到黄帝陵祭拜，发誓作为炎黄子孙将用毕生的精力和员工一起为振兴华夏民族而努力。员工当场表示愿意与总裁一起奋斗终生。员工们回来后对待工作热血沸腾，激情澎湃。这位企业家用信仰塑造团队的追求，同时也引爆了团队的力量。当一个团队抱着共同信仰做事的时候一定会尽最大努力做好每一件事情。关键是员工自己知道什么事情该做什么事情不该做，因此，员工会主动用共同信仰衡量思想标准和行为标准。

团队目标的实现，需要成员的共同努力，而维系他们共同努力的纽带就是共同的信念。信念影响思想，思想指导行为。团队每个成员的理想信念都得到提升，他们才可能在这个共同的信念激励下凝聚力量。信念一旦坚定，行动就有了动力和方向。坚定的信念是团队成功的精神支柱和力量源泉，也是团队成员为了共同目标奋斗的不竭动力。

五、参与心理

成功的团队一般都是能够充分发扬民主，实行民主决策、民主管理、民主监督，极大调动成员的积极性的团队。无论是工作积极性、责任感，还是企业效益方面，民主的参与都有其独特的影响。民主代表公平公正，民主代表当家作主。没有民主，就没有和谐，民主是和谐的前提和基础。在民主的领导方式下，团队成员愿意表达自己的意见，提出自己的建议，参与团队的决策，集思广益，团结进取，各显其能，形成成员之间在思想上多沟通，在感情上多交流，在工作上多支持，在生活上多关心的良好团队氛围。

良好的人际氛围和文化氛围是建立一个优秀团队的前提和基础，它具有十分强大的同化、黏合功能和规范、激励作用，可以有效地增强团队的凝聚力。良好的氛围意味着成员之间人际和谐，风险共担，休戚与共。在这样的团队氛围中，成员之间容易加强沟通，增进了解，消除误会，增加信任，加强合作，也有利于每个成员为了一致的目标而共同努力。

旅游心理学

任务三　团队的人际协调

导入案例

这个"缓冲"很重要

小葛、小王和小陈正在讨论人际交往模式。

小葛说："我听说人际交往可以分为父母式、幼儿式和成人式。像客人对我说'你必须搞到我的飞机票'，就是父母式中的命令型。有位客人护照丢了，我安抚他说'请不要着急，先坐下来喘口气'，就是父母式中的安抚型。七十岁的老人走失了。他太太对我说：'哎呀，葛先生，不得了啦，你看怎么办呀！'就是幼儿式中的依赖型。我让客人准时上车时，客人嘴一撇说：'别理他，我们走我们的！'就是幼儿式中的撒泼型。如果客人要求我去做什么事，我对客人说：'好的，先生，我一定照办！'就是幼儿式中的服从型。"

小陈说："看来这种理论倒并不复杂，不过，在带团中用什么式，什么型最好呢？"

小葛说："我想，用成人式最好，无论客人用什么式，什么型我们都能以不变应万变。"

小王说："不对吧？客人的护照丢了，跑来对我说：'王先生。我的护照不见了！这可怎么办呀！'我也不安慰他一下，就说：'您仔细想一想，最后一次见到护照是在什么地方？'你们说，这样不是太别扭了吗！"

小陈说："我同意小王的看法。如果客人命令我说'下午四点钟之前，一定要给我搞到回南京的火车票'，我也不先来个'顺毛捋'，就直接说'据我的经验，在两个小时之内弄到火车票的可能性很小'，我想客人一定会火冒三丈！"

赵先生听了他们的问题，笑着说："理论与实际相结合嘛！依我看，很重要的一点是要看交往的双方是什么样的角色。如果你是客人，我也是客人，这是一回事；如果你是客人，我是服务人员，那就是另外一回事了。客人说'下午四点钟之前，你必须给我买到回南京的火车票'，如果我也是客人，我可以用成人式来回应：'可能性不大。我得跟着团队一起去游览。'甚至可以直接拒绝：'我跟你一样，都是来旅游的，凭什么要我去给你买火车票！'如果我是导游员，那就不能这样了。我一般都会这样回答：'好的，我会尽我最大的努力。不过据我的经验，在两个小时以内买到去南京的火车票不大容易，恐怕要费一些周折。'这是先是用的幼儿式的服从型，然后是用成人式。用幼儿式的服从型起了一个缓冲的作用。小陈，客人丢了护照，连哭带喊地对你说：'我的天哪，这一回我可要死在这里了！'你会怎么说呢？"

小陈说："我会这样说，'太太，您不要着急，先坐下来喘口气，我一定会想办法帮您找到护照的。现在我希望您能给我提供一些线索，您仔细回忆一下，您最后一次看到您的护照，大概是在什么时候，什么地方？噢，我知道了，用成人式之前，先来一个缓冲，用的是典型的父母式的安抚型。"

赵先生说："现在清楚了吧？当客人用父母式或幼儿式来和我们交往时，我们用成人式作出反应是对的。但是在这以前要有一个缓冲，这个缓冲很重要，有了这个缓冲，客人才不会误解我们的服务态度。"

(资料来源：http://www.exam8.com/zige/daoyou/fudao)

生活在社会群体中的个体，必然要相互接触、相互联系、相互作用，即进行社会人际交往。个体之间的人际交往，不仅是推动和发展人与人之间关系的纽带，而且是形成舆论、士气等社会心理现象的前提，同时也是个体心理正常发展的基础和必要条件。旅游活动是在人与人交往的前提下进行的，涉及旅游者与旅游工作者的关系、旅游者之间的关系、旅游工作者之间的关系、旅游者与当地居民的关系等，旅游活动顺利进行，需要各交往人群和谐的人际关系，更离不开旅游企业团队成员的相互协调与协作。

一、人际关系理论

所谓人际关系就是指人们在物质交往与精神交往中所形成的人与人之间的关系。这种关系具体指个体所形成的对其他个体的一种心理倾向及其相应的行为。人际关系的好坏反映了人们在相互交往中物质和精神的需要能否得到满足的一种心理状态。如果得到满足，彼此之间就喜欢和接近；相反，就厌恶和疏远。马克思曾说："一个人的发展取决于和他直接或间接进行交流的其他一切人的发展。"人需要交往，交往离不开人际关系。

梅奥(George Elton Mayo)，人际关系理论的创始人，是行为科学理论阶段(20世纪30年代到60年代)中各种层出不穷的理论研究的奠基人，美国行为科学家，美国艺术与科学院院士，进行了著名的霍桑试验，主要代表著作有《组织中的人》和《管理和士气》。梅奥的人际关系理论的重要贡献主要有两个方面：一是发现了霍桑效应，即一切由"受注意了"引起的效应；二是创立了人际关系学说。

(一)梅奥的人际关系学说

1. 工人是"社会人"而不是"经济人"

梅奥认为，人们的行为并不单纯出自追求金钱的动机，还有社会方面的、心理方面的需要，即追求人与人之间的友情、安全感、归属感和受人尊敬等，而后者更为重要。因此，不能单纯从技术和物质条件着眼，而必须首先从社会心理方面考虑合理的组织与管理。

2. 企业中存在着非正式组织

企业中除了存在着古典管理理论所研究的为了实现企业目标而明确规定各成员相互关系和职责范围的正式组织之外，还存在着非正式组织。这种非正式组织的作用在于维护其成员的共同利益，使之免受其内部个别成员的疏忽或外部人员的干涉所造成的损失。为此非正式组织中有自己的核心人物和领袖，有大家共同遵循的观念、价值标准、行为准则和道德规范等。

梅奥指出，非正式组织与正式组织有重大差别。在正式组织中，以效率逻辑为其行为规范；而在非正式组织中，则以感情逻辑为其行为规范。如果管理人员只是根据效率逻辑来管理，而忽略工人的感情逻辑，必然会引起冲突，影响企业生产率的提高和目标的实现。因此，管理当局必须重视非正式组织的作用，注意在正式组织的效率逻辑与非正式组织的感情逻辑之间保持平衡，以便管理人员与工人之间能够充分协作。

3. 生产效率主要取决于职工的工作态度及其与周围人的关系

在决定劳动生产率的诸因素中，置于首位的因素是职工的满意度，而生产条件、工资报酬只是第二位的。职工的满意度越高,其士气越高,生产效率就越高。高的满意度来源于工人个人需求的有效满足,不仅包括物质需求,还包括精神需求。管理者不应只注重工作任务和目标的完成,还应更多地去关心员工、理解员工、爱护员工,满足员工的社会需要,为员工营造良好的人际关系和健康的工作环境,培养与形成员工的归属感和集体感。

4. 人际关系学实践思索

1) 人才是动力之源

人、财、物是企业经营管理必不可少的三大要素,而人力又是其中最为活跃,最富于创造力的因素。即便有最先进的技术设备,最完备的物质资料,没有了人的准确而全力的投入,所有的一切将毫无意义。对于人的有效管理不仅是高效利用现有物质资源的前提,而且是一切创新的最基本条件。尤其是在高科技迅猛发展的现代社会,创新是企业生存和发展的唯一途径。而创新是人才的专利,优秀的人才是企业最重要的资产。谁更有效地开发和利用了人力资源,谁就有可能在日益激烈的市场竞争中立于不败之地。

但是人的创造性是有条件的,是以其能动性为前提的。硬性而机械式的管理,只能抹煞其才能。"只有满意的员工才是有生产力的员工",富有生产力的员工才是企业真正的人才,才是企业发展的动力之源。因此,企业的管理者既要做到令股东满意、顾客满意,更要做到令员工满意。针对不同的员工,不同层次的需求分别对待。要悉心分析他们的思想,了解他们的真正需要:不仅要有必要的物质需求满足,还要有更深层次的社会需求的满足,即受到尊重,受到重视,能够体现自我的存在价值。例如,在管理过程中为了满足员工的社会需求,可以加强员工参与管理的程度,通过民主管理,民主监督的机制,增加他们对企业的关注,增加其主人翁的责任感和个人成就感,将他们的个人目标和企业的经营目标完美地统一起来,从而激发出更大的工作热情,发挥其主观能动性和创造性。

对于困难重重、举步维艰的中国国有企业来说,尊重人才尤为重要。要想盘活存量资产,首先要盘活现有人力资源。因为只有有"活"的人才能激活"死"的资产,这是企业走出困境的唯一出路。员工不是企业的包袱,是企业自救的中坚。只有尊重他们,才能使他们发挥创造力,与企业同呼吸、共命运,共同渡过难关。

2) 沟通是管理艺术

管理是讲究艺术的,对人的管理更是如此。新一代的管理者更应认识到这一点。那种高谈阔论,教训下属,以自我为中心的领导方式已不适用了。早在霍桑访谈试验中,梅奥已注意到亲善的沟通方式,不仅可以了解到员工的需求,更可以改善上下级之间的关系,从而使员工更加自愿地努力工作。倾听是一种有效的沟通方式。具有成熟智慧的管理者会认为倾听别人的意见比表现自己渊博的知识更重要。他要善于帮助和启发他人表达出自己的思想和感情,不主动发表自己的观点,善于聆听别人的意见,激发他们的创造性的思维,这样不仅可以使员工增强对管理者的信任感,还可以使管理者从中获取有用的信息,更有效地组织工作。适时地赞誉别人也是管理中极为有效的手段。在公开的场合对有贡献的员工给予恰当的称赞,会使员工增强自信心和使命感,从而努力创造更佳的业绩。采用"与人为善"的管理方式,不仅有助于营造和谐的工作气氛,而且可以提高员工的满意度,使其能继续坚持不懈地为实现企业目标而努力。

3) 企业文化——寻求效率逻辑与感情逻辑间动态平衡的有效途径

发现非正式组织的存在是梅奥人际关系理论的重要贡献，作为企业的管理者，也应对此有所重视。员工不是作为一个孤立的个体而存在，而是生活在集体中的一员，他们的行为很大程度上是受到集体中其他个体的影响。怎样消除非正式组织施加于员工身上的负面影响也是当代管理者必须正视的一个问题。只有个人、集体、企业三方的利益保持均衡时，才能最大限度地发挥个人的潜能。培养共同的价值观，创造积极向上的企业文化是协调好组织内部各利益群体关系，发挥组织协同效应和增加企业凝聚力最有效的途径。

总之，管理不仅是对物质生产力的管理，更重要的是对有思想、有感情的人的管理。人的价值是无法估量的，是社会上最宝贵的资源，是生产力中最耀眼的明珠。最大限度地开发人力资源将成为现代企业前进的主旋律，只有"重视人、尊重人和理解人"的管理思维模式才会为企业创造美好灿烂的明天。

(二)人际需要的三维理论

美国社会心理学家舒茨(W.Schutz)1958 年提出人际需要的三维理论，舒茨认为，每一个个体在人际互动过程中，都有三种基本的需要，即包容需要、支配需要和情感需要。这三种基本的人际需要决定了个体在人际交往中所采用的行为，以及如何描述、解释和预测他人行为。三种基本需要的形成与个体的早期成长经验密切相关。

(1) 包容需要指个体想要与人接触、交往、隶属于某个群体、与他人建立并维持一种满意的相互关系的需要。在个体的成长过程中，若是社会交往的经历过少，父母与孩子之间缺乏正常的交往，儿童与同龄伙伴也缺乏过量的交往，那么，儿童的包容需要就没有得到满足，他们就会与他人形成否定的相互关系，产生焦虑，于是就倾向于形成低社会行为，在行为表现上倾向于内部语言，倾向于摆脱相互作用而与人保持距离，拒绝参加群体活动。如果个体在早期的成长经历中社会交往过多，包容需要得到了过分的满足的话，他们又会形成超社会行为，在人际交往中，会过分地寻求与人接触、寻求他人的注意，过分地热衷于参加群体活动。相反，如果个体在早期能够与父母或他人进行有效的适当的交往，他们就不会产生焦虑，他们就会形成理想的社会行为，这样的个体会依照具体的情境来决定自己的行为，决定自己是否应该参加或参与群体活动，形成适当的社会行为。

(2) 支配需要指个体控制别人或被别人控制的需要，是个体在权力关系上与他人建立或维持满意人际关系的需要。个体在早期生活经历中，若是成长于既有要求又有自由度的民主气氛环境里，个体就会形成既乐于顺从又可以支配的民主型行为倾向，他们能够顺利解决人际关系中与控制有关的问题，能够根据实际情况适当地确定自己的地位和权力范围。而如果个体早期生活在高度控制或控制不充分的情境里，他们就倾向于形成专制型的或是服从型的行为方式。专制型行为方式的个体，表现为倾向于控制别人但却绝对反对别人控制自己，他们喜欢拥有最高统治地位，喜欢为别人作出决定。服从型行为方式的个体，表现为过分顺从、依赖别人，完全拒绝支配别人，不愿意对任何事情或他人负责任，在与他人进行交往时，这种人甘愿当配角。

(3) 情感需要指个体爱别人或被别人爱的需要，是个体在人际交往中建立并维持与他人亲密的情感联系的需要。当个体在早期经验中没有获得爱的满足时，个体就会倾向于形成低个人行为，他们表面上对人友好，但在个人的情感世界深处，却与他人保持距离，总是避免亲密的人际关系。若个体在早期经验中，被过于溺爱，他就会形成超个人行为，这些个体在行为表现上，强烈地寻求爱，并总是在任何方面都试图与他人建立和保持情感联系，过分希望自己与别人有亲密的关系。而在早期生活中经历了适当的关心和爱的个体，则能形成理想的个人行为，他们总能适当地对待自己和他人，能适量地表现自己的情感和接受别人的情感，又不会产生爱的缺失感，他们相信自己会讨人喜爱，而且能够依据具体情况与别人保持一定的距离，也可以与他人建立亲密的关系。

舒茨的三维理论在解释群体形成与群体分解中提出群体整合原则，即群体形成的过程开始是包容，然后是控制，最后是情感，这种回圈不断发生。群体分解的原则是反其序，先是感情不和，继而失控，最后难于包容，导致群体分解。

(三) PAC 理论

PAC 理论又称为相互作用分析理论、人格结构分析理论、沟通分析理论、人际关系心理分析，由 Eric Berne 于 1964 年在《人们玩的游戏》(Game People Play)一书中，提出了这个著名的理论。他将传统的理论加以提升创立了整套的 PAC 人格结构理论。是一种针对个人的成长和改变的有系统的心理治疗方法。

无论人们是以坚决还是非坚决的方式相互影响，当一个人对另一个人作出回应时，存在一种社会交互作用。这种对人们之间的社会交互作用的研究叫作交互作用分析。

这种分析理论认为，每个个体都存在 P(Parent 父母)、A(Adult 成人)、C(Child 儿童)，这三种状态在每个人身上都交互存在，也就是说这三者是构成人类多重天性的三部分。

"父母"状态以权威和优越感为标志，通常表现为统治、训斥、责骂等家长制作风。当一个人的人格结构中 P 成分占优势时，这种人的行为表现为凭主观印象办事，独断独行，滥用权威。"成人"状态表现为注重事实根据和善于进行客观理智的分析。这种人能从过去存储的经验中，估计各种可能性，然后作出决策。当一个人的人格结构中 A 成分占优势时，这种人的行为表现为：待人接物冷静，慎思明断，尊重别人。"儿童"状态像婴幼儿的冲动，表现为服从和任人摆布。一会儿逗人可爱，一会儿乱发脾气。当一个人的人格结构中 C 成分占优势时，其行为表现为遇事畏缩，感情用事，喜怒无常，不加考虑。

根据 PAC 分析，人与人相互作用时的心理状态有时是平行的，如父母—父母，成人—成人，儿童—儿童。在这种情况下，对话会无限制地继续下去。如果遇到相互交叉作用，出现父母—成人，父母—儿童，成人—儿童状态，人际交流就会受到影响，信息沟通就会出现中断。最理想的相互作用是成人刺激—成人反应。

一般来说，工作中最有效的交互作用是成人对成人的交互作用。这种交互作用促使问题得到解决，视他人同自己一样有理性，降低了人们之间感情冲突的可能性。但是，互补式的交互作用也能令人满意地发挥作用。例如，如果主管想要扮演家长的角色，员工想要扮演孩童的角色，他们之间可以形成一种比较有效的工作关系。但是在这种情况下，员工无法成长、成熟，不知如何贡献自己的想法。因此，虽然互补式的交互作用确实能发挥作用，但在工作中能够得到最优结果并且最不可能带来问题的是成人对成人的交互作用。因此，如果能够把自己的情感、思想、举止控制在成人状态，以成人的语调、姿态去对待别人，给对方以成人的刺激，同时引导对方也进入成人状态，作出成人反应，就非常有利于建立互信互助关系，从而保持交往关系的持续顺利进行。

二、团队人际协调

在现代企业管理中，越来越多的员工不再满意单调、枯燥、重复的工作方式和被动地接受上级的命令和指示，不再单纯地把工作作为谋生的手段，而是认为工作是生活方式的一种选择，他们希望在工作中能找到快乐、尊重和满足，寻求自我发展和自我价值的实现。在这种情况下，建立集思广益、通力合作、相濡以沫的团队显得极为重要。团队力量的有效发挥，团队人际协调是关键。

(一)以人为本的管理

《三国志》中有一句名言："功以才成，业由才广"，人才是事业成败的关键。旅游企业的管理，其实就是人、财、物的管理，而人是最活跃，最举足轻重的因素。美国万豪酒店公司的创始人威拉德·马里奥特先生有一句名言："人是第一位的，要关注他们的发展、忠诚、兴趣与团队精神。"

"以人为本"的管理思想，就是要充分认识人的价值，挖掘人的潜力，激发人的活力。旅游企业坚持"以人为本"的管理思想，就是为了能在激烈的市场竞争中立于不败之地。旅游服务质量的好坏，完全取决于员工的道德素质和服务意识，这就要求旅游企业的领导者要做到识才、育才、用才、留才。正如苏轼所说"士有一言中于道，不远千里而求之"；于曹操那样"唯才是举"，用求才若渴、爱才如命的精神去做好这篇大文章。只有这样，员工们才会"士为知己者死"，全心全意地投入到工作中去，为公司奉献自己的聪明才智而无怨无悔。

以人为本的管理理念就是指管理过程中，要以人为中心，尊重人的人格，满足人的需要，提高人的素质，促进人的发展，极大地调动人的积极性、主动性、创造性，通过人的发展来促进企业的发展，最后达到共同进步。例如，作为酒店管理层，以人为本不得不考虑以下问题：

(1) 你每年给下属做绩效评估吗？如果做，是仅仅填表呢，还是经过面谈？如果面谈过，有无就优缺点达成共识，并制订改进计划？你本人接受过如何做绩效评估的培训吗？

(2) 你的上司和你讨论过今后的职业发展目标吗，或你有无机会向上级领导表达你的愿望？如有，有没有制订一个行动计划？你和上司每年共同为你制订下年度的工作目标吗？

(3) 你们酒店或部门有无管理接续计划和管理培训生制度？如有，涉及多少人，有无明确的晋升时间和拟晋升岗位？如有，有没有制订暂定被提拔员工提升能力和经历的具体行动计划？

(4) 酒店员工的起薪和福利和竞争酒店的差距有多大？酒店多少时间调资一次？目前的薪酬水平能否吸引和留住人才？

企业的管理者应该悉心分析员工的思想，了解他们的真正需要，不仅要满足其必要的物质需求，还要满足其更深层次的社会需求，即得到理解、受到尊重、受到重视，能够肯定自我的工作成就，体现自我的存在价值。通过民主管理、民主监督、民主决策的机制，增加他们对企业的关注，增加其主人翁的责任感和个人成就感，将员工的个人目标和企业的经营目标完美地统一起来,与企业共生共长。

(二)真诚有效的沟通

美国著名财经杂志《产业周刊》评选的全球最佳CEO——乔尔玛·奥利拉(诺基亚公司)说,一个称职的CEO要具备的素质有两条:首先是沟通的能力;还有就是对人进行管理的能力。美国著名学府普林斯顿大学对一万份人事档案进行分析,发现"智慧"、"专业技术"和"经验"只占成功因素的25%,其余75%决定于良好的人际沟通;哈佛大学就业指导小组调查结果显示,在500名被解职的男女中,因人际沟通不良而导致工作不称职者占82%。

旅游企业要重视建立在相互尊重、相互理解基础上的良好工作关系和和谐的人际关系,这是关系到企业兴衰成败的关键因素。美国著名管理大师诺斯克特·帕金森指出:"管理,即是处理各种人际关系。"团队和谐稳定的环境离不开真诚有效的沟通,沟通是一种方法,更是一门艺术,旅游企业要建立并维护良好的人际关系,需要满意的员工,满意的员工可以带来满意的顾客,忠诚的员工带来忠诚的顾客。

心理学家研究发现,人在沟通时会用不同的态度去对待对方:家长式的、平等的、儿童式的。家长式的沟通,看人的眼光是向下的、命令式的、不容置疑的,这样的沟通效率高,但对方感到不舒服。儿童式的沟通,看人的眼光是低头但眼睛向上的、撒娇的、幼稚的、无助的,容易引起别人的同情和关怀,但人际关系是不成熟的、不理智的。平等的沟通是民主的、双方都能畅所欲言的、客观的、能帮助双方成长的,但需要知己知彼,需要时间磨合。

团队的有效沟通能否成立取决于团队成员间信息传递的有效性,信息的有效程度决定了沟通的有效程度。信息传递的有效性主要取决于以下两个方面:

(1) 信息的透明程度。当一则信息应该作为公共信息时就不应该导致信息的不对称性,信息必须是公开的。公开的信息并不意味着简单的信息传递,而要确保信息接收者能理解信息的内涵。如果以一种模棱两可的、含糊不清的文字语言传递一种不清晰的,难以使人理解的信息,对于信息接收者而言没有任何意义。另一方面,信息接收者也有权获得与自身利益相关的信息内涵。否则有可能导致信息接收者对信息发送者的行为动机产生怀疑。

(2) 信息的反馈程度。有效沟通是一种动态的双向行为,而双向的沟通对信息发送者来说应得到充分的反馈。只有沟通的主、客体双方都充分表达了对某一问题的看法,才真正具备有效沟通的意义。

在团队里,要进行有效沟通,必须明确目标。对于团队领导来说,目标管理是进行有效沟通的一种解决办法。在目标管理中,团队领导和团队成员讨论目标、计划、对象、问题和解决方案。由于整个团队都着眼于完成目标,这就使沟通有了一个共同的基础,彼此能够更好地了解对方。即便团队领导不能接受下属成员的建议,他也能理解其观点,下属对上司的要求也会有进一步的了解,沟通的结果自然得以改善。如果绩效评估也采用类似办法的话,同样也能改善沟通。

在团队中身为领导者,善于利用各种机会进行沟通,甚至创造出更多的沟通途径,与成员充分交流等并不是一件难事。难的是创造一种让团队成员在需要时可以无话不谈的环境。对于个体成员来说,要进行有效沟通,可以从以下几个方面着手:

一是必须知道说什么，就是要明确沟通的目的。如果目的不明确，就意味着你自己也不知道说什么，自然也不可能让别人明白，自然也就达不到沟通的目的。

二是必须知道什么时候说，就是要掌握好沟通的时间。在沟通对象正大汗淋漓地忙于工作时，你要求他与你商量下次聚会的事情，显然不合时宜。所以，要想很好地达到沟通效果，必须掌握好沟通的时间，把握好沟通的火候。

三是必须知道对谁说，就是要明确沟通的对象。虽然你说得很好，但你选错了对象，自然也达不到沟通的目的。

四是必须知道怎么说，就是要掌握沟通的方法。你知道应该向谁说、说什么，也知道该什么时候说，但你不知道怎么说，仍然难以达到沟通的效果。沟通是要用对方听得懂的语言——包括文字、语调及肢体语言，而你要学的就是透过对这些沟通语言的观察来有效地使用它们进行沟通。

(三)构建企业文化

团队人际协调，企业文化建设是其中的重要环节。企业文化主要依赖于企业自身的积累与沉淀，全体成员实际共享的文化才能称之为企业文化，其理念体系包括企业愿景、使命、精神、核心价值观等核心理念和基本的经营理念和管理理念。企业中高层管理人员对企业文化的认识与共识决定了企业文化的整体水平，企业文化决定着企业的跑道与方向，清晰的企业文化是其能发挥效用的关键前提，企业文化是旅游企业的软实力，旅游企业间的竞争最终表现在具有强大再生力量的企业文化，这是竞争对手无法效仿的法器。

美国学者威廉·詹姆斯这样说过："人的思想是万物之因。你播种一种观念，就收获一种行为；你播种一种行为，就收获一种习惯；你播种一种习惯，就收获一种性格；你播种一种性格，就收获一种命运。总之，一切都始于你的观念。"这一观点同样适应于企业的生存发展。同任何生命体一样，企业也有自身的生命周期，有的寿命长一些，成为百年老店；有的短一些，如昙花一现，其共同点可以套用列夫·托尔斯泰的一句话：成功的企业都是一样的，失败的企业各有各的不幸。

从成功企业的实践看，他们之所以能持续生存发展，一个共同特点是信守核心价值观，在企业经营发展全过程中渗透，并内化为员工的心灵深处，外化为员工的集体行为、习惯和性格，固化为规划、制度和机制，从而形成企业的核心竞争力。如 IBM 的企业文化表现在"了解了美国海军陆战队的风格，就了解了 IBM 的风格"，显示出其无往不胜的内力，通用电气推崇三个传统："坚持诚信，注重业绩，渴望变革"。因此，核心价值观是企业文化的基石和本质，是所有成功企业的文化基因。企业文化建设始于核心价值观的精心培育，终于核心价值观的维护、延续和创新。这是成功企业不变的法则。

企业核心价值观明确告诉员工什么是我们应该做的，什么是不应该做的，对员工起着一种非正式的控制系统的作用。而统一的集体行为是实现企业目标的基石，是围绕企业目标有效运作的重要保证。潜移默化的文化氛围，长期积累的文化底蕴，以人为本的人文关怀，能够使员工形成与核心价值理念相一致的集体行为。据此有专家称，衡量企业凝聚力大小的标准是：集体行为的统一程度、运作强度、持续韧度。

企业文化的本真是价值，而不是利润；企业文化的本性是企业与人的共赢关系而不是泛泛而谈的"以人为本"；企业文化的本色就是企业的特征，而不是信手拈来的社会文化；

企业文化的传播方式是渗透而不是强制的灌输；唯此，企业文化才能被接受、被认可、被铭记、被传播。

(四)团队精神的培育

团队精神的培育是团队人际协调的重要组成部分，只有不断地宣传和培育团队精神，才能对企业员工起到感染和熏陶作用，自觉维护团队的人际协调。

团队精神是指团队的成员为了团队的利益和目标而相互协作、尽心尽力的意愿和作风。包含三个层面的内容。

(1) 团队的凝聚力。团队的凝聚力是针对团队和成员之间的关系而言的。团队精神表现为团队强烈的归属感和一体性，每个团队成员都能强烈感受到自己是团队当中的一分子，把个人工作和团队目标联系在一起，对团队表现出一种忠诚，对团队的业绩表现出一种荣誉感，对团队的成功表现出一种骄傲，对团队的困境表现出一种忧虑。当个人目标和团队目标一致的时候，凝聚力才能更深刻地体现出来。

具体而言，高凝聚力的团队特征集中表现在：①团队内的沟通渠道比较畅通、信息交流频繁，大家觉得沟通是工作中的一部分，不会存在什么障碍。②团队成员的参与意识较强，人际关系和谐，成员间不会有压抑的感觉。③团队成员有强烈的归属感，并为成为团队的一分子觉得骄傲。愿意把自己作为这个团队中的一分子提出来，跳槽的现象相应较少。④团队成员间会彼此关心、互相尊重。⑤团队成员有较强的事业心和责任感，愿意承担团队的任务，集体主义精神盛行。⑥团队为成员的成长与发展，自我价值的实现提供了便利的条件。领导者、团队周围的环境、其他的成员都愿意为自身及他人的发展付出。

(2) 团队合作的意识。团队合作意识指的是团队和团队成员表现为协作和共为一体的特点。团队成员间相互依存、同舟共济，互敬互重、礼貌谦逊；他们彼此宽容、尊重个性的差异；彼此间是一种信任的关系、待人真诚、遵守承诺；相互帮助、互相关怀，大家彼此共同提高；利益和成就共享、责任共担。良好的合作氛围是高绩效团队的基础，没有合作就谈不上最终很好的业绩。

团队合作的精髓就在于"合作"二字，团队合作受到团队目标和团队所属环境的影响，只有在团队成员都具有跟目标相关的知识技能及与别人合作的意愿的基础上，团队合作才有可能成功。成功的团队合作随处可见，无论一支足球队、一个企业、一个研发团队、还是一个部队，成员的亲密合作对于团队的成功至关重要。培养互信气氛的几个要素：①诚实。要想赢得别人的信任首先要诚实、正直、廉洁、不欺骗、不夸大，这涉及做人的道理。真正成功的人不是靠技巧成功，而是靠内在的品德修养成功。科维在与《成功有约》中讲，真正的成功是品德成功。②公开。愿意跟别人分享信息，哪怕是错误的信息。③一致。个人的一贯表现都要一样，从而可以透过行为揣测反映。④尊重。以一种有尊严、光明正大的态度待人。这4个方面互为一体，互信的品质非常脆弱，上述4点只要违反了其中一个，互信关系就不复存在，甚至会受到毁灭性打击。

(3) 团队士气的高昂。拿破仑曾说过，一支军队的实力3/4靠的是士气。它的含义可以延伸到现代企业管理，为团队目标而奋斗的精神状态对团队的业绩非常重要。这一点是从团队成员对团队事务的态度体现出来，表现为团队成员对团队事务的尽心尽力及全方位的投入。

学习情境九 旅游企业的团队心理

团队精神是高绩效团队中的灵魂,是成功团队拥有的基本特质。哲学家哈代说,生存时间最长的企业,是那些为社会提供了独特价值的企业——不仅是它们的成长或金钱,更重要的是其卓越的品质,包括对人的尊重,或者让人们快乐的能力。

企业管理者要树立以人为本的人性化管理理念,关心员工,将员工的职业发展统一为企业的事业发展。香港著名企业家李嘉诚在总结自己多年的管理经验时说,如果你想做团队的老板,简单得多,你的权力主要来自地位,这可来自上天的缘分或凭借你的努力和专业知识;如果你想做团队的领袖,则较为复杂,你的力量源自人格的魅力和号召力。企业要建立起领导与员工之间的平等关系,互相奉献和支持、相互鼓励和沟通,一起分享成功与失败、快乐与悲伤。

企业要建立良好的激励机制,形成健康、积极的企业文化。人具有自然属性和社会属性,在实际的社会生活中,在满足其生理需求时还要满足其精神需求。每个人都希望得到别人的尊重,社会的认可和自我价值的实现。一个优秀的管理者,就要通过有效的沟通影响甚至改变职员对工作的态度、对生活的态度。把那些视工作为负担,对工作三心二意的员工转变为对工作非常投入,工作中积极主动,表现出超群的自发性、创造性。在有效沟通中,企业管理者要对职工按不同的情况划分为不同的群体,从而采取不同的沟通方式。如按年龄阶段划分为年轻职工和老职工,对年轻的、资历比较浅的职工采取鼓励认可的沟通方式,在一定情况下让他们独立承担重要工作,并与他们经常在工作生活方面沟通,对其工作成绩认可鼓励,激发他们的创造性和工作热情,为企业贡献更大的力量。对于资历深的老同志,企业管理者应重视尊重他们,发挥他们的经验优势,与他们经常接触,相互交流,给予适当的培训,以调动其工作积极性。

思考与讨论

1. 在一个团队中,如何做到有效沟通?
2. 简述团队建设的心理机制。
3. 联系实际,谈谈旅游企业中如何实现团队人际协调?

实 训 题

1. 案例分析

某旅行社导游员小李带团很少有客人投诉,还经常受到表扬。一位同行跟团观察发现,小李带团的诀窍并不在于景观的导游,而是她和客人的交流。在一次带团中,有位女士咳嗽了一声,小李赶紧上前去问是不是感冒了,要不要去医院看一看,小李关切的询问使这位女士很感激,周围的几位游客也都投来赞许的目光。不久,旅行社又收到了这位女士寄来的表扬信。

(1) 小李为什么会常常受到表扬?从心理学上说原因是什么?
(2) 该案例给你的启示是什么?

2. 团队建立游戏:沉船共生

目标：让学生领会组织团队的主要技巧

参加人数：4~5组，各组6~7人

练习时间：个人5分钟，小组15分钟

工具：准备好的答题纸

设计情境：一艘在东海上航行的中国轮船不幸触礁，还有半个小时就要沉没了。船上有16人，可唯一的一条救生小船只能载6人，哪6个人应登上救生船逃生呢。请给下列16人排序。即首先获救的为1号，其次为2号，以此类推，应该最后考虑的人为16号。

A 陈船长 男 36岁

B 船员老王 男 38岁

C 盲童小周(音乐天才) 男 17岁

D 某公司经理莱总 男 34岁

E 贾副省长(博士) 男 42岁

F 省委副书记 女 49岁

G 省委副书记的儿子小白(研究生、数学尖子) 男 24岁

H 某保险公司销售员小田(白族) 女 20岁

I 生物学家胡女士(获国家重大科技进步奖) 女 51岁

J 生物学家的女儿小丁(弱智) 女 14岁

K 公安人员龚警官 女 25岁

L 某外企外方总经理布斯斯基(白俄罗斯人) 男 38岁

M 罪犯(孕妇)吴某 女 25岁

N 朱医生 男 38岁

O 马护士(同性恋者) 女 25岁

P 因抢救他人而负伤的重病人李某(昏迷) 女 25岁

游戏要求：

(1) 将个人的选择顺序放在个人顺序那一栏内，个人有5分钟的时间；

(2) 将小组顺序放在小组顺序那一栏内，小组讨论的时间有15分钟，小组意见必须统一。

共同讨论：

为什么有的小组直到船沉没还没有达成统一的意见？

学习情境十　员工职业心理保健

学习目标

- 了解员工的从业诉求及企业的满足渠道。
- 弄清员工心理焦虑产生的原因及缓解途径。
- 掌握心理健康的含义和心理健康的标准。
- 了解导游人员常见的心理问题和心理保健方法。

技能目标

- 能通过多种合法途径满足员工合理的从业诉求。
- 能够采取适当的方法缓解员工的心理焦虑。
- 能够采取科学的保健方法,维护导游的心理健康。

任务一　员工的从业诉求与满足渠道

导入案例

> 富士康,全球最大的电子产业制造商,全球代工大王,世界 500 强企业之一。它作为全球代工航母,按照自己的逻辑,构建了一个庞大的商业帝国,出口连续 7 年高居内地榜首,缔造了无数商业奇迹。然而,富士康在不断积累财富的同时,也在不断刷新员工跳楼自杀的世界纪录。生命之花来不及绚丽绽放,就戛然而止,他们所遭遇的伤痛,不仅仅是生命个体的沉痛,也是企业和社会的沉痛。富士康员工跳楼事件折射出新生代员工的心理特点和从业诉求。

一、员工的从业诉求

(一)员工从业诉求含义

《现代汉语词典》对"诉求"注释有二:一是陈诉和请求。例如,他耐心地倾听老人的～。二是追求;要求。例如,廉政成为广大群众对领导干部的一致～。员工从业诉求,取其注释二,是指员工在从业过程中,通过个人或组织,向企业或政府提出要求、满足其利益的过程,主要内容涉及经济权益、政治权益、人身保障和社会权益等方面。既有物质方面的诉求,也有精神方面的诉求;既有生理方面的诉求,也有心理方面的诉求。

(二)员工从业诉求存在的问题

近年,研究人员通过大量的实地调研发现,目前,在员工从业诉求方面存在的主要问题集中体现在以下方面。

1. 利益表达政策性阻塞

虽然国家制定了大量关于保护劳动者合法权益的法律法规、政策措施，但一些地方政府和官员还存在着形式主义、官僚主义作风，严重阻碍着公共政策的执行。也有一些企业在执行国家政策过程中呈现趋利化、媚上化、形式化倾向，执行过程被片面化、短期化、折扣化，呈现变形走样，常常出现"上有政策，下有对策"的现象，损害了群众利益。

2. 利益表达体制性断裂

长期封建专制和计划行政官僚制，使得一些官员误认为自我权力和地位的合法性根源于上级领导部门，某些政府官员只对上级领导负责而不对下级百姓负责，缺乏有效的自下而上的民众监督。此外，管理上侧重于政权建设、经济建设而忽视社会建设，致使诉求调整机制缺失、反馈机制失灵，合理诉求无法通过正常渠道得到满足。

3. 利益表达程序性缺乏

目前政府和企业设置的利益表达渠道已很难满足日趋多样化的利益诉求需要，日益凸显诉求多元化与诉求渠道单一化的矛盾，使得单一化的信访形式难以适应诉求不断增加的事实，难以适应新时期劳动群众、企业员工诉求的需求。许多群众及员工面对合理合法利益诉求，却不知道通过什么途径到哪里去求助，陷入"小闹小解决，大闹大解决，不闹不解决"的误区，采用"闹大维权"的"升压法"，认为只有给党委政府和企业施压，才能满足自己的意愿和利益要求。

4. 政府决策缺乏科学性

某些政策和措施制定没能及时征求相关利益群体的意见建议，缺乏可行性论证；未向社会公示，未向员工公示，也没召开听证会，没能做到民主、科学决策；缺乏灵活性和策略型；缺乏对政策和措施的宣传力度，缺乏与公众之间的沟通，导致群众及员工对政策和措施的偏离和不解，造成诉求问题增多且形势严峻。

此外，先改革后规范的做法，导致规范存在真空，造成利益回应缺乏及时有效，诸多诉求石沉大海；利益运营缺乏监督，许多时候许多地方、企业流于形式；利益保障缺乏长效机制，恩典式运动式时常出现；决策不透明现象还相当突出，人治与法治并存，权大于法、言大于法、关系大于法、人情大于法的现象还时有发生。

（三）员工从业诉求存在问题原因剖析

1. 社会转型影响

经济转型、社会转型、体制转型必然带来社会经济主体和利益主体多元化倾向、社会组织形式多样化状态。现有利益格局被打破，各阶层收入差距被拉大，传统的利益诉求渠道与社会调处机制难以适应，而新的渠道与机制尚未完全有效建立，矛盾纠纷化解效率不高、形式单一，形成利益诉求多元与诉求渠道狭窄的矛盾。

2. 认识不到位

有些干部、企业主只注重经济效益，对民生问题关注不够，漠然处之，对于矛盾高发问题没能达成共识，形成解决合力，甚至部分领导和一些职能部门的干部，对从业员工的利益诉求有抵触情绪和失职渎职行为，加之工作作风不扎实、政策宣传不到位、解决问题不得力，致使矛盾激化现象时有发生，造成合法的利益表达方式无效，不合法的利益表达方式却有效的反现象。

3．责任不明确

由于内在的心理认识不到位，常常表现为外在的组织软弱涣散，缺乏健全的机构，缺乏明确的职责，缺乏严格的问效，致使群众利益诉求得不到及时合理满足，许多问题得不到妥善解决，贻误事态处置的最佳时机，降低了群众对政府、员工对企业的信任度。

4．法律意识淡薄

有些部门的领导、企业主漠视法律的神圣尊严，以权压法，以言代法，压制群众、压制员工的合法权益，缺乏解决问题的诚心，缺乏解释说明的耐心，缺乏关怀到位的爱心，客观导致矛盾化解效率降低，致使民众强烈的"维权"意识和淡薄的法制观念形成巨大落差，因而引发社会秩序混乱和非理性情绪等。

5．心态偏执扭曲

目前，社会成员自我调节、相互调节能力尚显不足，传统让步、节制沉淀不够，互惠协商的行为规则远未形成。许多利益诉求者不能客观全面准确地看待问题，不能正确面对利益诉求。造成情绪失控，听不进劝告和解释，带有强烈的情绪色彩和抵触情绪。

二、企业的满足渠道

(一)员工从业诉求表达机制存在的问题

我国的员工从业诉求表达机制建设虽然取得了长足进步，但现行的员工从业诉求表达机制还存在一些不容忽视的问题，主要体现为以下方面。

1．员工从业诉求表达意识尚不成熟

在我国，封建制度虽然已被消灭，但长期的封建残余思想仍根深蒂固，"臣民意识"在短期内难以消除，加之民主与法治精神的欠缺，使得职工群众的参与意识、群体意识和权利意识明显不足，对自己的从业诉求普遍缺乏理性思考。

2．员工从业诉求表达渠道单一

在计划经济时代我国就已经初步建立了群众利益表达制度体系，但这种利益诉求主要是向行政主管部门表达。随着社会主义市场经济建设的不断深入，在市场机制的优胜劣汰与社会转型的结构调整中，社会利益发生了急剧分化，在客观上决定了职工群众重要的利益表达在原有体制下无法顺畅进行。

3．员工从业诉求主管机关缺少监督

由于我国目前对从业诉求主管部门的行为缺乏严格法律规范的约束，使得一些基层机关官僚主义盛行，对职工群众合理从业诉求或置若罔闻、或麻木不仁、或推诿应付，引起

了干群关系、企业主与员工关系紧张。一些职工群众选择采取施压性行动来宣泄从业诉求，而这种非理性的从业诉求表达方式与从业诉求主管机关行为缺乏应有的监督密不可分。

4. 员工从业诉求表达方式缺乏理性

由于我国的从业诉求表达主体受自身条件的限制，加上从业诉求表达渠道不通畅，在合理从业诉求受到阻挠的情况下，一些从业诉求表达主体容易采取一种非理性的方式进行表达，特别是那些在利益分化中处于不利地位的弱势群体，更倾向于用非理性的方式进行表达。

5. 员工从业诉求表达能力不均衡

由于我国政治经济文化发展的不平衡，使得利益表达主体的利益表达能力呈现不平衡状态。从总体上看，群众利益诉求表达能力"城市高于农村，文化层次高的高于文化层次低的，较多接触政治的人高于较少接触政治的人，团体利益表达高于个体利益表达"。建设面向社会各阶层的利益诉求表达机制，实质上主要是为弱势利益主体创造一个制度环境，保证其与强势利益主体拥有平等的话语权，使自身的利益诉求成为能够有效影响决策和舆论的力量。

(二) 拓宽企业满足员工从业诉求的渠道

全面、准确、及时地表达员工群众的意愿和要求，是切实维护员工权益的重要前提和基本要求。随着经济结构和产业结构不断调整优化，国企国资改革进一步深化，以及外资、民营、私营企业快速发展，员工群众在劳动关系大变动和利益关系大变化中诉求增多；同时，员工群体出现利益分化，在收入分配差别以及教育背景、职业声望等复杂因素的综合影响下，不同职工群体权益追求和维权需求存在很大差异，据此，着力构建员工权益的表达机制，进一步畅通员工群众利益诉求渠道显得尤其重要。

如果员工从业诉求长期得不到重视，就会引发企业与员工之间的信任危机，就会引起员工心理问题，处于弱势地位的职工往往通过非正当的途径解决纠纷，采取集体陈情、封堵政府机关，集体堵塞交通的行为，甚至如自杀、爆炸等极端行为，随时可能转化成不可预知因素。一个民主的社会应保证每一个公民都有向单位和政府传递他们的信息的通道。

除了国家需要完善群众利益诉求表达的政治体制，健全群众利益诉求表达的法律体系外，企业要正视职工从业诉求，疏通相应的利益诉求通道。目前，与企业及工会有关的利益诉求渠道主要有依法陈情、信访、大众传媒的关注、因特网平台的运用以及劳动争议仲裁等。加强与职工的互动、沟通交流，是对企业及其工会提出了更高的要求。

(1) 推进基层工会主席公推直选，增强工会的吸引力、凝聚力。职工利益能否实现，在很大程度上取决于工会组织能否代表职工利益，取决于工会主席能否主动大胆为职工说话。站在职工的角度讲，只有被大多数职工群众认可和信赖的工会组织，才是真正的"职工之家"，可以从以下方面努力：一是将以自上而下推动企业建会为主，转变为以发动职工群众自下而上组织工会为主。二是探索和推进基层工会主席公推直选的有效形式和实现途径，着力推进工会组织的民主化群众化。

(2) 开辟双向互动渠道，建立企业与员工、工会组织与会员之间的信任关系。首先，要建立合适便捷的互动渠道，如职工意见箱、员工谈心室、网上论坛等，促进企业主与员工、工会主席与会员之间更频繁和坦率的互动。其次，企业、工会必须关注员工及会员以非语言方式表达利益诉求的情报。包括过高的缺勤率、较高的人员流动、低效率的工作、产品质量的下降等。企业及工会组织比较明智的办法就是：经常性且有目的地就那些没有被公开表达的利益诉求开展调查，通过密切关注不满的非语言迹象来在潜在的利益纠纷和矛盾失去控制前及时加以阻止和引导。再次，企业及工会必须以最大的诚意对员工利益诉求给予积极回应。要对职工群众进行有关法律、法规的宣传教育，增强职工群众法律意识，使职工了解有哪些合法的表达渠道，如何有效地利用这些表达渠道，引导职工群众以理性、合法的形式表达自己利益要求，自觉规范自己的表达行为。最后，企业及工会必须主动参与劳动关系矛盾特别是群体性纠纷的调处。切实发挥工会组织为利益诉求职工说话办事的特殊作用。要健全完善劳动关系预警机制，特别关注职工群众中的重点人群，做好应急处置预案，掌握协调处置劳动关系矛盾的主动权。

(3) 充分利用互联网平台，处理好反映职工利益诉求与引导职工利益诉求行为的关系。工会代表和维护职工合法权益，不仅要客观反映职工利益诉求，积极建言献策、主动参政议政，也要对职工利益诉求行为坚持正确的引导和引领。当前，企业及工会要立足于充分利用互联网平台这一现代化手段，切实加强对职工利益诉求行为的引导和引领。已建立网站和有条件的企业及工会，要建立面向职工利益诉求的沟通平台，健全收集掌握职工利益诉求趋势和特征的工作机制。要加强队伍建设，建立网络宣传员、评论员队伍，建立与各大互联网站的联系、沟通机制，关注网络热点，把握社会脉搏，研判时局走势，提出关键命题，及时回应网民的声音。

(4) 抓住关键环节，切实发挥职代会、平等协商集体合同等制度在职工利益诉求表达上的主渠道作用。一是要在职工代表、集体协商代表的产生和构成上，能够体现多数职工的意志，尽可能照顾到有着各类利益取向的职工群体。二是要规范职代会运作程序，严格集体协商办法。要切实履行民主程序，落实职工群众知情权、参与权、表达权和监督权。必要时，对缺乏群众基础的企业改革调整措施，特别是明显损害职工合法权益的单方面行为，要理直气壮、旗帜鲜明地行使否决权。三是要加强职工代表巡视，定期监督检查企业执行规章制度、履行集体合同等情况，定期收集汇总职工群众的利益诉求，必要时通过要约形式，向企业经营者反馈反映和提出意见，对职工的呼声及时作出积极回应。

(5) 制定完善配套的机制，使职工的合理诉求得到切实落实。光有完善的职工诉求表达机制还不够，还要制定完善的相应机制，以保证职工诉求问题的解决。如完善职工困难保障机制、职工法律援助机制、职工利益协调机制、劳动关系协调机制、职工民主管理机制、职工矛盾调处机制、职工权益保障机制等。同时，企业及工会要督促有关方面采取积极措施解决职工的诉求，以化解矛盾、减少冲突、维护社会稳定。

典型案例

通钢血案反思：弱者利益诉求渠道缺乏

7月24日，吉林通钢集团通化钢铁股份公司发生一起群体性事件。据报道，部分职工因不满企业重组而在通钢厂区内聚集，反对河北建龙集团对通钢集团进行增资扩股，一度造成工厂内7个高炉停产，建龙集团派驻通化钢铁股份公司总经理陈国军被殴打，不治身亡。

假如，在此前，工人的权利就得到尊重，他们有充分表达自己利益诉求的渠道，有与吉林省国资委等有关部门对话的渠道，悲剧还会发生吗？

但是，工人的话语权被无情地剥夺。通钢公司注册资本38.83亿元，其中，吉林省国资委持有46.64%的股权，建龙钢铁持有36.19%的股权，华融资产管理公司持有14.6%的股权，通钢集团的管理层持有2.57%的股权。通钢集团近3万名员工被边缘化，他们的权利和话语权遭到蔑视。尽管，我们经常听到"代表谁谁"之类的说法，但是，除了员工自己，没有任何人能够代表他们的利益，或者，以代表他们利益的方式去侵害、剥夺他们的权益。

当资产重组成为强势者的盛宴和弱势群体的眼泪，悲剧注定难以避免。

事实上，在通钢事件以前，就发生过多起类似的悲剧。而所有的悲剧都有一个大致相同的共同点：话语权被处于强势的资方牢牢把握，弱势的劳工一方的权益和利益诉求被无情的忽视，由此激起愤怒的火焰，埋下仇恨的种子，引发悲剧。

通钢血案促使我们对悲剧进行反思，总结教训，以便亡羊补牢。

任务二　员工的心理焦虑与缓解途径

导入案例

孙先生，25岁，过去两年一直在一家IT公司工作。6个月前他被告知，自己将前往美国进行一个为期两年的项目。因此，他买了一套公寓，希望自己能够用在美国两年挣的钱来偿还超过目前贷款的部分。然而，就在原定出发日期前的两星期，他的高级经理告诉他说，美国项目被搁置了，他只能继续留在原来的城市工作。接下来，孙先生要面对公寓的巨额贷款，如此大的经济和心理压力，让孙先生越发感到焦虑。

焦虑(anxiety)是对未来的事情感到难以预测与驾驭而紧张不安、忧虑烦恼的一种不愉快的复杂情绪状态，是人们日常生活中一种普遍的情绪反应倾向。一个人面临难以克服的障碍或目标受阻，自尊心和自信心受挫，失败感或内疚感增加时，通常也会体验到焦虑。焦虑的一般反应有惊慌、躲避和恐惧，也有愤怒和攻击。

焦虑生理表现为吃不香、睡不好、坐不宁、长吁短叹，甚至有胸闷、心悸、头昏、呼吸困难等异常感觉；心理表现为心理活动失调、认识能力严重紊乱，以及产生情感和人格的障碍和扭曲。这些不仅影响着员工的正常家庭生活，也影响着员工的工作效率，同时给组织的进一步变革带来阻力。因此，在实施改制过程中，应充分考虑给员工带来的心理冲击，降低员工的心理焦虑反映。

焦虑是由对危险的预料或预感而诱发的。焦虑从类型上看主要包括三种形式。第一种是自我焦虑，即每个人遇到变化时首先想到的是他自己，并经常会本能地作出反应。第二种是任务焦虑，是与程序和要求有关的担忧、疑问，这些程序和要求是在事物发展过程中产生的。第三种焦虑是其他焦虑或作用焦虑。它包括与其合作的同事的关系以及对处于变革中的他人的注意。

目前企业员工存在着三种类型的焦虑情况。

第一种是身份——结果焦虑。就是对处理组织成员和个人自己职业身份之间关系的焦虑。例如：新的改革方案的实施，员工难以确定他们在组织内的位置，就会产生此种焦虑，它属于上面提到的自我焦虑范围。

第二种是投入或努力焦虑。在工作中员工会产生"我能用某种方式施展自己的能力吗"、"我工作和努力所要得到的结果是什么"，此类型的焦虑与上述任务焦虑有关。

还有一种是影响焦虑和公平焦虑。聘任制、双向选岗、岗位工资改革，会使员工产生适应不良和心理失衡，并因此诱发不良情绪。如嫉妒、自卑、妄想、抑郁等，使其产生上述的其他焦虑或作用焦虑。

一、心理焦虑产生的原因及影响

(一)心理焦虑产生的原因

员工往往由于工作压力过重，遇到挫折，或自己的成就动机得不到及时满足而产生焦虑。其表现为：经常疑惑忧虑，惶然有如大难将至；经常怨天尤人，无缘由地自忧自叹；微不足道的小事都足以引起他的不安；遇到紧张的心理压力时，便会紧张不知所措，丧失应付事变的能力。归纳起来，心理焦虑产生的原因一般有三个方面。

1. 外界环境的影响

外界环境的剧烈变化或未知的充满风险的新环境，此时个人的惯常行为方式无法适应这一特殊情景时，就会产生焦虑。如碰到毒蛇、野兽、面试、工作压力、激列的竞争等外界环境中真实的危险或害怕这种危险而产生焦虑。

2. 神经因素的作用

由于自我不能控制本我本能而产生的害怕。个人内部的各种冲动、欲望，与自我难以调和时，会有反应性的敌意、极力压抑的冲动、矛盾的意向。员工想做好职员，不愿让自己的性要求或不满公开释放而压抑自己产生焦虑。

3. 道德性因素

超我对自我的道德和完美主义的要求。因未臻完美而责备自己，因有不道德的念头而厌恶自己，产生罪恶感。

(二)心理焦虑产生的影响

1. 焦虑产生的有利影响

正常的焦虑是一种心理紧张状态，它能引起足够的注意，增强觉醒的强度，因而在生活和工作中是必要的。焦虑在某种程度上会对人产生一种激励因素。从社会心理学角度出发，当个体需要得不到满足时，个体内部会处于一种焦虑状态，这时心理上的焦虑就成为一种刺激作用于自身，变成一种推动力，就是动机。需要激发动机。动机推动行为去实现目的。满足需要后焦虑得到平息。然后又引起新的需求，进而激发新的动机，最后又推动新的行为。改革中员工个体的需求会发生变化，新的人事管理体制正是能更好地激发其动机，调动积极性的一种手段。影响员工工作积极性的因素很多，除经济因素外，还有其他因素，如管理因素、思想因素及心理因素等，正确利用这些因素都能激发员工个体的活动动机，提高改革活动效率。

2. 焦虑产生的不利影响

焦虑如果不能及时恢复到正常状态，则可能导致心理和行为上的失常，甚至引起精神上的疾病。

过多焦虑的存在以及长期不能消解的改革压力会对员工的个人职业发展产生不利影响。如焦虑能降低人的自我效能。自我效能(self-efficacy)就是人能根据得到预期结果的需要而成功地作出某些行为。若个体对自己的行为持有乐观态度的看法，则有利于个体的心理健康，其情感更加坚韧，较少焦虑和消沉，更能获得事业上的成功。员工的自我效能水平是成功改革的最为重要的前提条件。员工必须相信自己有应对挑战和克服困难的能力。有较高自我效能水平的员工一般会设置现实的目标并采用合适的策略来达到这些目标。员工自我效能的缺乏与对改革的不确定性和模糊性的焦虑联系在一起，会造成员工对自己处理变化的能力以及通过某些工作行为能否得到预期的管理结果产生怀疑，对自己的专业能力失去信心。当员工认为自己无能力完成工作时，就会导致其产生职业倦怠，从而对其业务发展表现出消极和抵制心理。对工作任务变化的焦虑，对投入和回报是否公平的焦虑，对自己对顾客的影响作用的焦虑等，使员工在工作中感到疲惫，他们对自身业务的发展能否解决他们在变革中所遇到的问题心存疑惑，因而会对改革方案采取消极回避和竭力抵制。

二、心理焦虑的缓解途径

(一)心理焦虑的主要缓解途径

心理焦虑的缓解途径主要有两种。第一种途径：自我缓解。一是合理排遣与宣泄。弄清焦虑产生的原因，想方设法消除焦虑产生的矛盾；向领导、同事、亲朋好友以及有较高学识修养和实践经验丰富的人倾诉；到操场上跑几圈，干重体力活，大哭一场也不失为释放能量的方法。这里要注意的是，迁怒于人，往他人身上发火，破坏公共设施都是不合理的。二是转移注意力。当焦虑时，采取分散注意力的方法，可以使焦虑得到缓解。方法有：有意识地转移话题；避开某些对象，不去想或将它们遗忘掉；到街上走走，去图书馆看书；外出旅游、走亲访友等。三是自我安慰。碰到焦虑的事情的时候，寻找一些"理由"来安慰自己，以减轻内心的焦虑。不妨采取阿Q的精神，认为"天塌下来还有高个子顶着"、"吃亏也是福"、"破财免灾"、"有得必有失"等。四是诙谐幽默。幽默能使紧张的精神放松，减轻焦虑。当焦虑时，不妨与朋友开开玩笑，说说搞笑段子。比如，苏格拉底在会客时，他的太太突然跑来大骂他，并将脸盆里的水泼到他身上，在大家尴尬万分时，他笑了笑说："我早就知道，打雷之后，一定会下大雨。"窘困的气氛被他的嬉笑缓和下来，他的妻子也禁不住笑起来。

第二种途径：进行心理咨询。在自己不能缓解焦虑，甚至更严重时，建议到咨询机构进行心理咨询。心理咨询者一般采用以下三种方法来缓解来访者的焦虑情绪。一是放松训练。焦虑通常伴随着身体的紧张，放松训练可以缓和身体的紧张，同时就可以间接缓解心理的焦虑状态。放松训练可分为肌肉放松和心理放松两种。二是自信训练。很多人的焦虑情绪是因为对自己信心不足导致的，让来访者通过一些训练重新树立自信，建立自信心可以缓解焦虑情绪。三是系统脱敏。系统脱敏是诱导来访者缓慢地暴露出导致焦虑的情境，并通过心理的放松状态来对抗这种焦虑情绪，从而达到消除焦虑的目的。

(二)旅游企业员工的焦虑缓解途径

旅游企业员工缓解其焦虑情绪需要通过个人和企业组织两个方面同时进行。

1. 规范管理指标体系

规范企业管理指标体系，让员工明确其职业发展的任务和目标。当前企业管理中各岗位工作无明确的工作指标体系，不同类型、不同规模的企业在管理工作中各行其道，无行业标准可寻，致使员工在这种复杂的管理情境中产生模糊感，无所适从。特别是中、小型企业，在确定管理方案时，无从依据，就行论市，使员工的个人任务和个人发展目标无法清晰的界定。中、小企业员工是企业发展的基础力量，也是焦虑程度较高、人群较多的群体。因此，企业界应对员工的职业发展的程序、步骤、利益分配等予以详细的规定。可借鉴现代企业管理的理论和方法，制订一整套的培养、开发、利用、管理和监督的管理模式。对企业的业务工作和技术工作进行分类，制订流程和标准，有章可循，使员工在个人职业发展中对自己要做什么、应该怎样做以及采取某种行为有可能产生的结果有一个比较清晰的认识，认识和目标明确了，焦虑就会随之而减。

2. 为员工个人专业发展提供支持性条件

员工个人职业过程中不仅需要掌握一些最新的管理理念、管理理论以及最新的工作方法和工作手段。更重要的是我们要为员工在工作中使用这些新的理论和方法创造条件。

(1) 更新设备。增加新技术手段在工作中的应用。新技术手段的应用一方面可以提高管理工作的效率，进而提高员工工作的自我效能，减少因怀疑自我工作能力发挥而产生的作用焦虑。另一方面，新技术手段的应用可以减少员工的工作量，提高工作质量，从而有助于员工任务焦虑的降低。

(2) 结合工作有计划地进行业务培训。企业可以制订一整套的在职培训制度。有计划、有目的地进行轮训，对现职人员通过自学或接受在岗培训、送出进修等各种培训形式，在规定的时间内达到当前工作的能力。只有这样，才能进一步改变员工形象，使员工能尽快适应新的工作需要，顺利地完成专业任务，减少员工的任务焦虑。

(3) 营造集体意识，培养团队精神。加强员工个体与同伴之间、员工与企业各级领导之间的相互交流和协作，共同探讨和解决企业改革中出现的各种问题。同时，在企业管理中，要体现民主氛围和人本化的需要，让员工参与企业发展和员工专业发展的各种决策，让员工处于工作的主体地位，降低员工在改革中因身份和归属而产生的焦虑。

(4) 建立合理的利益分配机制。员工对于企业改革发展的态度很大程度上取决于他们对企业改革发展给自己所带来的损失和利益的权衡。员工因改革利益的分配而产生的投入或努力焦虑以及公平焦虑在员工焦虑内容中占去了相当大的比重。企业的改革发展需要员工投入更多的精力和时间，所以为了避免员工产生投入大于收益的损失感，以及由此而产生的努力和公平焦虑，应该在改革方案中对员工的努力可以获得的利益回报予以明确的规定。并对在改革实施过程中取得巨大进步的员工给予一定的物质奖励，积极鼓励员工参与企业的改革，推动企业的改革进程。

(5) 关注员工个体的实践性知识。转型期员工焦虑心理的产生既包括了改革本身的客观因素，也包括员工个体对企业改革的不同理解。而我们目前的企业改革虽然在某种程度上体现了企业界内部的发展需求，但更多时候，尤其是具体的发展程序、内容和目标都是依靠自上而下的行政力量的推动，因而在来源上属外生型改革。这种方案多半都会忽视员工个体实践知识在企业变革中的意义，并引起员工内心对改革的理解与外部一系列改革政策产生冲突。从而构成员工自我焦虑的又一主要诱因。减少这种焦虑的产生就需要在企业改革方案中充分关注员工个体的实践知识。换句话说，也就是赋予员工一定的参与权，允许他们根据自身不同的经验对相关改革政策以及具体的改革策略作适当的调整。同时，还要关注不同员工的能力差异，对那些能力欠缺、焦虑程度较高的员工要采取特殊的补救政策。

小贴士

焦虑症临床表现

焦虑症多发生于中青年群体中，诱发的因素主要与人的个性和环境有关。前者多见于那些内向、羞怯、过于神经质的人，后者常与激烈竞争、超负荷工作、长期脑力劳动、人际关系紧张等密切相关。亦有部分患者诱因不典型。临床上常把焦虑症分成急性焦虑和慢性焦虑两类。

(1) 急性焦虑：又称为惊恐发作，发作时有强烈的濒死恐惧感。患者心脏剧烈地跳动，胸口憋闷，喉头有堵塞感和呼吸困难。这类患者就诊时往往情绪激动、紧张不安，常给医师一种心血管疾病发作的假象。一般急性焦虑是突然发作，10分钟内达到高峰，一般不超过一个小时，当发作过后或适当治疗后，症状可以缓解或消失。

(2) 慢性焦虑：慢性焦虑又称广泛性焦虑。急性焦虑常在慢性焦虑的背景上产生，但更多患者主要表现为慢性焦虑的症状。一般慢性焦虑的典型表现为五大症状，即心慌、疲惫、神经质、气急和胸痛。此外还有紧张、出冷汗、晕厥、嗳气、恶心、腹胀、便秘、阳痿、尿频急等，有时很难与神经衰弱或其他专科疾病相区分。不过，焦虑症的主观症状虽然严重，但客观体征却是很轻或阴性。

要确定一个人是不是得了焦虑症并不难，但要排除引起继发性焦虑的躯体疾病、精神疾病和药物作用等才能下结论。

任务三 员工的健康标准与心理保健

导入案例

他们到底谁更健康

在意大利斯卡拉大剧院举办的被称为人类艺术盛典的"无国界文明艺术节"上，在这世界顶级的舞蹈家、音乐家云集的舞台，邰丽华作为唯一参加演出的残疾人，被大家誉为

"美与人性的使者",她以其"孔雀般的美丽、高洁与轻灵"征服了不同肤色的观众。她说:"其实所有人的人生都是一样的,有圆有缺有满有空,这是你不能选择的。但你可以选择看人生的角度,多看看人生的圆满,然后带着一颗快乐感恩的心去面对人生的不圆满——这就是我所领悟的生活真谛。"这位两耳失聪的女孩,用生命演绎的舞蹈感动了中国,感动了世界。

马加爵来自广西宾阳,高中毕业后考取了云南大学,成为家乡读书人的榜样。在那个较为封闭落后的山村,马加爵完全有骄傲的资本,他是那里的焦点人物,习惯受到别人的赞许。然而,云南大学不是马村,在精英云集的大学校园,开学时雄心勃勃的马家爵很快发现了自己的平凡,当在学习、体育娱乐、社会活动、经济条件等方方面面都不能凸显自己的优势时,马加爵陷入了严重的自卑困扰中。最后,在大学毕业的前半年,因为和同学玩牌发生了争执,竟然一连杀死同窗3年多的4名同学。

一位是双耳失聪的女孩,另一位是体格健全的大学生,他们到底谁更健康?答案是很明显的。健康不仅仅是指躯体的健全,健康还有另外一层指向心理方面的内容。

一、心理健康的含义和标准

(一)心理健康的含义

健康是每个人都渴求的,但并非人人对健康都有一个正确的认识。长期以来,人们一直局限于没有疾病就是健康。在传统的观念中,健康仅仅指躯体没有疾病,呈现出肌肉发达、饮食正常的状态。根据现代医学知识来理解,健康既指生物性的健康,同时又指社会心理方面的健康。1948年,世界卫生组织在其《宪章》中提到:健康乃是一种个体在身体上、心理上、社会上完全安好的状态;不仅仅是没有疾病和虚弱的状态。

心理健康有两方面的含义:一是指心理健康状态,个体处于这种状态时,不仅自我情况或感觉良好,而且与社会契合和谐;二是指维持心理健康、减少行为问题和精神疾病的原则和措施。狭隘的心理健康,主要目的在于预防心理障碍或行为问题;广义的心理健康,则是以促进人们心理调节、发展更大的心理效能为目标,使人们在环境中健康生活,保持并不断提高心理健康水平,从而更好地适应社会生活,更有效地为社会和人类做贡献。

人们的心理如果不健康,就是心理垃圾没有得到及时清除,产生了心理垃圾堆积。因为人的心理活动非常复杂,各种心理活动的"沉积物",会像垃圾一样积在心里,心理垃圾会引起负面的心理反应,比如:不明原因的焦虑、抑郁,不明原因的恐惧、烦恼、急躁,对周围的事情不感兴趣,闷闷不乐,想发火等。这是由于心理状态失去平衡,正常的心理活动受到压抑所致。

(二)心理健康的标准

怎样才算是心理健康?也就是说,心理健康有什么划分的标准?这个问题目前还是存在争议的。当前,有关心理健康的标准,在学术界众说纷纭,可以说是仁者见仁,智者见智。

鉴别心理健康的方法可以分为自我感觉标准、社会评价标准、心理测量标准三种。我国心理学界一般是在综合国外的观点的基础上来论述心理健康标准的。比较通行的有如下标准。

1. 智力正常

智力是人的注意力、观察力、记忆力、想象力、思维力和实践活动能力的综合，是大脑活动整体功能的表现，而不是某种单一的心理成分。智力正常是一个人生活、学习、工作的最基本的心理条件。虽然目前还没有发明出完善的智力测定和全面衡量大脑功能的科学方法，但已有不少国际公认的智力量表具有相对科学性和实用性。根据世界卫生组织规定，正常人包括青少年和儿童在内，其智商必须在 85 分以上；70～79 分是智力缺陷的范围，已属心理缺陷；70 分以下则属于低能，在心理疾病范畴；智商超过 130 分为智力超常，但亦属心理健康范畴。

2. 具有较好的社会适应性

这是指个体能够根据客观环境的需要和变化，通过不断调整自己的心理行为和身心功能，达到与客观环境保持协调的和睦状态。它主要表现在三个方面：一是具备适应各种自然环境的能力。二是具备适应人际关系的适应能力。它是衡量和判断社会适应性的核心和关键因素，是心理健康的重要标准之一。人际关系和谐表现为：在人际交往中，心理相容，而不是心理相克；对人真诚善良，而不是冷漠无情；以集体利益为重，而不是私字当头。三是具备适应不同情境的能力。情境一般是指个人行为所发生的现实环境与氛围。

3. 具有健全人格

人格是指一个人在社会生活的适应过程中对自己、对他人、对事物在其身心行为上所显示出的独特个性，是一个人具有的稳定的心理特征的总和，又被称为个性(个性心理)。健全的人格是指构成人格的诸要素，如气质、能力、性格、理想、信念、人生观等各方面能平衡、健全地发展。

4. 情绪和情感稳定，能够保持良好的心境

过度的情绪反应，如狂喜、暴怒、悲痛欲绝、激动不已，以及持久的消极情绪，如悲、忧、恐、惊、怒等，可使人的整个心理活动失去平衡，不仅左右人的认识和行为，而且也会造成生理机能的紊乱，导致各种躯体疾病。而愉快、喜悦、乐观、通达、恬静、满足、幽默等良性情绪，有益于心身健康和调动心理潜能，有利于进一步发挥人的社会功能。因此，保持情绪、情感稳定协调和良好的心境是心理健康的又一重要标准。

5. 有坚强的意志和协调行为

意志是人自觉地确定目标，并支配其行为，努力实现预定目标的心理过程。意志与行为难以分割，没有行为，看不出一个人意志活动的实质，受意志支配和控制的行为称"意志行为"。衡量一个人意志品质的高低、强弱、健全与否，取决四种心理品质：自觉性、果断性、自控性和坚韧性。正常行为指标为：①行为大多数是受理智控制而尽量不受情感和非意识支配；②行为的适应是采取了弹性方式处理问题，而非固执僵化。

6. 心理特点符合心理年龄

每个人都有三个层面的年龄，即实际年龄、心理年龄、生理年龄。实际年龄是指人们

的自然年龄；心理年龄是指人的整体心理特征所表露的年龄特征，与实际年龄并不完全一致，如儿童早熟，心理年龄大于实际年龄；生理年龄是指生理发育成长的年龄特点，与实际年龄亦不一定完全一致，如营养不良的人生理发育延迟，生理年龄小于实际年龄。

所谓心理特点符合心理年龄指两个方面的标准：一方面是个体的实际年龄必须与心理年龄、生理年龄相符；另一方面是个体的不同心理发育期应表现出与该时期身份、角色相符的心理特征。

二、导游人员常见的心理问题

在导游活动中，导游人员除了焦虑之外，通常会表现出以下几种常见的心理问题。

(一)嫉妒

导游的嫉妒(envy)具有指向性和对等性，大都是对同事发生的。引发嫉妒的条件有：各方面条件与自己相似或不如自己的人居于优越位置，自己所厌恶而轻视的人居于优越位置；与自己同性别或年龄相差不多的人居于优越位置；比自己高明并有意无意去炫耀的人居于优越位置。嫉妒的中心往往是对方的地位、荣誉、权力和业绩。嫉妒往往使人变得偏激，带有心理紧张和攻击性意欲，甚至作出违反道德规范的事情。比如，有能力不如自己的同事评上了明星导游，当有人议论夸她(他)时，你由于嫉妒可能会诋毁这位同事：她(他)能力没有，就会巴结某某上司。

嫉妒既然是一种不健康的心理，就应该注意防范和加以消除。为了摆脱嫉妒这种恶劣情绪，可以首先停止自己和别人的较量，正视自己的差距，然后扬长避短，去发现和开拓自己的潜能，不断充实和提高自己，改变现状。要有"你强我要通过努力比你更强"的积极心态，切忌"我不强也不能让你强"的消极情绪。同时也应认识到每个人都会"自得其所，各有所归"。

(二)厌烦

厌烦(tired of)是心理疲劳的一种情绪表现。心理学认为：厌烦是腐蚀心灵的蛀虫，一个人如果长期地恹恹无生气，没完没了地感到精神疲倦、兴味索然、精疲力竭，最终会导致生命活力的丧失，严重者甚至会轻生。组团外出旅游，一般一辆旅行车配一个导游，导游要介绍沿途，特别是景点风光，还有游客问这问那，往往口干舌燥，容易产生厌烦情绪。导游若为厌烦所困，就会缺乏工作热情，注意力分散，工作效率降低，虽无全力劳动之负担，却老是感到疲惫不堪，虽悉心休息补养，却总是不见起色。

要消除厌烦，最重要的是树立正确的理想和信念，确立工作目标，充实生活内容，在丰富多彩的心灵世界里，不给厌烦留下存在的空间角落。还要有正确的思维方法，懂得厌烦本身是无济于事的。法国作家大仲马说得好："人生是一串无数的小烦恼组成的念珠，达观的人总是笑着数完这串念珠。"

(三)抑郁

抑郁(depression)是一种消极的情绪状态，表现为情绪低落、思维迟钝，感到生活无意义、前途无望而闷闷不乐,郁郁寡欢。引起导游抑郁的原因比较多,可以归纳为三个方面:一是因生理因素引起。如导游身体单薄,因工作累苦,没休息好,常出现感冒、头晕,感到自己身体吃不消,以为自己得了什么大病,对自己生理状况没有把握,没有信心,容易引起情绪低落、闷闷不乐的状态。二是因生活因素引起。如导游因工资不高,面对高房价,想恋爱结婚,总感到遥遥无期,产生抑郁情绪。三是因工作因素引起。长时间从事某一项工作,会感觉到工作枯燥无味,导游也不例外,加上激烈竞争,常常面临失业的危险,容易导致抑郁情绪出现。

消除抑郁也不难,主要是患有抑郁症的导游,自己要调整好心态。要认识到人生不如意之事十有八九,对生活、工作、身体上出现的问题要正确地对待,用积极、乐观、向上的心态去面对周围的人和事。

(四)愤怒

目的性的行为反复受到阻挠而产生的情绪体验就是愤怒(angry)。愤怒是人的主要情绪问题之一。当游客对导游要求购物或安排的食宿不满,谩骂、羞辱导游时,导游感受到自己尊严受到伤害时,容易表现出愤怒的情绪,有时还伴随攻击、冲动等不可控制的行为反应。当然受到上司不公平的待遇时,也会产生愤怒。

导游遇到可能产生愤怒的情况时,要控制好自己的情绪,深呼吸一口气,慢慢把气放出来。然后采取合法、合理的途径解决面临的问题。实在难受,对着软的物体打它几拳,出去跑跑等,以缓解自己的情绪。

(五)恐惧

恐惧(fear)是人类和动物共有的原始情绪之一。它是指有机体在面临并企图摆脱某种危险或威胁而又无力抗争时产生的一种情绪体验。恐惧是一种消极的情绪状态,比其他任何一种情绪更能感染人。一个旁观的人在看到或听到其他处于恐怖状态的人时,即使他的处境中没有任何能引起他恐慌的因素,也常常引起恐慌。

导游的恐惧可以分为三类:一类是社交恐惧。对暴露在他人面前或可能被别人注视的一个或多个社交场合产生持续、显著的畏惧被称为社交恐惧。社交恐惧是恐惧情绪中最常见的一种。刚参加工作,特别是性格内向的导游,怕与游客见面,在与游客交流时,脸红、不敢抬头、不敢看游客眼睛,在旅游景点或购物解说时,说话吞吞吐吐,语无伦次。二类是场所恐惧。场所恐惧是对某些特定环境的恐惧,如导游带领游客进入地下迷宫,到达车辆事故多发地段,进入社会治安较差的地区,心里不由自主地产生恐惧。三类是单一事物恐惧。单一事物恐惧是对某一具体的物件、动物等的恐惧。比如有的导游怕毛毛虫,怕蝎子,怕蛇,怕老虎等;有的导游害怕鲜血或锋利的物品;还有的导游怕黑暗、风、雷电等。因为有这种恐惧的心理,导游在开展工作时,遇到这些事物,情绪会受到影响。

消除恐惧,一般用刺激情景重现办法。如有的导游害怕毛毛虫,就不断地让毛毛虫在他面前呈现,时间一长,就可以减少或消除他(她)对毛毛虫的恐惧,也就是常说的见怪不怪。

三、导游人员心理保健的方法

(一)树立正确的人生观

人生观处在人的心理现象的最高层次,对人的心理活动具有重要的指导和调节作用,是个体行为的最高调节者。一个人只有树立了正确的人生观,才能正确对待工作和生活中的各种矛盾、困难和挫折,才能对外界环境产生适当的行为反应,保持良好的心理状态。导游人员树立了正确的人生观,才能始终保持积极、健康向上的情绪状态,避免各种不良心理因素的干扰。

(二)确定适度的抱负

导游人员应该在充分认识自己的基础上,将自己的抱负理想同自己所从事的工作结合起来,争取在追求组织所确定的工作目标的活动过程中去实现自己的理想抱负。只有这样,才能减少工作与生活中出现的挫折,始终保持积极的、健康的心理状况。

(三)学会克服不良心理的影响

一些不良的心理因素对心理健康的影响是非常大的,如自卑、自大、多疑、嫉妒等都是产生心理挫折、出现人际关系紧张的原因。作为导游人员,既不能自高自大、目中无人,也不能一遇困难挫折就转向自暴自弃,产生严重自卑心理。导游人员要学会克服这些不良心理因素的影响,在处理人际关系时掌握正确的原则和方法。

(四)学会调节心理压力

良好的情绪状态的一个突出标志是心情愉快。要保持心情愉快,则应具有积极乐观的生活态度,遇事能容、能忍,能泰然处之。同时,还要培养幽默感。幽默是人机警的一种表现,是一种精神上的放松,它能解除人的精神紧张状态。导游人员应善于调节工作、生活节奏,化解工作中的压力,保持心情的愉快状态。

(五)积极参加各种有益的活动

积极参加各种有益的活动,可以避免产生孤独、恐惧等不良的心理反应。导游人员常参加各种有益的活动,既是人际交往的需要,有利于开展自己从事的工作,同时也有利于调节自己的生活,以维护身心健康。如参加一些社交的晚会、舞会,单位或朋友组织的聚餐、看演出、看电影等活动,可以广交朋友,联络感情,开阔视野,锻炼交际能力,调节工作与生活,保持良好的情绪状态。

(六)克服不良嗜好

每个人在生活中都有自己的嗜好,这无可非议。但是,如果这种嗜好影响了工作,危害了健康,就应该注意加以克服了。导游人员要促进自己的心理健康发展,必须克服过量吸烟、酗酒、赌博等不良的生活习惯。

(七)坚持体育锻炼

体育锻炼不仅能锻炼人的体魄,而且能锻炼人的意志,调节人的心理状态,对促进人的身心健康大有好处。导游人员虽工作繁忙紧张,但也应该想办法挤出时间坚持体育锻炼。体育锻炼方式很多,如跑步,打球,打拳,练气功等,不管采用什么方式,一定要有恒心和毅力,才能收到较好的效果。

(八)了解有关心理卫生的知识

心理卫生问题已经越来越受到人们的重视,有关心理卫生的宣传资料也越来越普及,许多地区和单位还建立了心理卫生咨询服务机构,这些都为人们维护自身心理健康创造了条件。导游人员应该学习和了解有关心理卫生的基本常识,对于如何对待工作的紧张的压力、如何对待生活中的挫折、怎样保持良好的心情,都应该有所了解和掌握。如果出现了心理问题,就应该到有关心理咨询服务机构去进行心理咨询和治疗。

小贴士

如何减压

(1) 学会说"不"。压力有时来自不好意思拒绝,对自己能力不及的事或时间不足的事,不要随便答应别人,以免徒增自己的压力。婉转而坚定地说"不",对人对己都有好处。

(2) 转一个念头。山不转,路转;路不转,人转。凡事太执着,太计较得失,容易让自己变得紧张兮兮,反而活得不自在。所谓知足常乐,减少欲念,学习知足,也是减压的重要因素。

(3) 奖励自己。享受一顿丰盛的佳肴、刻意打扮一下、买本好书或看一场热门的电影。做一件自己想做的事,给自己打打气,加加油。

(4) 不要比较。凡事尽己之力,不必和人相比。看开一些,敞开心胸,放轻松地去生活和工作。

(5) 放一个短假。人不是工作的奴隶,每年有计划地放几天假,选一些有趣的地方去玩玩,令自己充满期待,也提升了工作效率。

(6) 量力而为。了解自己的能力极限。只要尽了力,心安理得,不要太在乎别人的看法。

(7) 重新计划。停下来,重新修正工作进度。也许目标定得太高,需要调整一下,以务实的态度再次出发。不要烦恼无法掌握的事情,坦然面对现实,修正一些不切实际的想法。

(8) 旷野修行。找一个清静的地方,或散步、或安静、或默想、或坐一坐,让自己和上苍的连线不要中断,你会接收到更清楚的信息。

(9) 睡一个好觉。烦躁和压力,有时来自身体的抗议。过度工作和忙碌,往往忽略了对身体的照顾,好好睡一觉补个眠,甚至赖一下床也不为过。

(10) 学新手艺。学一种外国语言、弹琴、烹饪,找几样自己有兴趣的事情,勇于面对新挑战。

学习情境十 员工职业心理保健

思考与讨论

1. 分析旅游企业员工的从业需求。
2. 分析旅游企业员工心理焦虑产生的原因。
3. 探讨导游人员缓解焦虑情绪的途径。

实 训 题

1. 对曾实习过的旅行社同事或朋友开展社会调查，调查其压力的大小，作为未来旅游企业的从业者，谈谈你将如何应对来自职场的心理压力。

2. 案例分析：

> 当坐在我面前的刘强告诉我她只有二十九岁时我着实吃了一惊。因为从她进门起，我一直认为她至少有三十七八岁了。看来她真的该为自己做点什么了。刘强就像她的名字一样，爽快地问道，"我这是哪里出了问题啊？"然后接着说道："有两三年了，我常常深夜不能入睡，并且头疼、头昏、心慌，有时还胃痛，有时胸口像针扎一样痛。查了几乎所有的检查项目，毛病没查出来一样，钱倒花了不少。人也越来越没精神。有一位年轻的医生说您能治，我不相信这身体有病跟心理有什么关系，但别人都没办法，死马当活马医吧。"
>
> "我是一家公司的业务经理，每天有做不完的工作，往往是早上8点钟上班，到晚上8点钟还没有回家，晚上加班到二三点钟也是常有的事。从1999年年底公司裁员，更多的工作加到我身上，经常出现一连几天不回家的情况，健康也就出现了越来越多的问题。有时，我感到实在撑不下来了，要求减少工作量，老板也不批准。我感到自己就像童话中穿上红舞鞋的女孩，永远无法停下来，只有不断给自己加油才能不倒下来。但我毕竟是人不是机器，这种境遇使我很愤怒也很伤心。""既然你认为工作对你造成这么大的伤害，为什么不脱掉红舞鞋停下来休息一下，做一些其他自己想做而没有时间做的事情。"我问道。
>
> "怎么可能？对我来说工作高于一切，它让我感到很重要，能得到赏识，而且只有我努力工作，才有成就感。虽然我一直想好好照顾一下家庭，可家庭不能给我一丝一毫的成就感，也不会有什么长进。操持家务时不被认可的，家人会认为你做好了应该的，做不好就会说你，让你不高兴。那种生活绝对会使我厌倦的。我已经习惯了花几百甚至几千元来打扮自己了。"虽然她知道自己真正需要什么东西，却不知道如何取得。她现在已经为此付出了太大的代价，而且是十分危险的代价——健康、家庭、美丽、幸福。
>
> （资料来源：http://blog.sina.com.cn/kangxinxinli）

问题：联系实际，谈谈像刘强这样的白领，应如何调整自己的状态，让自己的身心健康呢？

参考文献

[1]周义龙，龚芸. 旅游心理学[M]. 武汉：武汉理工大学出版社，2010.
[2]孙喜林，荣晓华. 旅游心理学[M]. 大连：东北财经大学出版社，2010.
[3]汪红烨，王立新，杜红梅. 旅游心理学[M]. 上海：上海交通大学出版社，2011.
[4]薛群慧. 旅游心理学——理论·案例[M]. 天津：南开大学出版社，2008.
[5]王婉飞. 旅游心理学[M]. 杭州：浙江大学出版社，2006.
[6]陈福义，田金霞. 旅游心理学[M]. 长沙：湖南大学出版社，2005.
[7]阎纲. 导游实操多维心理分析案例100[M]. 广州：广东旅游出版社，2003.
[8]专家团. 饭店管理与服务100例[M]. 北京：中国旅游出版社，2006.
[9]马莹. 旅游心理学.[M].北京：中国旅游出版社，2006.
[10]李娌，王哲. 导游服务案例精选解析[M]. 北京：旅游教育出版社，2007.
[11]秦明. 旅游心理学[M]. 北京：北京大学出版社，2005.
[12]曾小力，韦小良，韦明体. 前厅服务与管理[M]. 北京：旅游教育出版社，2005.
[13]张波. 新编现代酒店(饭店)员工素质培训手册[M]. 北京：蓝天出版社，2006.
[14]沈祖祥. 旅游心理学[M]. 福州：福建人民出版社，2006.
[15]甘朝有. 旅游心理学[M]. 天津：南开大学出版社，2004.
[16]朱吉玉. 旅游心理学[M]. 大连：大连出版社，2011.
[17]孙喜林，荣晓华，范秋梅. 旅游心理学[M]. 北京：中国旅游出版社，2009.
[18]张春兴. 现代心理学[M]. 上海：上海人民出版社，2005.
[19]王长征. 消费者行为学[M]. 武汉：武汉大学出版社，2003.
[20]杨凤池. 咨询心理学[M]. 北京：人民卫生出版社，2007.
[21]朱永新. 管理心理学[M]. 北京：高等教育出版社，2006.
[22]秦明. 旅游心理学[M]. 北京：北京大学出版社，2007.
[23]赵中利. 现代秘书心理学[M]. 北京：高等教育出版社，2010.
[24]黄希庭. 心理学与人生[M]. 广州：暨南大学出版社，2006.
[25]谢彦君. 旅游体验研究[M]. 天津：南开大学出版社，2005.
[26]徐栖玲. 酒店服务案例心理分析[M]. 广州：广东旅游出版社，2003.
[27]李炳全. 文化心理学[M]. 上海：上海教育出版社，2007.
[28]荣晓华. 消费者行为学[M]. 大连：东北财经大学出版社，2005.